# 縄文の列島文化

岡村道雄

山川出版社

# はじめに――縄文文化観は、いつどのように変わってきたか

## 一　縄文ユートピア論

子供のころから太古へのあこがれや興味をもち、そしてなんとなく温かそうな縄文が好きだった。縄文研究者の芹沢《せりざわ》（長介《ちょうすけ》）恩師と東北の縄文にあこがれて仙台の大学に進んだ。当初は恩師に勧められて旧石器時代を研究したが、三十歳のころから本格的な縄文研究を始めた。一九七五年ごろから開発事前の緊急発掘調査で、全国の縄文遺跡の実態がにわかに判明し始めた。原始的な文化ではなかった事実が鮮明になってきた。

今や忘れ去られようとしている日本人の心や技の基礎が、形成された時代だった。われわれの祖先・縄文人が、この風土に合った生活を工夫し、人々の絆を強め、豊かな自然を護って管理維持し、必要以上の余剰や生産を控えて競争せず、自然の猛威や未発達な科学のもとでも工夫してユートピアを作り上げた。数々の災害や環境変化も克服し、一万年以上も安定した社会を循環させて維持していた。本書では、これまでに明らかになった歴史を総合し、祖先が築き上げた文化を宣伝し、未

来に伝え、今日に活かすために「縄文ユートピア論」を唱えたい。

## 二　縄文観の転換

日本の高度経済成長によって全国的に盛んになった開発により、遺跡が破壊される前に実施する緊急発掘調査が、大規模に広く深くに及んだ。次々に新発見が続き、関連自然科学との共同研究も進み、にわかに歴史の実像が明らかになってきた。またこのような行政的措置として行われた発掘調査の成果は、公益として社会に意義付け、各地の地域史としても現代との繋がりを説明することが求められた（田中琢・佐原真　一九九三『考古学の散歩道』岩波新書、同　二〇〇二『日本考古学辞典』三省堂など）。

そして、平成四年（一九九二）から七年に行われた三内丸山遺跡の大規模な発掘調査を契機に、それまでの新発見も総合化され、新たな縄文時代像を世に問うこととなった。次々に新たな縄文時代観が描かれ、縄文観の変更・変革が進んだ（岡村　一九九六「縄文文化の見直し」『歴史と地理』４９０号山川出版社）。その後も新発見、調査成果の蓄積は進み、筆者は二〇〇〇年十一月刊の『日本の歴史01　縄文の生活誌』（講談社）で、全国各地で明らかになった事実をつなぎ合わせて縄文時代の実像をまとめた。まだこの時点では全国的な発掘成果から文化圏や時期・変遷段階、つまり地空的枠組み（地域の文化集団、文化圏）を設定して、各地域文化の歴史を語ることはできなかったし、語れるだけの資料も集積していなかった。一方で、新しくなったはずの時代像はなかなか人口に膾炙せず、偏見ともいえる古い時代観は、今日まだ必ずしも払拭、革新されたとは言えない。

また同年同月の五日に発覚した旧石器遺跡捏造によって日本列島人の探究は、元の木阿弥となった。我々の祖先の日本列島への渡来、列島最古の人類についての研究は委縮してしまった。それから二〇年近くが経った。その間私より一世代上や、同世代による縄文時代観が語られ、そして一世代若い研究者たちが、縄文時代概説をまとめるようになった（小杉康ほか編　二〇〇七〜二〇一〇『縄文時代の考古学』全一二巻、同成社）。各世代は研究者として育った時代背景、資料や方法の限界性を引きずって、歴史観、縄文時代像を作る（山田康弘　二〇一五『作られた縄文時代―日本文化の原像を探る』新潮選書）。

## 三　本書のねらい

筆者は、高度経済成長・列島改造などで激化した開発に伴って急増した発掘に、駆り出された団塊の世代である。新発見・新資料があふれ出し、急速に歴史事実の解明が進み、マスコミの支援もあってバブル考古学・縄文ブームが到来した。筆者は、そうした時代を背景に約半世紀の間、旧石器・縄文時代研究に携わってきた。近年発掘量もピーク時の約半分となって落ち着きを取り戻し、縄文時代像もおよそ概形が捉えられてきた。ここで振り返って、これまで緊急に発掘調査された膨大な資料を整理・総合し、また今世紀になって急速に明らかになってきた植物考古学などの分野も含めて総括したい。

開発の前に消えて行った多くの遺跡、そして遺跡を残した祖先への供養、せめてもの慰めにしたい。特に縄文世界遺産を世界にアピールする上でも、縄文文化とは何か、縄文文化の範囲とは？その構成・構造は、その特色・個性、世界史的な位置づけは？などを、ここ約一〇年間は考え続けてきた。

これまで縄文文化は、日本列島の全体に広がっていた日本歴史の第一段階だったと教えられてきた。しかし、九州から北海道までの列島各地の祖先たちが、各地の豊かな特性にうまく適合して各地に発達させた固有の歴史・文化があった。そして、それら地域文化に共通する要素から、広域にまとめられる縄文文化とその範囲が見えてきた。つまり、縄文文化としての全体的なまとまりよりも、各地の文化集団・民族が担っていた地域文化圏が、文化の基本単位であったと確信するようになった。

また、あまたある世界の先史文化の中でも、豊かな風土と生物多様性を背景に安定した定住を持続した文化であった。特に北東北から道南の津軽海峡文化圏では、地域共同体が数百年・数千年にわたって大規模拠点集落を維持することもあり、土地造成を伴う集落のインフラを整備し、定住のための自然との共生の技と哲学などの精神文化を発達させていたことが、世界的にも優れた日本の発掘技術、関連自然科学との提携によって実証されてきた。今世紀に入って植物考古学が飛躍的に盛んになって狩猟や漁労などに比べて生活に大きな割合を占めていた植物利用の実態の解明が特筆される。

原始的な縄文時代像は次々に改められ、私たちの祖先が高度な生活文化と精神文化をすでに縄文時代に築き上げ、日本文化の基層を形成していた事が次々に明らかになってきた（岡村 二〇一四『縄文人からの伝言』集英社新書）。ここでは、近年、研究が進んだ分野や、なかなか偏見が改まらない分野などを中心にしつつ、現在までに解明が進んだ縄文文化像を総合的に説明、紹介することとした。

一方、現在筆者は、日本人男性の平均健康寿命七十二歳を間近に控えて、これまでの経験に基づき、日本文化の基層を築いた縄文文化について研究者として総括し、後世に分かり易く伝えたいと思った。具体的には、先史年代観の改定・転換。つまり、年代測定法の高精度化と暦年に近づける補正（キャリブレーション、較正《こうせい》と言う）ができるようになり、縄文の始まりで三千年、半ばで五百年、弥生時代と呼ぶ稲作の始まりは九州で紀元前千年、東北では紀元前後と言う傾斜をもつことが明らかになった。この新しい年代観は、教科書や歴史書にはまだ採用されていないが、世界はこの年代観に大きくシフトしている。そこで、ここでは、新しい年代観にしたがって記述する。

さらに今から約四万年前以降、日本列島に我々の祖先が、北方、朝鮮海峡、南西諸島のルートで渡来したと考えられる研究の現状や、その後の温暖化によって現代の海に囲まれた地形、自然と気候となり、その新しい環境に適応する文化が、各地に生まれたことを解説したい。

つまり、日本列島の各地には、同一の言語・文化をもつ集団・民族が、地域の特性・風土に適応した生活文化を育み、定住した。自然を主に利用した生業を基盤とし、循環の哲学や信仰、葬送やモノ送りの習俗、祭り、集団の絆などを大切にして、それぞれ特色をもつ文化圏を形成し、精神文化を発達させた（岡村　二〇〇七『北東北の円筒土器文化圏』北の縄文研究会）。

また地球の温暖化によってほぼ現代に近い海に囲まれた日本列島の地形と自然・環境・風土が形成され、それらに適応する生業・生活文化が発達した。先ず土器や石鏃《せきぞく》などの道具が工夫され、半定住が始まった草創期（世界史的には中石器に相当するかもしれない）があり、温暖化のピーク・縄文海進を契機として海洋適応が進み、早期から前期の初めには各地で定住が確立した。そして中期まで安定した定住は続いた。中期後半の北東北では、物流や祭祀センターとなった、数ヘクタールから三〇ヘクタールにも及ぶ規模の大集落が営まれ、数百年から二千年にも及ぶ長期に安定した定住が続いた。

このような大規模な拠点集落、さらに大家族が集合した拠点集落、そして季節的や出づくり的な分村、各種生産を主とする遺跡が営まれ、社会の階層化・構造化、地域社会が形成されたと思われる。この頃には信越・南東北から北上する人々の移動が見られ、中期末の寒冷化と、社会の複雑化、大きくなり過ぎた大規模集落、環境悪化などが原因となった中期社会の崩壊・衰退期を迎えた。

しかし、百年余りの後には、各種の技術開発や祭祀の発達によって、地域社会は復興した。この頃にも集団の北上があった。そして北日本全域に広域の文化圏が広がり、晩期からの亀ヶ岡文化へと継承した。そして紀元前千年に近く、北九州に水田稲作が上陸し、亀ヶ岡文化の部分的な広がりが西日本から北部九州・四国南岸までに届き（大洞A・A'式期）、一方で突帯文《とったいもん》土器が西日本に広がる中で、農耕・水田稲作が北上していき、弥生時代という区分の時代へと変遷した。

学問的な時代区分である縄文時代は終わっても、縄文的生活文化は、地域や都市と村、海や山などでの違いがあって、変質の程度もさまざまではあるが、昭和三十年代からの高度経済成長、列島改造などまでは色濃く保たれていたことを強調したい。

＊カバー写真　宮城県松島湾と宮戸島の航空写真（写真中央に奥松島縄文村の各施設があり、台地上には里浜貝塚がある）。宮戸島で発掘された土偶と土器。写真提供＝奥松島縄文村歴史資料館。

装丁――中山デザイン事務所
本文ＤＴＰ――冬眠舎
図版作成――ソネタフィニッシュワーク

# 縄文の列島文化——目次

## 第四章 内陸の里山文化

# 第一章　私たちのルーツ

## ——考古学の観点

## 一　最古人類についての探究方法

「日本列島にいつから人類が住み始めたのか」は、私たちの大きな関心事である。私たちはどこから来て、この日本列島に悠久の歴史を残してきたのかを知りたい。つまり、「日本人のルーツ」問題は、歴史学、人類学、考古学などの最大の研究テーマである。これまでも多くの研究者が、その時々の調査研究をまとめてきた。それらの成果を皆で共有し、祖先が歩んできた歴史に学んで、これからの将来・未来に向かってどう進むかを考え・議論しなければならない。

ここでは、地下に埋もれた石器などの道具とそれらの作り掛けや食べカス、居住痕跡などの遺構を発掘・研究する考古学、特に先史考古学の到達点、化石人骨とそのＤＮＡ分析などによる最近の人類学的研究、そして現代から遡及して人々の特に生活文化を明らかにし、物言わない遺跡遺物の解釈に有効性を持つ生態学、民俗学、文化人類学などを総合して、最古の日本列島人から現代のわれわれまでの悠久な歴史の主人公について考えてみたい。

## 二　日本列島人はいつどこからきたのか？

日本の土壌は、火山噴出物が母材になっていることが多く、高温多湿の気候もあって一般的に強い酸性である。そのため人類遺骸などは、通常百年もしないうちに腐ってしまう。したがって人類存在をもっとも端的に示す人骨は、沖縄の琉球石灰岩を基盤とする地層と、本州にわずかに分布する石灰岩地域・石灰岩洞窟、そして縄文時代以降の貝塚や低湿地遺跡くらいにしか残らない。

また人類が、土地に刻んだ住処、道、足跡などの痕跡があっても良いのだが、遊動生活をしていた旧石器時代での痕跡は弱く、また長時間の経過で風化・劣化したと考えられる。

なお、人類存在の証拠が、どこまで古くなるかは、それらが含まれていた地層や生活痕跡、あるいは人類遺体そのものや一緒に出たものの年代を測定してその古さを推定する。

## 三　最古人の探究と論争

### 1　前期旧石器存否論争

日本人のルーツ問題は、明治時代から始まった科学的考古学・人類学研究の当初からのテーマとなって議論されてきた。まず、地質学者らが砂礫層《されきそう》などに含まれていた原始的に見えた「石器」を取り上げて、旧石器人がいたと唱えた。このような「石器」の認定によって人類の存在を裏付けようとする研究ではあったが、ほとんど注目されることもなかった。そして、人が作った石器と自然の営為でできた「石器（偽石器）」との区別問題は、現在まで未解決のまま尾を引いている。一方、主に人類学者は、明治時代の末から戦前まで、貝塚などから出土した縄文人骨や現代人の形質的特徴を調査し、両者を比較して「日本人種」をアイヌ説、原日本人説などに別れて議論を戦わしてきた。

しかし、戦後は、一九四九年に縄文時代以前の旧石器（岩宿《いわじゅく》）時代の存在が確認され、これの発見に触発されて北海道から鹿児島までの列島各地で、旧石器が続々確認された。その後一九七五年ころからの緊急調査の激増によって、特に首都圏の武蔵野台地や相模野台地などで関東ローム層の深くまで発掘が進んだ。旧石器時代遺跡の構造、広がり、落し穴列や貯蔵穴、石蒸《いしむ》し料理跡（礫群《れきぐん》）も多数発見され、四万年前近くにまで遡る遺跡も含めて、九州から北海道までの列島全域に、現在までに約一万五百か所の遺跡が発見されている（日本旧石器学会　二〇一〇）。つまり、これら旧石器の発見によって、日本人のルーツ問題は、縄文時代の壁を破って旧石器時代に遡ることとなった。

一方、一九四九年の「岩宿の発見」・旧石器文化の確認は、もう一段階古い中期・前期旧石器の発見レースにも発展した。岩宿を発見したころに同じく相沢忠洋《あいざわただひろ》が発見していた群馬県の不二山《ふじやま》・権現山などの石器が、その候補になった。また私の恩師・芹沢長介は、長崎県福井洞穴や大分県早水《そうず》台《だい》遺跡、そして一九六五年から栃木県星野遺跡など北関東の「珪岩製旧石器」を次々に発掘し、三万年以上古い前期旧石器の存在を主張した。

しかし、芹沢説に対して地質学・考古学研究者らは、それらが「偽石器・自然破砕礫」であろうと批判し、激しい前期旧石器存否論争が続いた（岡村　一九八九）。約十年間続いた芹沢の追加証明のための発掘や反論も、説得力を持たないまま論争は膠着状態となった。

## 2 「遺跡捏造事件」

その論争をかき消すように一九八一年から宮城県の「座散乱木《ざざらぎ》遺跡・馬場壇《ばばだん》A遺跡」などで「前期旧石器」が発掘され、さらに原人の祭祀的「埋納遺構」や埼玉県の秩父では「住居跡」までが発掘された。宮城・山形両県にまたがる石器の長距離間接合なども発見され、一九九九年にはついに宮城県「上高森《かみたかもり》遺跡」などで北京原人の周口店《しゅうこうてん》洞穴遺跡の古さを越える七十万年前の石器や「埋納遺構」が発見された。私も含めて多くの研究者が、列島最古の石器文化として一般書や地域史などに取り上げた。マスコミも大きく報道し、発掘されたものは国立の博物館などで展示され、教科書にも掲載された。

ところが二〇〇〇年十一月五日（日曜日）の毎日新聞朝刊で、捏造《ねつぞう》がスクープされた。拾ってきた石器を埋めて遺跡を捏造している現場写真が新聞の一面に大きく掲載された。その後、捏造遺跡のある自治体や日本考古学協会などによる検証発掘や「出土石器」の見直し再検討によって、前期旧石器時代などとされた遺跡は捏造だったことが確定し、座散乱木遺跡の国史跡指定は解除された（岡村 二〇一〇）。

捏造を見抜けず、また「発見」を安易に普及した私などの責任は重い。再発を防止するためにも、捏造事件を後世に伝えて教訓とすることは与えられた務めである。

そして最古文化に関する研究は、約二十年前の前期旧石器存否論争の段階にまで後戻りしてしまった。今日まで後期旧石器時代を遡る確かな新発見もなく、中期旧石器に遡る可能性が最も高いと思われた岩手県遠野市の金取《かなどり》遺跡は追加発掘でも確証は得られなかった。さらに、最下層文化が中期旧石器時代に遡る可能性が期待されて再発掘された長崎県佐世保市の福井洞穴遺跡も、後期旧石器時代に収まることが判明した。一方、芹沢が主張し続けた「珪岩製旧石器」を再確認する目的で、新たに発掘された群馬県鶴ヶ谷《つるがや》東でも、説得力のある成果は得られていない。

つまり、約四万年前に日本列島に渡来したわれわれの祖先・新人が残した後期旧石器文化以前に、中期旧石器時代以前の古人類がいたかどうかは不明のままである。

ただし、約十三万年前の寒冷期にできた陸橋を渡ってきたと考えられるナウマンゾウやオオツノジカなどの化石が、旧石器時代を通して陸化していた瀬戸内海の海底から引き揚げられるなど、東アジアから渡来したと推定される動物群の化石が、本州各地から発見される。また原人・旧人段階の人骨や旧石器が、中国大陸から朝鮮半島まで発見されているので、動物や古人類が陸橋を渡って列島に渡来していた可能性は捨てきれない。

## 四　私たちの祖先——列島最古の人類

### 1　ミトコンドリアDNA分析による新人の誕生と世界への拡散

女性に系統的に遺伝するミトコンドリアDNAによる画期的な研究結果が、一九八七年にアメリカで発表された。現代の女性の持つミトコンドリアDNAを分析すると、理論的に約二十万年前の

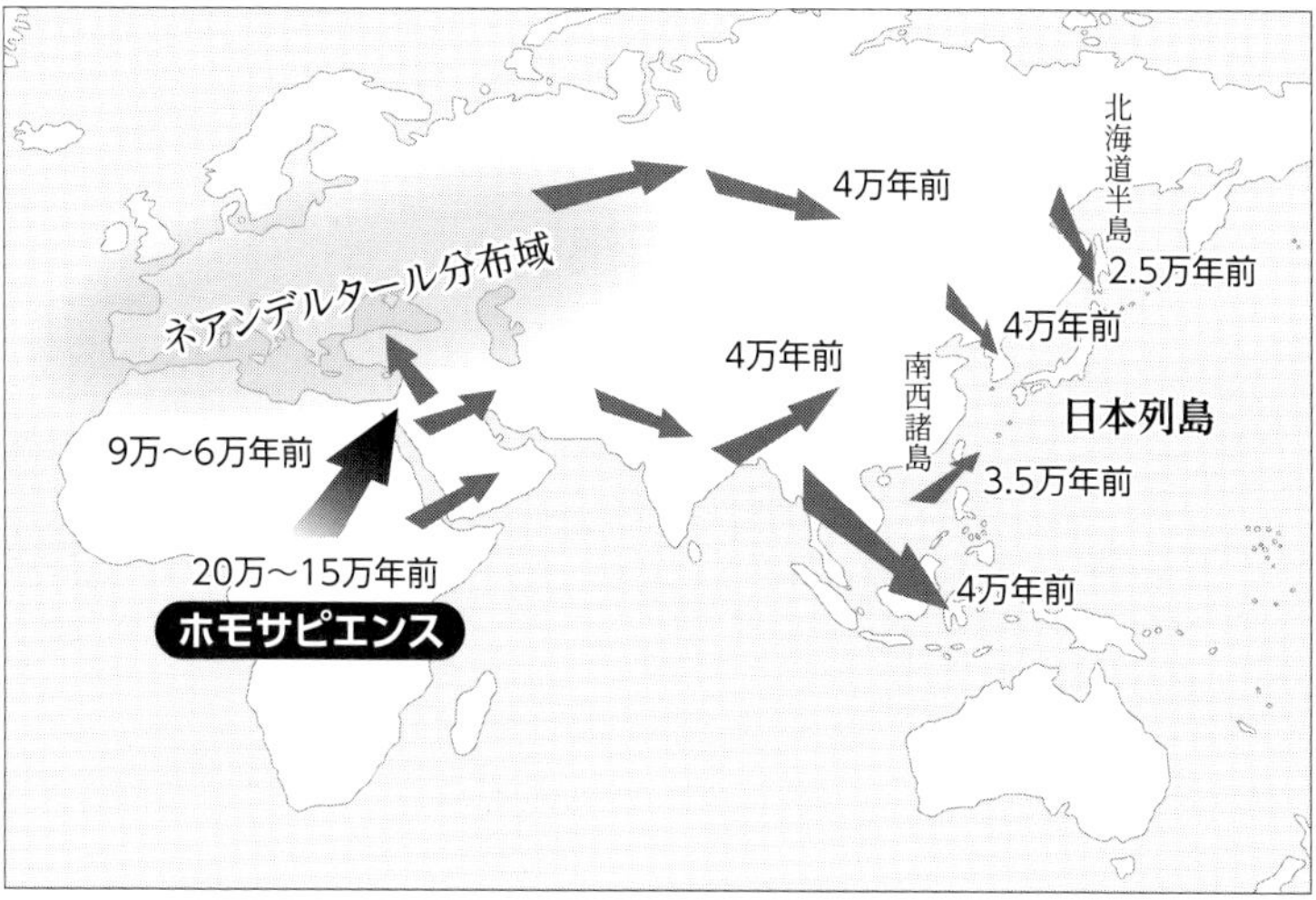


図1-1　アフリカ生れの新人（ホモサピエンス）が約4万年前に日本列島に到達

アフリカの一女性にたどり着くという。つまり、現在の地球上に住む人々、われわれ日本人も新人（ホモサピエンス）をルーツとするアフリカ起源説が有力になった。アダムとイブの内、女性・イブのルーツ仮説であり、「イブ仮説」と言われている。

新人は、その後、アフリカから中東に出て、さらにはヨーロッパやアジアに広がった。現在、石器文化や人類化石の研究とも統合されて、九〜六万年前にアフリカを出て中東に居た新人は、それ以前から段階的に獲得した能力によって、約五〜四万年前に世界に拡散したと言う説が定説化しつつある。アジアへの拡散については、東南アジアルート、一方で中国・朝鮮半島、さらにはシベリアの北緯五五度にも達するルートが想定されている。これらの大きな流れが日本列島に到達したと言われるようになった（図1-1）。

## 2　日本列島への人類渡来と文化流入

氷河期であった後期旧石器時代の寒冷な時期には、海水面が大きく低下した。そのため当時の列島の形は、北海道は樺太を通して大陸に繋がる古北海道半島であった。その上、約三〜四万年前の最寒冷期には、北海道とロシア沿海方面との間から北の海は氷結していたらしい。その氷橋を経て新人が北方から渡来した可能性も追加される。ただし、古北海道半島より本州に南下するには、津軽海峡を渡らなければならない。

また本州は、瀬戸内海や関門海峡も陸地化して、古本州島と呼ばれる一塊の島であった。しかし、遠く離れた南西諸島は、もちろん海を渡らなければ移動できなかった。ただし、新人段階になると世界史的に見て海を渡った証拠は多い。日本列島でも、一度も本州島とは繋がったことのない伊豆七島の神津島《こうづしま》産の黒曜石《こくようせき》が、舟で運ばれて関東に持ち込まれていた。このような半島と島が連続した古日本列島間を人や文化が往来したかどうかは、海上の道のあり方が大きな鍵を握る問題となる。

そこで地形と文化交流の歴史を見ると、日本列島への新人の渡来ルートは、北方アジアに繋がる北海道へのルート、朝鮮海峡を挟んだルート、南西諸島からの北上ルートが想定される。この交流を文化的に検討できる証拠は、古本州島・北海道半島の石器やわずかに残された礫群（焼けた石が集まった石蒸し料理跡）や落とし穴などの遺構しかない。次項からこの三つのルートについて人類学や考古学的な面から検討したい。

なお、まだ日本国の原型すらできていなかった時の旧石器や縄文時代の人々について、ここでは日本列島に住んでいた人々の意味で、彼らを「日本列島人」と呼ぶこととする。そして学問的な時期区分に従って、旧石器時代の人々を日本列島の旧石器人、縄文時代の人々を縄文人、弥生時代の人々を弥生人と呼ぶ。なお、各時代区分は、各文化が行われた範囲での便宜的な区分である。

### 3　貴重な発見が続く沖縄の化石人骨

これまで日本列島で発見された旧石器人としては、教科書的には明石《あかし》市の明石原人、栃木県葛生《くずう》町の葛生原人、豊橋市の牛川《うしかわ》原人、静岡県浜松市浜北《はまきた》区の浜北原人、広島県帝釈峡の帝釈原人、そして沖縄の港川人《みなとがわじん》などが取り上げられてきた。しかし、本土での報告例は、わずかに分布する石灰岩地域で発見された小さな部分骨であった。人骨かどうかの認定や年代が不確実であったため、浜北以外は旧石器人骨ではないと否定的に言われている。

それに対して沖縄では基盤岩である琉球石灰岩の洞窟や崖の割れ目に化石人骨が良好に保存されて発見されている（山崎　二〇一六。表1-1）。骨そのものも高精度のC14年代測定法で測れるようになり、石垣市の白保竿根田原《しらほさおねたばる》洞穴出土の最も古い人骨は、約二万四千年前、南城市のサキタリ洞穴例では、約二万年前などの年代が得られている。

これらの多くは、ほぼ全身が残ることもあり、狭い洞穴内に埋葬された人骨だったらしい（図1-2）。沖縄県全域で多数の人骨が発見され続け、世界的にも貴重な資料を提供している。なお、白保竿根田原の人骨からは東アジアや台湾の系統をひくDNAが抽出されているという（篠田　二〇一五）。

表1-1　沖縄の人骨化石と伴出した動物化石

| 遺跡名 | 人骨化石 | 年代 | 伴出した主な動物化石 |
| --- | --- | --- | --- |
| 桃原洞穴 | 頭骨 | 後期更新世? | シカ |
| 大山洞穴 | 下顎骨 | 後期更新世? | 不明 |
| 山下町第一洞穴(5層) | 大腿骨・脛骨 | 後期更新世(約3万6千年前) | トリ、カニ、カワニナ |
| 港川フィッシャー | 4体分の全身骨格 | 後期更新世(約2万2千年前) | シカ、イノシシ、トリ、両生爬虫類 |
| サキタリ洞(調査区I・I~II層) | 歯、手足骨 | 後期更新世(約2~1万4千年前) | イノシシ、カニ、カワニナ、カタツムリ |
| カダ原洞穴 | 頭骨 | 後期更新世? | シカ |
| ゴヘズ洞穴 | 下顎骨 | 後期更新世 | シカなど |
| 下地原洞穴 | 乳児の部分骨格 | 後期更新世(約1万8千年前) | シカ、トリ |
| ピンザアブ | 頭骨、歯、椎骨、手掌骨 | 後期更新世(約3万年前) | シカ、イノシシ、トリ、ネズミ、両生爬虫類 |
| 白保竿根田原洞穴 | 10個体分以上の部分骨 | 後期更新世(約2万4千年前) | ネズミ |

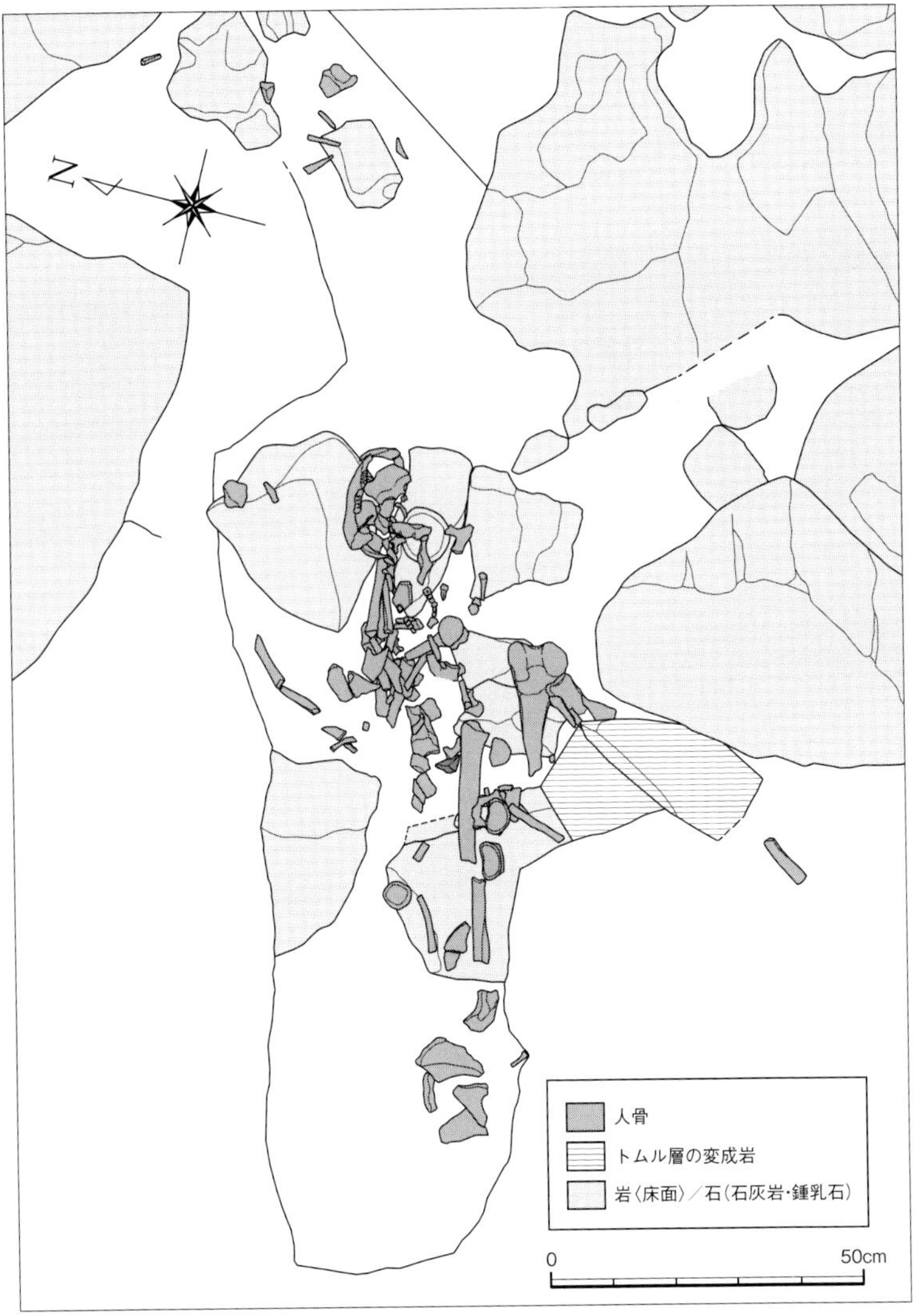


図1-2　白保竿根田原洞穴に風葬された旧石器人（沖縄県立埋蔵文化財センター 2017 を基に作成）

## 五　旧石器文化から見た列島文化のルーツ

### 1　約四万年前に朝鮮海峡ルートで渡来した最古の祖先

アフリカで誕生した新人（ホモサピエンス）は、アフリカを出てアジアに到達した。中国大陸から朝鮮半島には新人の遺跡が残されている。そして約四万年前に朝鮮海峡ルートで日本列島に渡来した。このころ瀬戸内は陸化していて本州は九州から東北まで一塊の古本州島を形成していた。

この九州から東北までの本州島に、三万八千年前ほどの古さが得られている石器群が、出土する遺跡が点在している。縦長の剥片《はくへん》を連続的に剝ぎ取る石刃《せきじん》技法の祖型になると思われる剝片生産と不定型剝片石器、台形様石器などが道具立てとなる石器文化が広がる。この様相は、朝鮮半島・中国の石器文化につながり、約三万年前になると北海道に北上する（註＝章末）。

このような状況は、朝鮮海峡経由の文化が本州島に流入し、九州から東北まで広がり、やがて北海道まで広がったように理解される。このころの寒冷期でも津軽海峡は存在し続けたが、すでに渡航技術をもっていた新人は、本州島から古北海道半島に渡って遺跡を残したようだ。

### 2　南西諸島の約三万五千年前の石器と化石人骨

古本州島・古北海道半島の様相に対して、先島から沖縄本島そして奄美列島の石器文化については判然としない。後期旧石器段階の人骨は見つかるが、洞穴に埋葬されたものが多い。石器が出土した集落跡などが見つかっていない。わずかに沖縄本島では約三万五千万年前と言われる那覇市の山下町第一洞穴の磨石《すりいし》・敲石《たたきいし》、種子島で約三万年前の立切《たちぎり》遺跡などで、石蒸し料理跡や斧状石器・磨石・砥石などが見つかっている程度である。

まだ石器文化から詳細が語れる状況ではないが、この地域は、広く東アジアの南から東南アジアの暖かい環境に適応した粗製石器、礫石器などの文化圏に包括される固有の地域性をもつのかもしれない。

今のところ、前述したように最古の年代が測定された人骨やわずかな石器を根拠に、沖縄の歴史は約三万五千年前に遡ると推定される。ただし、本土とは異なる固有な葬法や石器文化から見て、沖縄旧石器人の本土への北上については否定的である。

## 3　古北海道半島に約二万五千年前に北から南下した細石刃文化

約二万五千年前には、細石刃《さいせきじん》文化が北方ルートで古北海道半島に、流入したと考えられる。それ以前の二万数千年前には、本州島と類似する部分加工した不定型剥片などの石器群が分布する。しかし、いずれにせよ日本海を挟んだロシア沿海地方の同時期以前の遺跡が不明なため、系統関係を論じることは難しい。

# 六　後期旧石器文化の地域的固有化

## 1　列島文化の固有化と地域文化圏の成立

約三万年前には、古本州島に多くは刃部《じんぶ》を研磨した石斧が広がる段階が始まる。これは本州島固有の石器であり、その種類や作り方も世界的にみても独特である。またこれも世界的に見ても古本州島に固有であるナイフ形石器や台形様石器が特徴的に使われた。これは地域的特色が現れた最初の固有文化であり、広域の地域集団がこの地域文化を支え、言語や精神文化なども共有していたと考えられる

なお、当時古本州島以北に広がっていた針葉樹の疎林と草原には、木の実など植物質食料は乏しかった。草原を群れなして移動していた約二万年前には絶滅したオオツノジカやナウマンゾウ・野牛などの大型獣やウサギやネズミなどの小型動物を、槍先と推定されるナイフ形石器などで狩猟する遊動生活を送っていたらしい。

## 2　後期旧石器時代の後半に細分・地域化した文化圏の成立

約二万年前の後期旧石器時代後半になると、中部から東北で石刃技法を基盤とする杉久保型などのナイフ形石器と彫刻刀形石器やエンドスクレイパー（掻器《そうき》）が分布する文化圏、関東東海には斜め

整形の切出形ナイフ形石器、近畿・中四国には横長の鳥が翼を広げたような形をした剥片（翼状剥片《つばさじょうはくへん》）を連続的にはぎ取る瀬戸内技法と、翼状剥片を加工した国府型ナイフ形石器と角錐状《かくすいじょう》石器などが分布する文化圏、九州には石刃技法に基盤を置いた九州型のナイフ形石器、安山岩などで作った剥片尖頭器や角錐状石器、台形石器などが特徴的に分布していた（図1－3）。

すなわち古本州島の固有文化圏を基盤として、その内部にさらに地域的に分化した四つの細分文化圏が成立したのである。

一方、約二万五千年前からの北海道には、強い地域性をもつ細石刃文化が広がった。千歳市の柏《かしわ》台《だい》遺跡では、黒色・赤色顔料の使用が確認され、祭祀・芸術的文化要素が認められる。また南西諸島ではこの段階の石器文化の様相は不明瞭であるが、本州以北とは大きく自然環境・生態系が異なる。また東アジア南部から東南アジアには、礫石器や不定形剥片石器が一般的であることから見て、おそらくその石器文化に類似した地域色をもっていたと予想される。

すなわち、約三万年前には、北海道半島と古本州島と南西諸島という三つの大文化圏が成立した。そして古本州島にはさらに細分できる地域文化圏が、遅くとも三万年前には独立して成立した。この文化圏は、その後現在まで、古北海道半島と南西諸島も合わせ、断続的ながらもつながる地域文化圏としてほぼ継承されてきた。

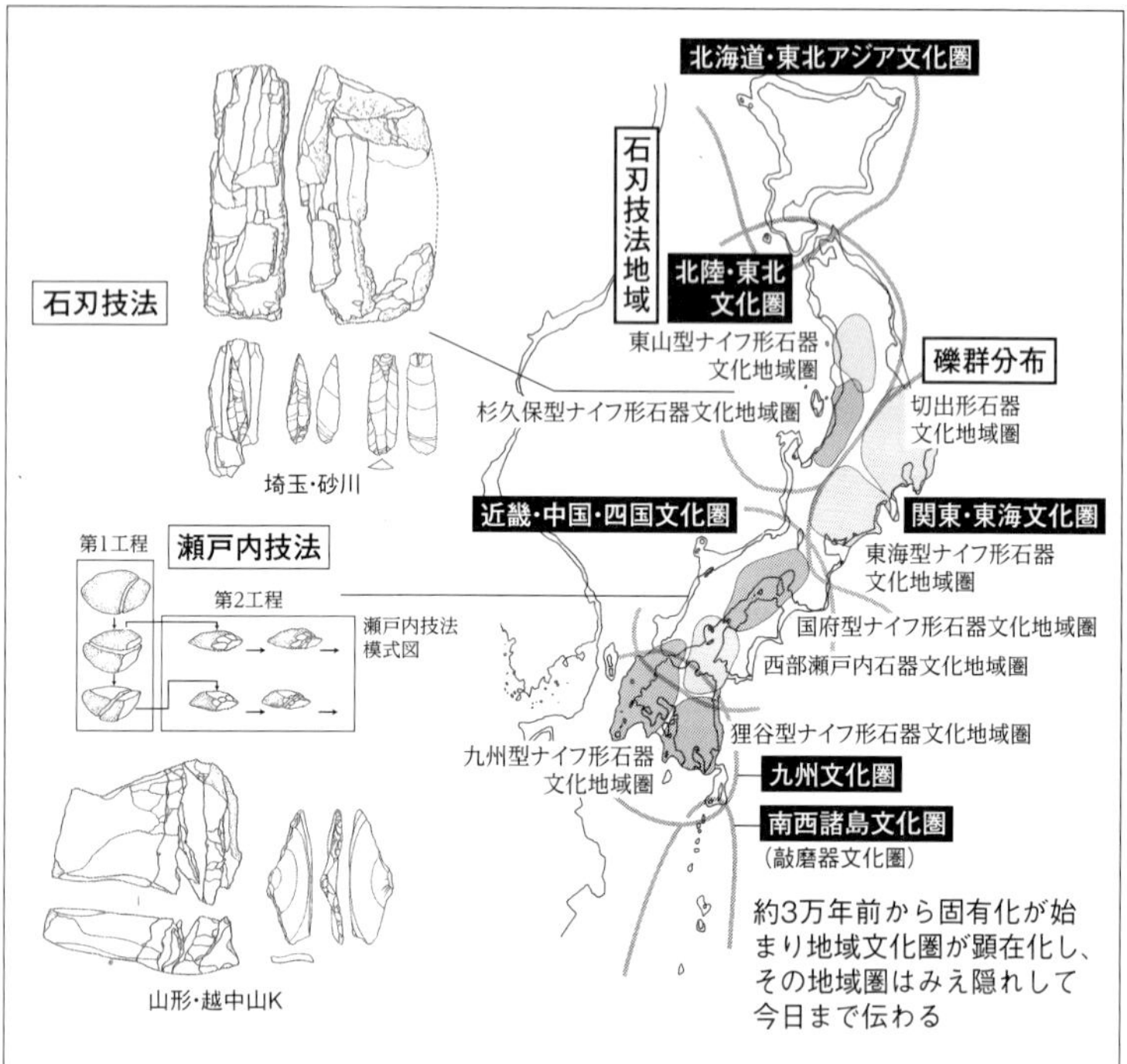

（地図：岡村道雄 1998『石器の盛衰』講談社に加筆）

図1–3　約2万年前の旧石器時代の地域文化圏

### 3　細石刃文化の南北からの流入と地域化

約一万七千年前の後期旧石器時代の末になると、北海道に二万五千年前以降発達していた細石刃文化が、古本州島の東北に南下した。一方、九州にも大陸・朝鮮半島経由で細石刃文化が流入した。細石刃や石刃は、ほぼ同じ形や大きさの剝片を、予め連続的に剝ぎ取りやすく整えた石核《せっかく》と呼ぶ石の塊から作られる。遊動生活の行く先ざきで、その塊を連続的にたたき、石刃からナイフ形石器や彫刻刀形石器などを作った。また、多数の細石刃を柄にはめて槍や鎌のような遊動生活に便利な組合せ道具を作った。

## 七　縄文文化の始まりと定住、地域文化圏の断続的継承

### 1　温暖化による縄文文化の始まり

細石刃文化期の末、約一万五千年前になっても石刃技法は継続するが、北海道では有舌尖頭器《ゆうぜつせんとうき》、本州の中部地方までは、広く神子柴型《みこしばがた》と呼ばれる刃部磨製石斧《ませいせきふ》が現れる。そして後者の神子柴文化圏に無文土器が現れる。

一方南九州でも、細石刃文化の末に無文土器が現れる。そして、その後、太めの隆帯文《りゅうたいもん》そして爪《つめ》形文土器《がたもんどき》へと変遷し、石鏃《せきぞく》も伴うようになる。この古本州島での土器の出現をもって、縄文時代の始まりと定義することが多い。隆帯文ないし微隆起線文土器、爪形文土器は、九州から本州まで広

域に分布し変遷した（図1－4）。なお、北海道では寒冷な気候による旧石器時代的な生態系が続いたためか、旧石器文化は続いた。本格的な土器の出現は、約一万年前の早期になってからである。

## 2 定住の確立と地域文化の顕在化、中期社会の衰退

早期初めには北海道・東北に無文や貝殻条痕文《かいがらじょうこんもん》、関東に撚糸文《よりいともん》、中四国から中部山岳に押型文、九州に無文・条痕文の土器文化圏が現れる。このような文化圏（土器型式）の分立は、旧石器時代の地域文化圏の分布に対応していた。

さらに後氷期の温暖化が進み、縄文的環境が津軽海峡を越えて北海道に広がった。生態系の変化に応じて北海道でも土器が使われ始め、石鏃が加わり、縄文文化圏に編入していった。また、北海道の漁労文化（骨角製漁具など）の三陸への南下が示すように、海上交流が活発化した。津軽海峡は障壁ではなく、むしろ北海道と本州の間の人の行き来、そして文化の一体化と広がりを成立させた。

このような状況は、旧石器文化から縄文文化への移行が、連続的かつ漸移《ぜんい》的であり、地域文化圏とそれを担った集団が、時代・文化をまたいで継続したことを示す。この段階の終末、約一万年前に縄文的な環境・豊かな生態系が整い始めた。その生態系の変化に適応して、住居群と集団墓地、送りを伴う捨て場・貝塚の三要素をもつ定住集落が成立した。つまり、各地で定住集落が見られるようになり、確かな文化圏が成立し始めた。

ただし、南九州の鹿児島県上野原《うえのはら》遺跡にみられるような、他に先んじて発達して定着した南の縄文文化、いわゆる「早咲きの縄文文化」は、より進んだ温暖化による縄文環境の北上と、約七千三百年前の鬼界カルデラの大噴火によるテフラ降下の打撃もあって、なりをひそめた。その後は復活して押型文文化が、北部九州・西日本から中部山岳まで広域に席巻するようになる。しかし、さらなる温暖化と生態系の変化によって九州から西日本は定住生活の維持が困難になった。

一方、関東では撚糸文文化が定住集落を成立させ、沿岸に貝塚をもつ集落（以下、貝塚集落と呼ぶ）を残すようになった。そして、早期中葉には、北海道南部から東北一円に広がり、関東に至るまで広域の貝殻沈線文《ちんせんもん》文化圏を形成した。津軽海峡をはさんだ文化圏の成立である。やがて前期には再び九州、西日本、関東北信越、南東北、北東北から北海道南部、北海道北半の地域性が現れたが、西日本の定住が復活するのは、後期になってからである。

いずれにせよ、旧石器時代の約三万年前に現れた地域文化圏の分立は、南北からの集団の移動も想定される文化の移動・複合（混合）も時折りみられ、また範囲の変動もあるが、従前の文化圏を基本的には継承してきた。

### 3　定住確立以後の縄文人骨の地域性とＤＮＡ分析

日本列島の本州島以北の沿岸部に形成された集落の貝塚には、そこに埋葬された縄文人の遺体が、貝殻などのカルシュウム分に護られて残っている。これらの遺骨、特に頭骨の形や細部の変異を調

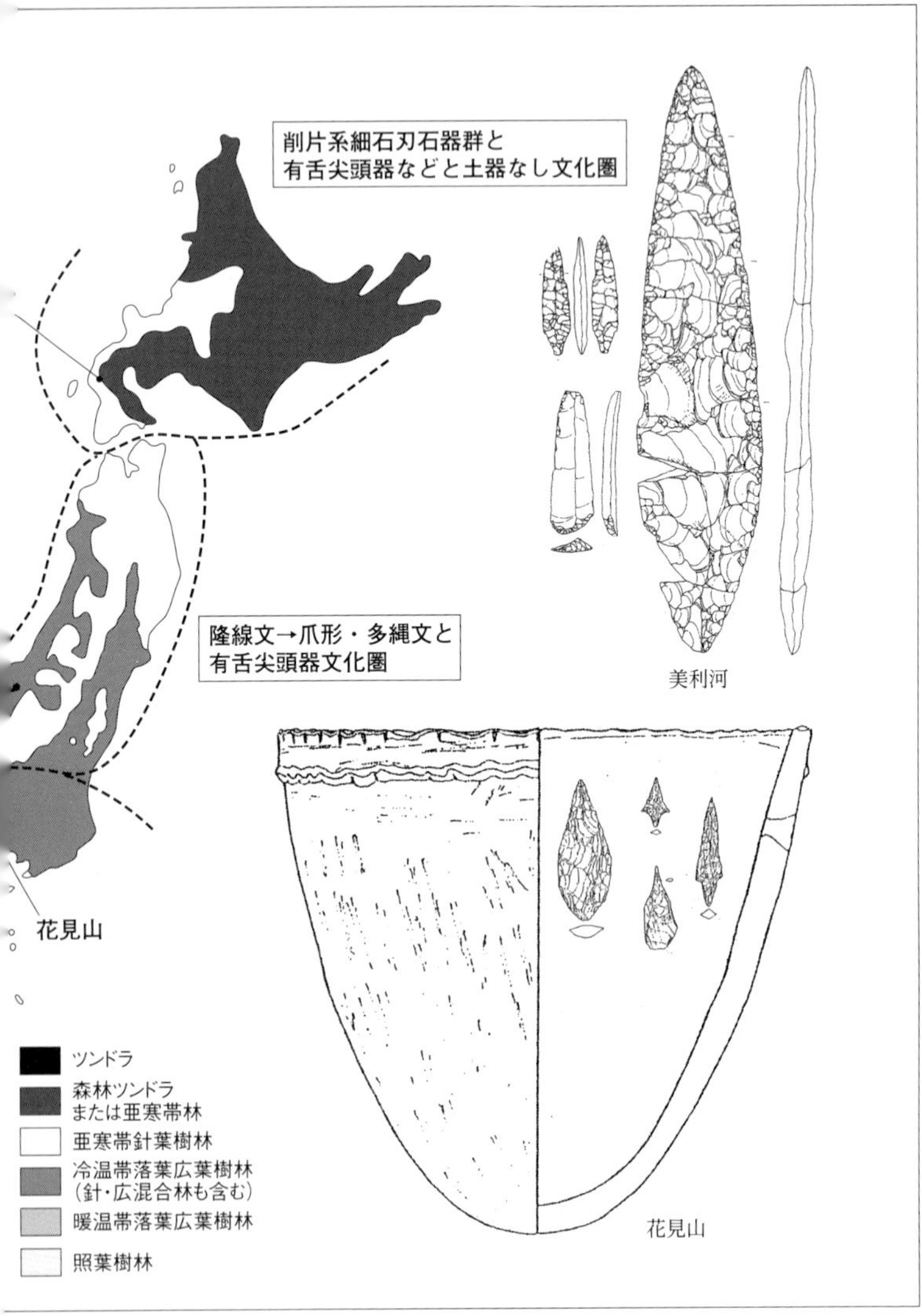
削片系細石刃石器群と
有舌尖頭器などと土器なし文化圏
隆線文→爪形・多縄文と
有舌尖頭器文化圏
花見山
美利河
花見山
ツンドラ
森林ツンドラ
または亜寒帯林
亜寒帯針葉樹林
冷温帯落葉広葉樹林
（針・広混合林も含む）
暖温帯落葉広葉樹林
照葉樹林

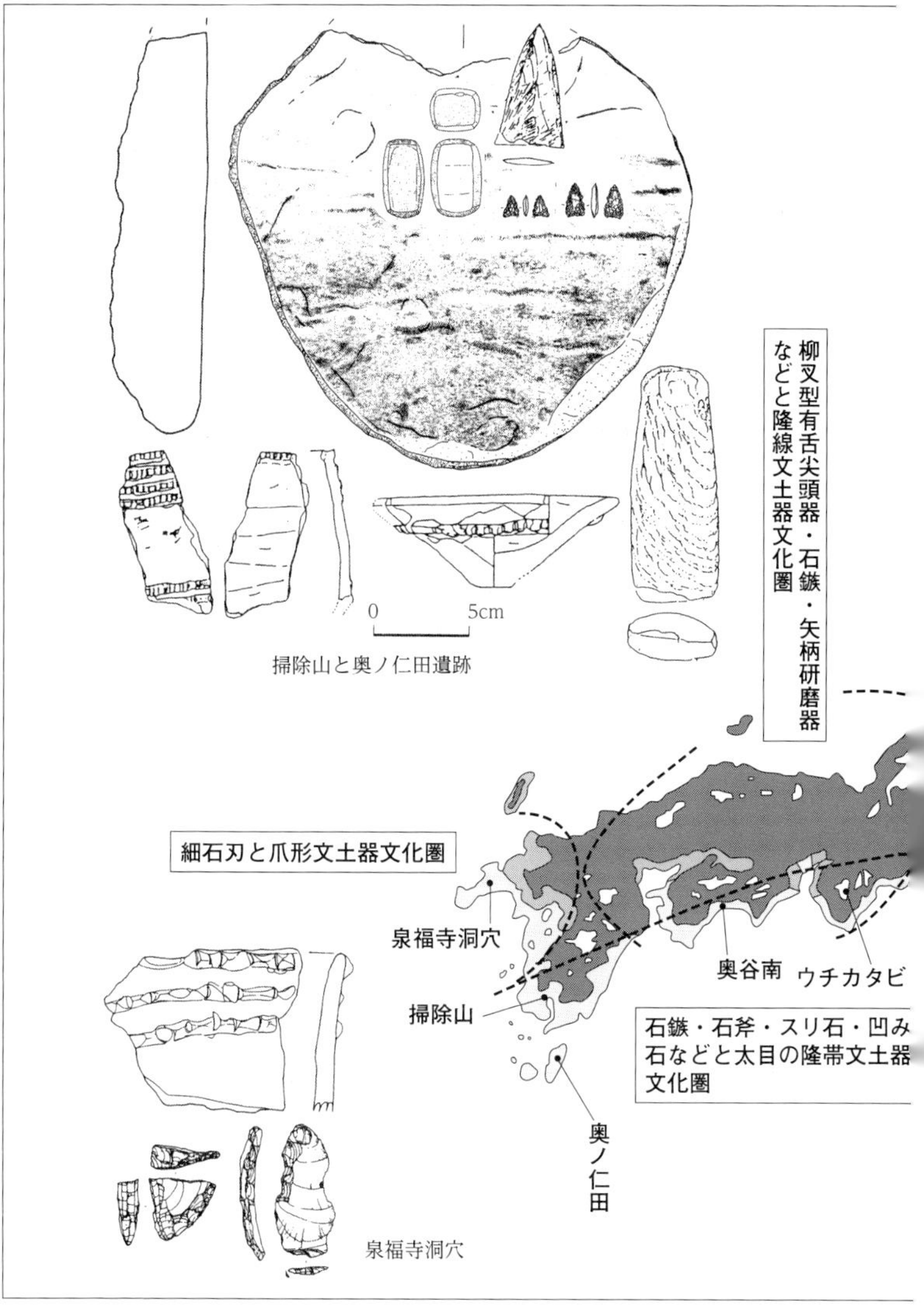


図1–4　縄文文化始まりのころの文化圏

べて、地域や時代による特徴とその変化が説明されてきた。

その特徴は、全国的に均質であると言われる。顎が張り、大きな隅の丸い四角の眼窩《がんか》、高い眉根《まゆね》（高い鼻）などの特徴をもつ。このような縄文顔をした男は身長約一五四センチ、女は約一四八センチ、下肢は長いが上肢・上腕は短いなどの共通性が指摘されている。一方で東北、関東、中部、近畿、中国、九州の地域に分けて、脳頭蓋《のうとうがい》七変数、顔面頭蓋九変数について、地域差を検討した研究がある。その結果、東日本と西日本は大別され、それぞれの細分地域ごとにも差が認められる（近藤 二〇〇八）。

考古資料から紡ぎ出された縄文文化圏と東と西、地域文化圏と出土人骨の地域的特徴は一致しているように見える。

ただし、これまで調査された遺体は、中期以降の貝塚出土人骨が主体であり、また生業や食生活も似通った海辺の人々の特徴が検討された結果であることに留意しなければならない。内陸、長野県の北村遺跡から多数出土した中期の遺骨や、これまでほとんど知られていなかった前期の遺骨が百体近く出土した富山市小竹《おだけ》貝塚の資料の特徴と集団内でのばらつきなどについても知りたいところである。

一方、小竹貝塚出土人骨のDNA分析では、ロシアのバイカル湖周辺や北海道の縄文人に多い北方系と、東南アジアから中国南部に見られる南方系の二系統が混在し、渡来系の弥生人や現代の日本人に多い型は見られなかったと報告されている（篠田 二〇〇七、同 二〇一五）。また、安達登らは、北海道で発掘された五十四体や東北二十体の縄文早期から続縄文時代の人骨のミトコンドリアDNAの遺伝子型を明らかにした。ウリチ、ウデへなどのシベリア先住民に多い遺伝子型が六割近くを占め、関東以西のDNAとは大きく異なった（安達ほか　二〇〇七）。

以上、考古学と人類学の研究を総合すると、以下のような暫定的な所見となる。縄文時代以前に渡来した朝鮮海峡経由と古北海道半島経由の新人が、重層して後期旧石器後半から地域文化圏を形成した。この北方と朝鮮海峡経由の新人が混ざり合って固有の文化を形成し、各地で地域文化圏・民族を形成した、その基本的枠組みが縄文文化にも継承されたと考えられる。

いずれ一万年間以上の幅をもち、北海道から沖縄までの広域の集団が、均質とは考えにくい。今後、多くの時間と地域の資料を分析し、時期的変化や地域的まとまりを検証するというDNA人類学の成果に期待したい（神澤　二〇一六）。

## 八　稲作文化の受容

### 1　北九州の縄文人が受け入れ、東に伝えた水田稲作農耕

縄文時代の終わりには北からの亀ヶ岡文化が東北一円に南下し、変質した亀ヶ岡文化が関東、そして部分的に東海、中四国、まれに高知県や大分県で大洞C2式土器、大分県の竹田市から東海地方の御物石器《ぎょぶつせっき》が発見されており、集団的移動も想定される。

一方、北部九州では紀元前約一千年前に水田稲作農耕を受容して弥生化を導いた。さらに弥生化の範囲は段階的に北上した。この範囲は、例えば低地環濠集落の分布範囲、鉄器や弥生祭祀などの普及範囲といえる。多分、『魏志倭人伝』に言う倭国の範囲であり、北部九州から北陸と南東北までの範囲であった（後出図1－6）。

また地域によっても稲作文化の受容の要素や程度は異なっていた。決して日本列島を一律に語ることはできない。各地での土器型式や葬制の特徴などによる地域性は継承され、稲作を受容した人々も、日常生活では縄文的地域文化を継承した（図1－5）。直接的な渡来人や渡来系の人々の関与もあって弥生文化は形成されたが、縄文時代以来、継承された文化要素も多かった（後出コラム①の表、46・47頁）。土木技術、栽培技術や地域共同体を単位とした協業システムなどは、すでに縄文時代に発達していた。水田稲作を受け入れる技術や体制は、すでに備わっていた。

米作りが必要とした木製農具やその製作道具（特に大陸系磨製石斧）、穂摘み具、鉄素材、炊飯用や種もみの貯蔵用と言われる新しい種類の壺の出現などの変化が、大変革・歴史的発展と評価されてきた。

一方で、米作り以外の各種生業、自然物の利用、物作り、あるいは座産・立産や埋葬、家や居住様式、祭りや祭祀などの生活基盤は、弥生時代以降も継承されている場合が多いという事実も明らかになってきた。例えば打製石器は先進地帯でも弥生中期まで続き、鉄製品に漸次置き換わったが、漆製品、樹皮・木製品、ざる・かご・縄などの編組《へんそ》製品などなどの基礎的な製作技術の伝統も、今

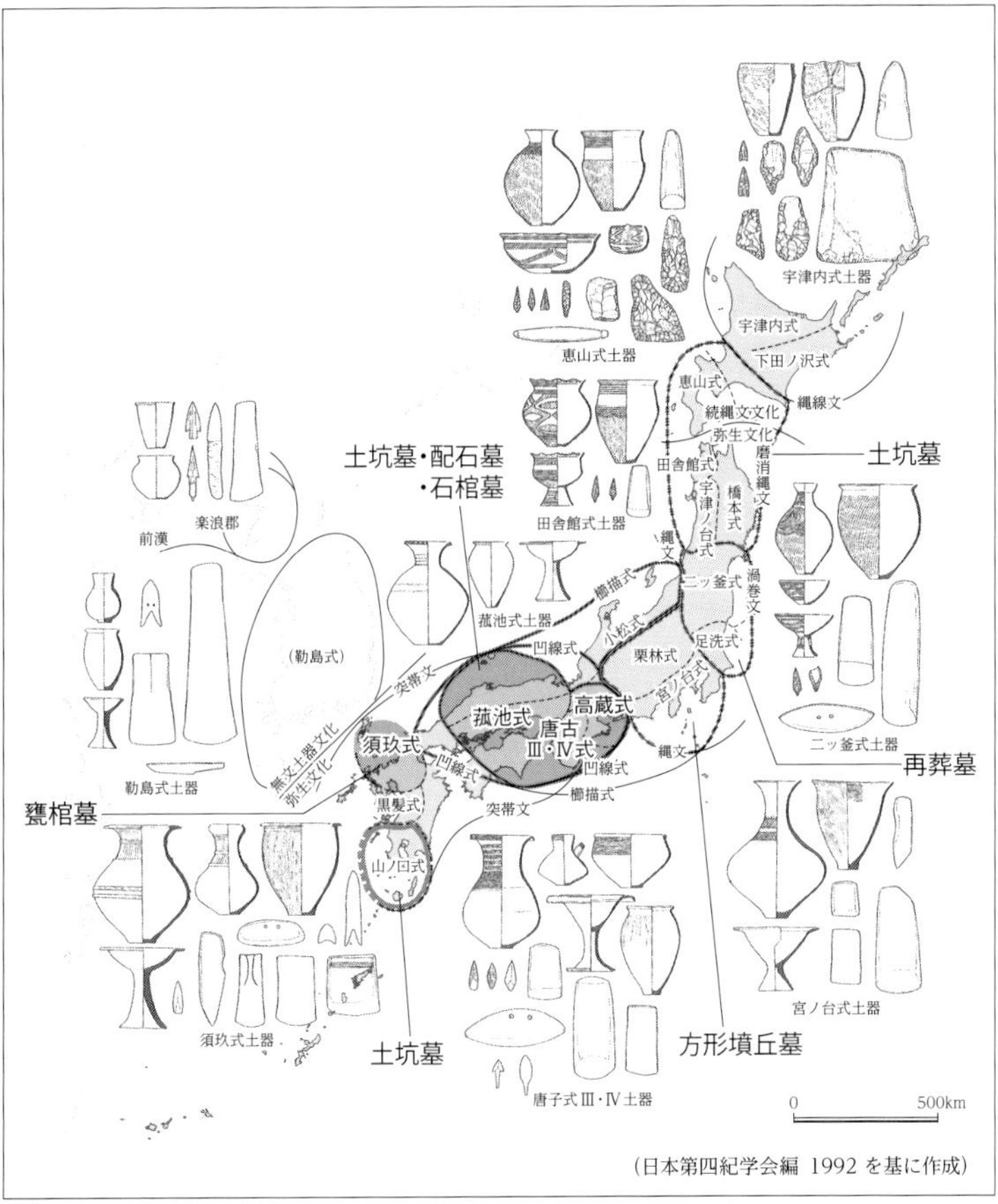


図1–5　倭国の時代、弥生時代後期の地域文化圏

日まで連綿と続いてきた（コラム①の表）。

さらに継承と変革にも地域によってさまざまな実態があった。東北北半から北海道、片や南九州以南は、自然物利用を続け、「縄文文化」の多くを継続していたといえる。

つまり、考古学的資料によれば、『魏志倭人伝』に言う倭国の範囲の縄文人が、主体的に稲作文化を受け入れ、それぞれの地域の縄文文化も継承して各地に固有の弥生文化を形成したと考えられる。蛇足ながら弥生化されず、高塚古墳も築かなかった東北北半以北、南九州以南については、縄文時代以来、大陸渡来系などの人々との接触は想定しにくい。これらの人々も含めて弥生時代以降の日本人のルーツを、一括で語ることはできない。

かつて人類学では、稲作が北部九州で始まった時から千年近くたった、最も弥生化した北部九州の甕棺墓《かめかんぼ》や山陰の下関市土井ヶ浜《どいがはま》遺跡の埋葬人骨などの弥生人骨を主な資料として、縄文人との差異が検討された。そして、そのギャップは渡来人との混血によると考えられ、多くの渡来人があったと論じられてきた（埴原編　一九九三など）。日本人の二重構造モデルと呼ばれる。

しかし、渡来系と言われる弥生人のコロニィ的な集落や、彼ら単独の墓地も確認できない。また分析された標本数は少ないが、同地域の米作りを受け入れた初期段階の人骨の分析結果では、むしろ縄文的形質をもっていた。いずれにせよ弥生化、水田稲作農耕の受容は、日本列島全体に一律で起こった文化的変容ではない。

紀元前千年前近くに受容した稲作は、先進地域となった九州から、東北南部（仙台平野・米沢盆地などまで）と一部東北北部（津軽・八戸地方など）まで千年ほどの時間をかけて、各地の事情の違いによっては段階的に北上した。ただし、例えば、東北北部は一部で稲作を始めはしたが、その後の寒冷化もあって、この地域はその後長い間、稲作は途絶えた。

また前述したように米作りの採用は地域によって時間差があると共に、地域ごとに大陸系渡来人の直接的な関与の程度は大きく異なったと想定される。米などの食生活や生活様式の変化が人体の形質に及ぼす影響や、さらにはＤＮＡの変化があったことも考慮しなくていいのだろうか。考古学の成果や出土人骨の情報も持ち寄り、各地域の人々の形質変化やＤＮＡ分析を踏まえた総合的な議論が望まれる。

## 2　稲作を受容しなかった東北北部以北と南九州以南（図１－６）

西日本では遠賀川《おんががわ》土器文化、突帯文《とったいもん》土器が広く畿内から瀬戸内を中心とした中四国に文化圏を形成した。そして、やや遅れて中部北陸から関東も農耕を受け入れて倭国の範囲に入った。さらに弥生中期には一時、局地的ながら北東北でも米作りを始めた。しかし、ほぼ秋田県北・岩手県以北（北東北）では、狩猟採集文化に戻り、北海道と同様に続縄文圏内に入る。そして弥生時代後期の相当期には、引き続き新潟県北・会津盆地・宮城県を中心に天王山式土器文化圏が広がる。この時期まで、これら地域から北海道の集落数や集落密度は、縄文時代と変わらない。

しかし、その後は、寒冷化もあって北東北は集落数は激減し、北海道の集団が分布する状況も認

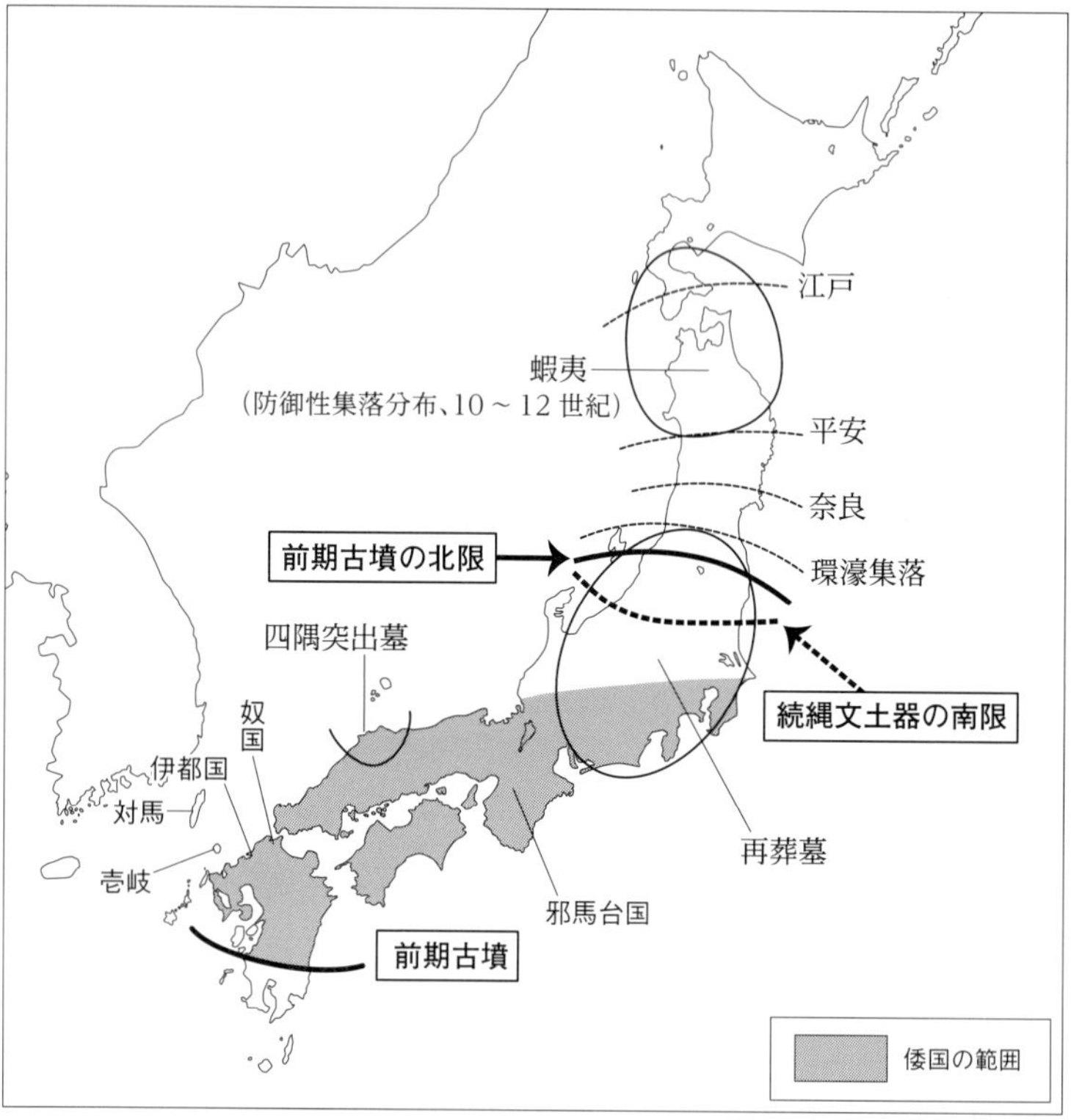


図 1–6　『魏志倭人伝』の倭国以来の国の範囲

## コラム① 水田稲作を取り入れた時代の大変革――時代区分の意味

かつて農業国日本の始まりは、瑞穂の国、弥生時代の倭国・邪馬台国からだと神話も踏まえて語られてきた。縄文時代の終わりに大陸系の人が、新しい水田稲作文化を携えて渡来し、弥生時代に大変革した。光は西からともいわれた。

弥生時代を定義する新しい文化要素を列挙して縄文時代と比較し（佐原真 一九七五『岩波講座日本歴史1』）、この大変革を大いに評価して時代区分した。そして、古代以降は、権力機構とその所在地によって時代区分されることが多い。しかし、歴史・文化は連続していて、ある日突然時代が変わるわけではない。研究と説明上の便宜のために区分したとも言える。確かに米作りとその道具、結核など病原菌、鉄などの金属の利用、武器と戦など新しい要素が多く出現し、大変革を迎えたと言える。

しかし、全国的に発掘が進み、弥生先進地だけでなく各地における縄文から弥生時代への移行の実態が、次第に明らかになった。弥生からと考えられていた高床建物や栽培なども縄文時代に遡った。また、人々の衣食住や葬制・信仰などの生活文化は、昭和三十年ごろからの経済発展まであまり変化がなく、継続的・伝統的だった。例えば木と土（土木技術）で作った竪穴住居は地方では平安時代まで続き、煮炊きなどは炉・囲炉裏がつい最近まで続いた。衣類も野生の麻や綿を使い、食材も山野でとれた自然食材が奈良の都の市場でさえ、半分近くを占め、大陸系の野菜を凌駕していた。人々の墓も基本は土坑墓だった。

つまり、文化を構成する要素を多様に設定して、文化の動態を総合的・複合的にとらえれば、多くの基層は縄文文化にあったことが理解できる。

くみとり式便所（仙台市）と昭和30年頃のくみとり屋

**戦後の家電の歴史**

| | |
|---|---|
| 1953年 | 国産初の白黒テレビ<br>噴流式の電気洗濯機<br>家庭用冷蔵庫 |
| 55年 | 日本初の電気釜<br>日本初のトランジスタラジオ |
| 60年 | 国産初のカラーテレビ |
| 62年 | 日本初の電子レンジ |
| 67年 | ルームエアコン |
| 75年 | 家庭用ビデオ「ベータマックス」 |
| 77年 | 「VHS方式ビデオ」 |
| 79年 | 「ウォークマン」 |
| 83年 | 「ファミリーコンピューター」 |
| 85年 | 世界初のラップトップパソコン |
| 2000年 | カメラ付き携帯電話 |
| 04年 | 携帯ゲーム機 |
| 08年 | iPhone日本で発売 |

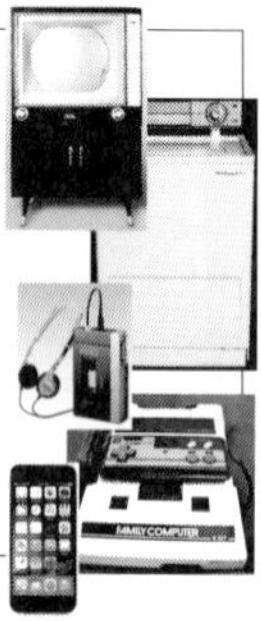


## 近代　戦後の復興と経済発展（1955·1965年～）

○産業、工業化（繊維、鉄）、近代化（自動車、電化、電子製品など）
洋服
大量生産と消費
化学繊維、既製服
→ 都市の住宅、鉄筋の集合高層住宅

茅葺き住宅 → 1965年頃まで
戦争　戦争　戦争
高層住宅（セメント、アスベスト、新建材）

→
缶詰
トイレの変遷、
江戸時代に都市で一般化

自給率40%
冷蔵・冷凍、インスタント
保存料、着色料、添加物
1955年家庭電化元年
（洗濯機・冷蔵庫・テレビ・電気ガマ）

→ 多くの道具は最近まで続いた
素材の変化（プラスチックなど）

○石炭、電気、水力発電
石油・火力発電
原子力発電
ガス・電子レンジ
水道の普及
移入・輸入（遠距離の流通）、電子マネー
観光・レジャー　エアコン
パソコン、スマホ
→ 一地域に一寺と墓地
1965年頃火葬一般化

○明治に学校
親のしつけ、地域と自然が学校の役割
戦後の義務教育（受験戦争）学習塾・偏差値
社会問題（交通事故・自殺・精神病・公害
・温暖化・受験戦争・ゴミ問題など）

| 凡例 | 大きな変革期 |
|---|---|

縄文人

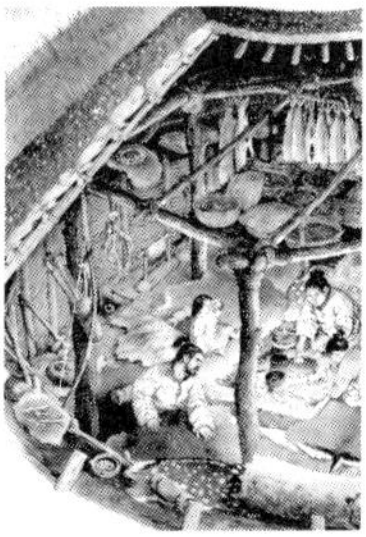
竪穴住居での暮らしの想像図

昭和40年頃の茅葺き屋根の民家の水場（仙台市郊外

縄文　弥生

縄文から続いた文化要素と変革

○自然の素材で服、家、食物を作る
編布や毛皮で服をつくる　はだかでくらすことも

家と村（共同で働き、助け合いながら平和に暮らした）
鉄を使い、武器も作った（戦）
約1000年前まで都市以外は竪穴住
地ならし（土地をけずり、盛土して整地）、土木技術（ほり棒、すきは縄文から）

狩り・魚とり、木の実や山菜、貝などをとる
弥生から米作り　約1300年前から米が税となる
農業 → 約800年前から灰・草・糞尿（肥料
漁業 →
日本食の始まり・縄文土器鍋料理　約1300年前に野菜
道具（木製品、縄紐、ザルカゴ、貝骨角製品、石器・・・弥生前期まで、漆製品、石器）
食物のたくわえ、保存（干物・くんせい・塩づけ）→
地下にほった貯蔵穴、竪穴建物の火だな
縄文の終わりから塩作り

○水、火（熱・エネルギー）
さまざまな水利用（水場）→ 弥生から井戸 → 江戸時代の都市に水道
炉からカマド（古墳から平安まで）・いろり、まき・炭

○お産、病気　座産・立産
土に埋葬

○物と人の交流　江戸の寛永通宝・商
の発
○情報、娯楽、重労働、便利さ　藩の学校、江戸後期
寺子
○戦争・災害など

北海道入江貝塚などでポリオの埋葬

められた。もちろん、米は作らず、古墳文化圏にも入らなかった。

## 九　弥生時代以降の東北・東海道

北海道から東北は、再び縄文的生業生活へと回帰した。古墳時代や古代に並行する擦文文化を担った北海道の人々と、古代に多賀城《たがじょう》以北に居た蝦夷《えみし》と呼ばれた人々は、それぞれの地域に文化圏を形成した。なお、北海道北半は、古代に北からのオホーツク文化・人々の流入があり、後にトビニタイ文化という複合文化の地域になった。

一方、奈良時代には多賀城と天平の五柵、平安時代には出羽・秋田域と盛岡平野まで、古墳文化の中心域「ヤマト政権」を継承した古代国家が版図を広げた。関東平野や北陸地方からの移民も増え、米作り地域に編入された。

また平安時代には、北東北から道南にかけて環濠集落が築かれ、鉄製農具・農業も振興して地域は復興し、社会は安定した。すなわち北海道・北東北は古代・中世まで縄文的生活文化を色濃く継続し続けた。中世になって地方権力が道南まで進出した。さらに決定的には道南の松前藩まで幕藩体制に組み込まれることとなった。北海道にいた縄文時代以来の在地系の人々は、アイヌとしてまとまった。しかし、明治政府は、アイヌ語を捨てさせ、サケ漁などの権利を奪い、和人化を強いてきた。

つまり、およそ北緯四〇度以北の北東北・北海道の在地の人々は、それぞれの地域の縄文人の末裔であり、縄文的生活文化をごく最近まで護ってきた。この地域の地形や土地の名に、アイヌ語地名が、在地の人々によって伝えられてきたのもその名残であろう。

## 十 約四万年前からの後期旧石器時代に遡る私たちのルーツ

私たちの直接的な祖先・ホモサピエンスは、約二十万年前アフリカに誕生したと人類学の世界的定説になりつつあり、考古学的にも追認されつつある。その新人は七〜六万年前にアフリカを出て、五万年前には中近東から世界へ拡散した。その大きな流れがアジア経由で約四〜二万五千年前の間に三つのルートで日本列島に流入した。

まず朝鮮半島経由で古本州島へ広がり、その流れは津軽海峡を渡って古北海道半島にも到達していたらしい。次いで約二万五千年前に北方のシベリア・バイカル湖方面から細石刃文化をもった人々が、古北海道半島まで南下してきた。一方、南からの人の流れも約三万五千年前に南西諸島に到達した。ただし、南西諸島以北へは進出しなかった。

約三万年前には古本州島全体にナイフ形石器や局部磨製石斧などをもつ固有の文化が生まれ、さらに北海道、東北、関東中部、近畿・中四国、九州の各地にナイフ形石器やその作り方に違いがある地域ごとの文化圏が形成された。古本州島と古北海道半島に渡来した私たちの祖先は、各地に固有の民族文化・地域文化圏を形成した。
その後、古北海道半島の細石刃文化が、約二万年前に本州に流入し、西では朝鮮海峡経由で細石刃文化が九州に入るなど、文化と人の移動があったようだ。やがて南九州に、いち早く成立した縄文的環境が個性の強い地域文化圏を形成し、さらなる温暖化によって縄文環境と縄文文化は北上した。

一方、東日本でも縄文文化が始まり、約一万年前、縄文早期には北海道島に北上して縄文文化の範囲を広げた。西と北での広域文化圏が成立し、前期になって早期以来の定住生活が安定するようになると各地域文化圏の個性が顕在化した。北海道から九州まで縄文文化が広がると共に、東と西の縄文文化が対峙し、さらに両者のなかに地域文化が分立する時期もあった。

このように、各地域文化圏は、断続的ながら重層的に継承されていた。おそらくは、文化圏を支えた集団としての人々のまとまり（民族）は、各地域で基本的には継続した。ただし、北海道への東北アジア文化の流入、また地域文化が人々と共に大きく拡張したり、集団の移動によって地域文化圏が変動することもしばしば認められる。つまり旧石器時代以来の文化圏を踏襲しながらも、人々とその文化は混合して歴史を重ねてきた。

従来、水田稲作を受容して弥生文化を誕生させたことが、歴史的大変革として捉えられてきた。また人類学の上でも約二千年前に始まる弥生・古墳時代を通じて百万人にも及ぶ大陸系人が渡来し、在来の縄文人を北と南に追いやったという二重構造モデルを堅持してきた。

しかし、水田稲作は多くの在地の縄文人が受容したのであって、背景に人々の交代があったわけではない。また古墳文化が及ばなかった南九州以南や東北北部より北は、米を政治的かつ経済的基盤とした国の範囲には入らなかった。換言すれば、縄文的生活と系統を色濃く継承した地域であった。つまり、多くの渡来人が縄文人を南北に追いやったとする二重構造説や、現代日本人の多くが渡来系の血を引くという論は、考古学的には素直に受け入れることはできない。

（註）帯広市若葉の森遺跡は、二・八〜三・二万年前の較正年代が測定され、他にも紋別郡遠軽町の上白滝8遺跡、千歳市の祝梅三角山《しゅくばいさんかくやま》遺跡など全道各地に類似する石器群が見られる。

**参考文献**


安達登・篠田謙一・梅津和夫　二〇〇七「北海道縄文・続縄文人骨のミトコンドリアDNA多型解析」『DNA多型』15

岡村道雄　一九八九「日本の前期旧石器論争」『考古学論叢Ⅱ』芹沢長介先生還暦記念論文集刊行会

岡村道雄　二〇〇八「日本最古の石器と偽石器」『芹沢長介先生追悼考古・民族・歴史論叢』六一書房

岡村道雄　二〇一〇『旧石器遺跡捏造事件』山川出版社

沖縄県立埋蔵文化財センター　二〇一七『白保竿根田原洞穴遺跡』

神澤秀明　二〇一六「縄文人の核ゲノムから歴史を読み解く」『生命誌 年間号84〜87　つむぐ』新曜社

小林達雄　一九九六『縄文人の世界』朝日選書

近藤修　二〇〇八「人骨形質から見た集団差」小杉康ほか編『縄文時代の考古学10　人と社会』同成社
篠田謙一　二〇〇七『日本人になった祖先たち―DNAから解明するその多元的構造―』NHKブックス
篠田健一　二〇一五『DNAで語る日本人起源論』岩波現代全書
日本第四紀学会編　一九九二『図解・日本の人類遺跡』東京大学出版会
日本旧石器学会　二〇一〇『日本列島の旧石器時代遺跡』
埴原和郎編　一九九三『日本人と日本文化の形成』朝倉書店
藤尾慎一郎　二〇一五『弥生時代の歴史』講談社現代新書
山崎真治　二〇一六「沖縄における旧石器・縄文移行期の洞穴遺跡と人骨の産状について」『日本考古学協会第82回総会研究発表要旨』日本考古学協会

# 第二章　列島、西と東

## ——各地域の文化圏

## 一　上空から見た東アジアの新石器文化

一九九〇年にはロシアアルタイ地方の旧石器時代洞穴、一九九一〜九二年はロシア沿海地方の新石器時代貝塚調査と出土遺物の整理分析、二〇〇〇〜〇三年には中国東北部の内モンゴル自治区の新石器時代早期の興隆窪《こうりゅうわ》文化遺跡の踏査や出土遺物の観察と興隆溝遺跡の発掘調査、二〇〇四〜〇五年間は中国浙江省・北京市周辺・遼寧省などでの漆文化遺跡と出土遺物の観察など、ほぼ毎年、埋蔵文化財行政の仕事から離れて、近隣大陸の考古学を学ぶことができた。

興隆溝遺跡は、中国社会科学院考古研究所の研究者たちと三年間、共同で発掘調査を実施した。二〇〇一年の夏だったか、北京に向かう飛行機で、当時は考古研究所の副所長だった王巍さんと隣り合わせた。王さんは、「なぜ日本は列島全体に縄文文化が一律に広がっていたと考えるのか」と疑問を投げかけてきた。中国では仰韶《ぎょうしょう》文化が黄河中流域にあり、遼寧省から内モンゴルには、興隆窪文化があるなど各地に同時期の文化圏が分立している。新石器時代に日本全体というような国境はないというのだ（図2－1）。

それ以来この言葉が頭に残り、文化圏とそれを支えた人々をどのように捉えたらいいのかと思案してきた。国ができてからも、各地の風土に適応して発展してきた地域文化が基礎になって、国が構成されてきたのではないかとも思うようになった。各地域に定住した縄文以来の人々がそれぞれの地域で独自の文化を醸成し、日本列島の歴史を積み重ねてきたのだろう、列島と地域相互の関わり、そしてその変遷・持続・発展などについて考えてみよう。

## 二　縄文文化の範囲と地域文化圏——地理的・時間的枠組み（図2-1）

縄文時代の日本列島の各地には、地理的・時間的枠組みをもった、特色のある固有の地域文化が、分立していた。このような現象を土器文化圏で捉え、各々に対して「縄文のクニグニ」と優れて先験的に小林達雄は表現した（小林　一九九六）。つまり、地域文化圏は、そこに定住した同じ言語集団・民族が支えたとのイメージである。そこでは、地域の特性・風土に適応した生活文化を育み、自然を利用する採集を主要な生業とし、循環の哲学や信仰、葬送、モノ送りの習俗、祭りなどの精神文化を発達させ、集団の絆などを大切にして文化圏を形成した（岡村　二〇一二）。

祭祀・呪術性をもつ文様や装飾、形など認定できる土器の型式で、同じく土偶や石棒などの祭祀具、耳飾り・玉類・櫛などの装身具の型式などの文化要素で認定できる文化領域・文化圏は、同じ精神世界・儀礼・祭りなどを共有する集団によって支えられ、集団の広がりを示す。

これらの地域文化は、土器や祭祀具・装身具の型式の大別と細分によって重層して捉えられる。例えば東西の二大文化圏、さらに九州から北海道にルーズにまとまった総体としての縄文文化が、約一万年間以上にわたって行われた。この文化圏の分布や広がり、重層化は、約三万年前から始ま

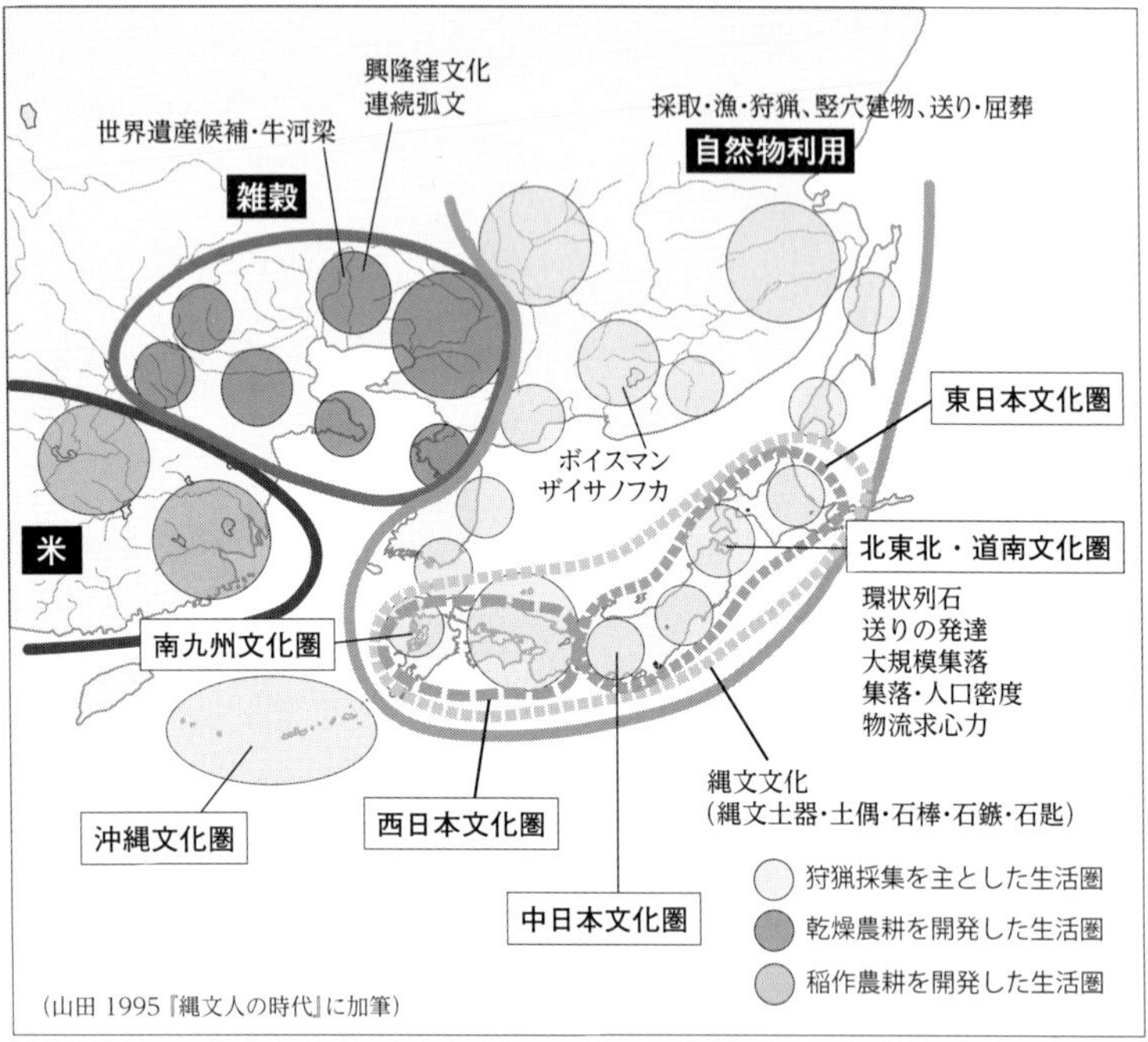


図 2-1　重層する縄文時代の地域文化圏と東・東北アジア

った。日本列島における後期旧石器文化からの地域性を、日本国が成立する以前から継承してきたことは、重要な歴史的事実である。

また前述したように土器や祭祀具・装身具の細分型式によって細分地域文化圏が捉えられる。そして、さらに細分された地域文化圏には、流域や湖沼、内湾沿いに拠点集落を核にした遺跡群の地域的なまとまりとして理解できよう。これらは、まさに集団と地域社会の重層化、構造を示しているのだろう。

なお、本書では、『総覧　縄文土器』（小林編　二〇〇八）で示された土器型式分布圏を参照して、地域文化圏を記載した。各地の研究者を動員して土器研究を総覧し、土器型式設定の平準化、総合化を図る研究は、今後とも考古学の重要課題である。

## 三　豊かな列島に栄えた各地の地域文化

### 1　初期の定住化と縄文文化の始まり

後氷期の温暖化によって日本列島の地理・自然環境が現在に近づき始めると、約一万五千年前には南九州で季節的にせよ竪穴住居に住み、屋外に集石炉や煙道（地下トンネル）付き炉穴、墓、捨て場をもつ集落を営むようになった。土器や石鏃・磨製石斧などの道具を発達させ、定住化が始まった。「南九州文化圏からの縄文文化の始まり」である（新東　二〇〇六）。

一方、東日本（中部関東・北信越以北の本州）でも、約一万五千年前には石刃技法を基盤とした彫刻刀形石器やエンドスクレイパーなどと大型石槍《いしやり》、刃部磨製石斧などを特徴とする神子柴《みこしば》文化が成立し、やがて無文土器や石鏃《せきぞく》も加わった。この本土（九州から東北の本州島）における土器の出現をもって、縄文文化の始まりと定義することが多い。

またこの縄文文化は、四季に梅雨と秋雨を加えた六季を持つ温暖で湿潤な温帯モンスーン気候の形成を背景に成立した。海に囲まれた陸地・台地や山川などの多様な地形地質と世界でもまれで豊かな動植物は、現代につながってきた縄文的環境であった。この「縄文的環境」に適応して出現、あるいは定着したものに縄文土器、石鏃、石匙《いしさじ》は縄文文化全体で固有なものであり、石皿・磨石《すりいし》が多いのも縄文文化の特色である。なお、縄文土器は、波状口縁《はじょうこうえん》や立体的な装飾・突起を持ち（世界の土器は基本的に平縁で無文ないしペインティングによる文様）、さらに沈線や隆帯、縄文を回転した文様を付けることが多い、という固有性をもつ。

また鹿児島県以北では、竪穴住居が作られ、送り儀礼も認められる。さらに屈葬姿勢で人やイヌを埋葬することが多かった。また近畿では三重県松阪市粥見井尻《かゆみいじり》遺跡と滋賀県東近江市の相谷熊原《あいだにくまはら》遺跡で、草創期の土器に伴って土偶が現れる。これらはいずれも縄文文化に特徴的に見られる文化要素である。この温暖化に伴う「縄文的環境」の出現と、さらなる温暖化による「縄文的環境」の漸次の北上によって、列島に固有な縄文文化が始まり、安定した定住への歩みが進む（岡村　一九九七）。

これらの文化要素によって縄文文化が定義でき、縄文文化の範囲は九州から東北までの本土と、やや遅れて早期からの北海道に広がる。なお、沖縄本島を地理的中心とした南西諸島には、この地域の風土に育まれた固有の文化が、旧石器時代の文化圏を継承して発達した。縄文施文《せもん》や口縁部突起の希少性、土偶・石棒は無く、この地域特有な貝殻製の護符や装身具が発達した。あるいは貝塚には、送り儀礼が見られないという、縄文文化とは異なる固有の文化が認められる。

その境界は、屋久島・種子島とその南のトカラ諸島間に求められるという（伊藤　二〇一七）。なお、大林太良は、現代における方言や民俗、民具などの違いによって、大和文化と琉球（沖縄）文化の境界も、およそこの辺りに見られると言う（大林　一九九六）。

ところで関東では、まだ氷河期の寒さが残る縄文時代の初めに、東京都の前田耕地遺跡で竪穴住居跡から多量なサケ焼け骨歯、埼玉の洞穴遺跡からもサケ骨が検出されている。やがて現在とほぼ同じ気候になると、東北日本を中心に現代までサケ漁が豊かさを支えてきた（第四章七参照）。また福岡市の大原《おおばる》D遺跡や沼津市の葛原沢Ⅳ遺跡では、土屋根の竪穴住居が家送り（家を焼いてあの世に送る風習）され、送り儀礼の開始が認められる。

土器は、後氷期の中国東北部、ロシア沿海地方、本州島に繋がる林縁《りんえん》（森林フロント）で植物や魚類などの煮炊き用に出現して広がり、磨製石斧も主に木材の伐採と加工に用いられた。また、竪穴住居、サケ漁、家送り（カスオマンテ）・物送り（イヨマンテ・イワクテ）、そして早期には、屈葬、釣針、モリ・ヤスなどの漁具も北方とのつながりが強く、東北アジアに広がっていた文化が日本列島

## 縄文時代年表

（年代は暦年で表示）

| | |
|---|---|
| 一万一五〇〇年前 | 一万五〇〇〇年前 |
| 期 | 草創期 |
| 道南の垣ノ島B遺跡で最古の漆製品、赤漆塗り装束のシャーマンが出現<br>南九州で集落安定、壺、耳飾りをもつ「南の縄文文化」が栄える<br>東日本の各地に定住集落、海辺・湖岸には貝塚集落が出現、釣針、ヤスの使用<br>市川市雷下遺跡から最古（約七五〇〇年前）の丸木舟<br>七三〇〇年前に鹿児島・鬼界カルデラが大噴火（アカホヤ火山灰）<br>ヒョウタン、エゴマ、アサ、豆類などの栽培開始<br>末期から前期初頭にイヌを家畜化（愛媛県上黒岩岩陰遺跡） | 本州各地で無文土器が作られた<br>氷河時代が終わって温暖化した。日本海側に暖流が流れ込み多雪、湿度の高い六季のある現代の気候環境に近づく<br>土屋根の竪穴建物に住み土器や弓矢、石皿・磨石が一般化した<br>滋賀県と三重県で最古の土偶 |

七〇〇〇年前

**前期**

富山県小泉遺跡でクリの根株群（クリ林）
約六五〇〇年前に十和田火山が大噴火（中掫火山灰）
中日本で環状集落（墓地・広場を家が囲み、外周に貝塚・捨て場）発達
前期半ばから中期半ば過ぎまで北東北・南北海道に円筒文化が栄える

五五〇〇年前

**中期**

後半の東日本で集落が大規模化（人口のピーク）し、装飾的な土器や土偶・石棒が発達した
ヒスイ・コハクが流通し中日本で墓に副葬、アスファルトの精製と流通
東海・関東で干し貝作り盛んに
末期から東日本で木組み・石敷きの水場施設の整備

四四〇〇年前

**後期**

東日本では大規模集落が崩壊、西日本では定住集落の再登場
土器の種類が多様化（壺、浅鉢、注口土器など）し、繊細な文様になる
気候の寒冷化、三陸に大津波
石狩低地で周堤墓、北東北で環状列石、仙台・中日本で配石遺構・組石墓が発達
漆文化、漁具、祭祀具が発達し、晩期まで続く
後期末に関東沿岸で塩作りが始まり、以後東北太平洋沿岸・東海に広がる

三二〇〇年前

**晩期**

東北を中心に多彩な漆製品や土器、遮光器土偶で有名な亀ヶ岡文化が栄える
後半から寒冷化

二三〇〇年前

北部九州で水田稲作が始まる

に南下して独特の発展をとげたと考えられる。

また草創期始めの無文土器段階の次の段階には、南九州に太めの隆帯文、九州北東部から本州西半には隆線文、そして爪形文、東日本には微隆起線文から爪形文へ移行する文化圏が分立した。やがて本州には縄で施文した土器が現れた。土器の文様・装飾は、石器などの道具の種類や形、組み合わせなどと違って精神文化の広がる範囲を示す。世界でも独特な文様である隆線文段階から土器型式による地域文化圏を形成した（第一章図1－4）。

そして約一万年前の早期半ばには、全国の各地に居住域（居住施設の集まり）、墓地、貯蔵穴、捨て場・送り場などで構成された定住集落が成立し始めた。南九州では鹿児島県上野原遺跡で竪穴住居群や集石炉・煙道付炉穴、埋設土器、捨て場が集落を形成し、土偶・土製環状耳飾り・異形石器などの祭祀具も使われるようになった。熊本県大津町や山陰などでも祭祀的な配石遺構が発見され、定住と祭祀の発達が認められる。

東九州から西日本、東海・北陸、中部高地まで押型文文化が広がり、関東には撚糸文《よりいともん》文化、そして東日本一帯には貝殻沈線文の尖底土器が広がり、関東・道南などには大規模な集落も出現した。

九州、中四国・近畿・東海・北陸南半、関東などの中日本《なかにほん》、南東北、北東北・北海道南半（石狩低地まで）という、後期旧石器以来の地域文化圏が、定住の成立によって再び顕在化した。

またこのころの世界的な温暖化の一環として日本列島でも縄文海進が始まり、九〜七千年前にはピークを迎えた。最高時には現在より気温が三度ほど高く、海水面は上昇して三〜五メートルも高くなったと言われる。沿岸部には内湾が形成され、河口をさかのぼって海が谷奥に入り込み、海産物などの捨て場であり葬送と物送りの場でもあった貝塚が、営まれるようになる。有明湾奥の佐賀市東名《ひがしみょう》遺跡では、七体合葬の墓地や貯蔵穴も含む集落と集落の縁に形成された貝塚、さらにその下の海抜一～三メートルの低湿地に設置された貯蔵穴群が発見された。低湿地には、豊富な植物遺体や植物質遺物が廃棄されて残っていた(佐賀市教育委員会編 二〇一七)。

このころの温暖化によって、やがて縄文的環境は北上し、一方では鹿児島県硫黄島の鬼界カルデラの大噴火に見舞われ、南九州で発達した南の縄文文化はなりを潜めた。中国近畿に及ぶ瀬戸内海は、後氷期の海面上昇によって形成されていたが、縄文海進によって瀬戸内の黄島などに早期の押型文化の貝塚を残している。

一方、撚糸文文化(圏)期の初め(約一万二千年前)には、日本最古の貝塚、神奈川県横須賀市夏島貝塚が東京湾に形成された。その後、縄文海進は東京湾岸の利根川沿いをも進み、約五〇キロも内陸に入った群馬県板倉町寺西貝塚や栃木県藤岡町の篠山《しのやま》貝塚などを形成した。千葉市周辺の東京湾沿岸にも、約一万年前から貝塚をもつ集落が並んだ。また千葉県船橋市の取掛西《とりかけにし》貝塚や松戸市幸田《こうで》貝塚では、数棟の竪穴住居が発掘され、廃絶された竪穴住居で行われたシカ・イノシシの送り儀礼の跡が発見されている(船橋市教育委員会 二〇一三)。後者では土器や多量な貝玉も送られていた。定住とともに送り儀礼が始まっている様子が明らかになった。

また東北では、三陸沿岸北部の古小川原《こおがわら》湾の三沢市野口・早稲田(1)貝塚などの貝塚や、古奥入瀬・

## コラム② 先祖の家は土屋根住居だった!!

私が小学生だった昭和三十年代には、縄文・弥生時代の家は、カヤぶき屋根に復元されていた。すっかり竪穴住居は、カヤぶきだと思い込んできた。ところが昭和五十年ころから全国的に竪穴住居が多数発掘されるようになり、焼け落ちた跡の例も増えた。それは、屋根が焼け落ちた状態のまま、つまり火事場片づけもされなかったので、屋根の構造・形がそれなりに残っていた。つまり屋根材が、多くの焼けた土の塊と共に床に落ちたまま発見されるのである。屋根に乗せられた土が赤く焼け、同じく燻《いぶ》されて炭になった屋根材が、三角屋根の形を残して床に落ちていた。全国で発掘された焼かれた竪穴住居は、縄文から平安時代まで、古代の都市を除いて地下一メートルほど掘った穴に屋根を掛けた土屋根竪穴住居だった。屋根には穴を掘った時の残土を被せ、土壁や土間には板や敷物を張った穴倉のような家であった。床に設置した炉・囲炉裏を中心にして、私たちの祖先は長い間、土間に座ったり寝そべって暮らし、床の生活が体に染みついている。

日本書紀や古事記などの神話では、穴居《けっきょ》に住む在郷の人々を、「土蜘蛛《つちぐも》」と呼んでいるが、小山のような穴居に蜘蛛のようにもぐり込む人々をそう呼んだようだ。また近代まで東北アジアの少数民族は、土屋根の竪穴住居に住み続けてきた。アイヌも、かつては土屋根小屋（トイチセ）に住んだ。このような状況から見ても竪穴住居は土屋根だったことがうなずける。

アイヌは、その家の主人が亡くなった時に、家を燃やして死者と共に「送る儀礼」を行う場合が多かった。北海道に住んだ縄文人の末裔であるアイヌに受け継がれてきた家焼き儀礼（カスオマンテ）を、全国各地の縄文時代以来の先祖たちも行っていたようだ。

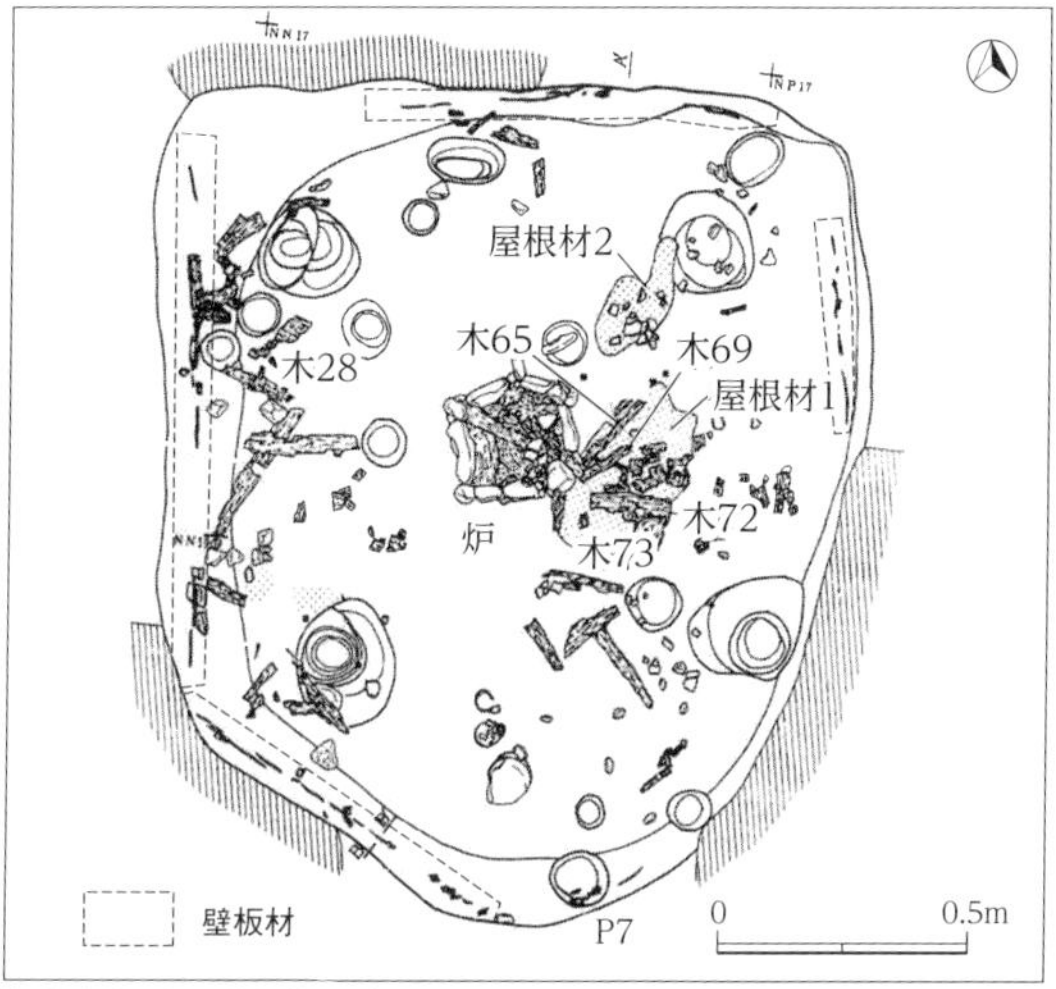


1. 焼けた竪穴住居（屋代遺跡群の住居構造材と壁板材　縄文中期）（長野県埋蔵文化財センター 2000）

2. 洪水で埋もれた竪穴住居

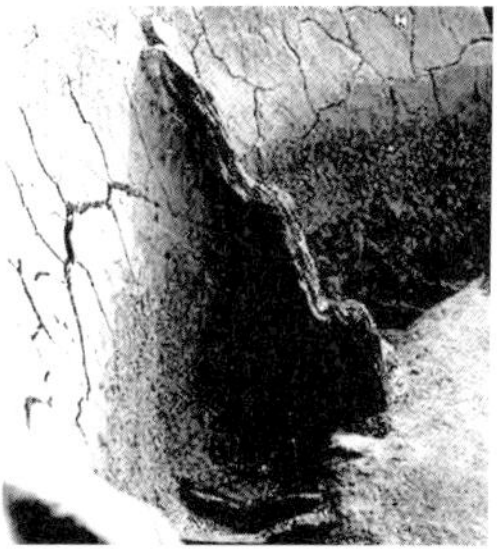

3. 入口に掛けられた梯子

5. 火山の噴出物で埋もれた竪穴住居（渋川市教育委員会 2006より）

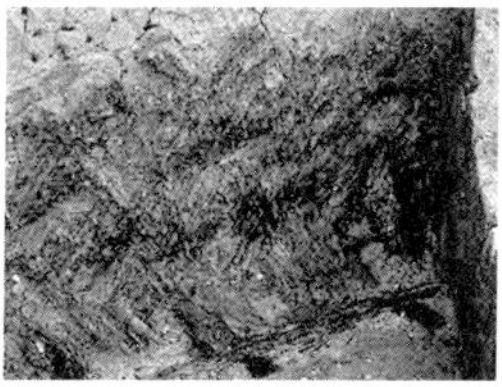

4. 土壁に張った網代（アジロ）

2~4　大阪府八尾南遺跡（大阪府文化財センター 2008より）

八戸湾には日ケ久保《ひがくぼ》・赤御堂《あかみどう》・長七谷地《ちょうしちやち》貝塚などが形成され、日本海側では秋田県の大館市菖蒲崎《しょうぶざき》貝塚が営まれた（辻ほか　二〇一四）。長七谷地貝塚では、北方系の結合釣針、開窩銛《かいかもり》などの漁具が発達し、その後、三陸では南部の仙台湾まで豊かな海を背景に近世・近代まで漁法と漁具を発達させた。縄文時代に世界に冠たる海洋国日本のルーツとなる漁労文化を形成した（第三章参照）。

この温暖化によって、早期の半ばから列島全体で食薬、編組製品（ザルカゴ類）・木製品などに植物利用が進んだ。北海道では約九千五百年前から高度な漆文化も誕生していたが、その後、漆文化は早期末から前期には、東北・北陸・山陰まで広がって定着した。漆文化は祭祀の文化でもあり、その製品化には複雑な技術工程と時間を要し、定住と共に発達した文化である（岡村　二〇一〇）。

## 2　定住社会の確立・隆盛と中期社会の崩壊

前期の初めから東日本では安定した長期の定住が確立し始め、海浜には大規模な貝塚を持つ集落が営まれた。集団墓地や葬送や送りの祭祀が確立した。縄文時代遺跡の約八五パーセントは東日本にあるが、それらの多くは前・中期の集落である。特に中期後半には集落数も、そしておそらく人口も増えた。一万年以上も続いた縄文時代で繁栄のピークを迎えたと言える。太い柱と大きな炉をもつ、厚い土屋根の堅牢な竪穴建物が建てられた（コラム②参照）。装飾性の高い土器などの道具も多量に作られ使われ、土偶や石棒などの各種祭祀具も発達した。

このように東日本、特に東北日本では規模も大きく、各種施設も充実した定住集落がピークを迎えた。一方、西日本では、照葉樹が主体になる生産性の低い森に変わり、定住集落の数は著しく減少した。以後、縄文文化の東高西低といわれる状況が続いた。

東日本の東海、中日本、南東北には、環状の拠点集落が発達し、北緯約四〇度以北から道南の津軽海峡圏には円筒文化と「円筒モデル村」が発達した。前者の中日本は、前期初めの関山式、黒浜式、続いて諸磯《もろいそ》式、さらに類似性も多いが装飾性の強い勝坂式(甲信・南関東・北関東)と阿玉台《おたまだい》式(東関東)の細分される文化圏、一部に火焔型土器を含む馬高《うまたか》式や焼町《やけまち》式土器などの個性の強い集約的な文化圏が形成された(図2-2)。続いて加曽利《かそり》E式と大木《だいぎ》式土器によって構成される文化圏が成立する。このような派手な移り変わりが認められるが、中日本文化圏とさらに細分された地域文化圏が継承された。やがて中日本でも中期文化の終焉を迎える。

この中日本と南東北の土器文化圏は、中央に共同墓地広場をもつ環状集落が普遍的で、中期には立体土偶、集落広場や竪穴奥の大形石棒祭祀などの精神世界も共通する。環状または開いた所に集落に出入りする道が想定される馬蹄形も含む集落は、およそ二~三棟が組になった竪穴群を単位として中央の共同墓地を囲み、外周に貝塚や捨て場が形成される。

墓地は、土坑墓の小群が十か所前後集まり、その一角の小群にはヒスイやコハクなどの大きな玉(大珠《たいしゅ》)が副葬されていることがある。二~三棟に分住する大家族を単位にした集落のリーダーやシャーマンの墓と考えられる。このような環状集落は、前記のような集落構成をもつが、一ヘクタールから大きくても二ヘクタール程度の規模で、河川沿いの台地上や谷頭《たにがしら》を囲んで二~五キロほど離

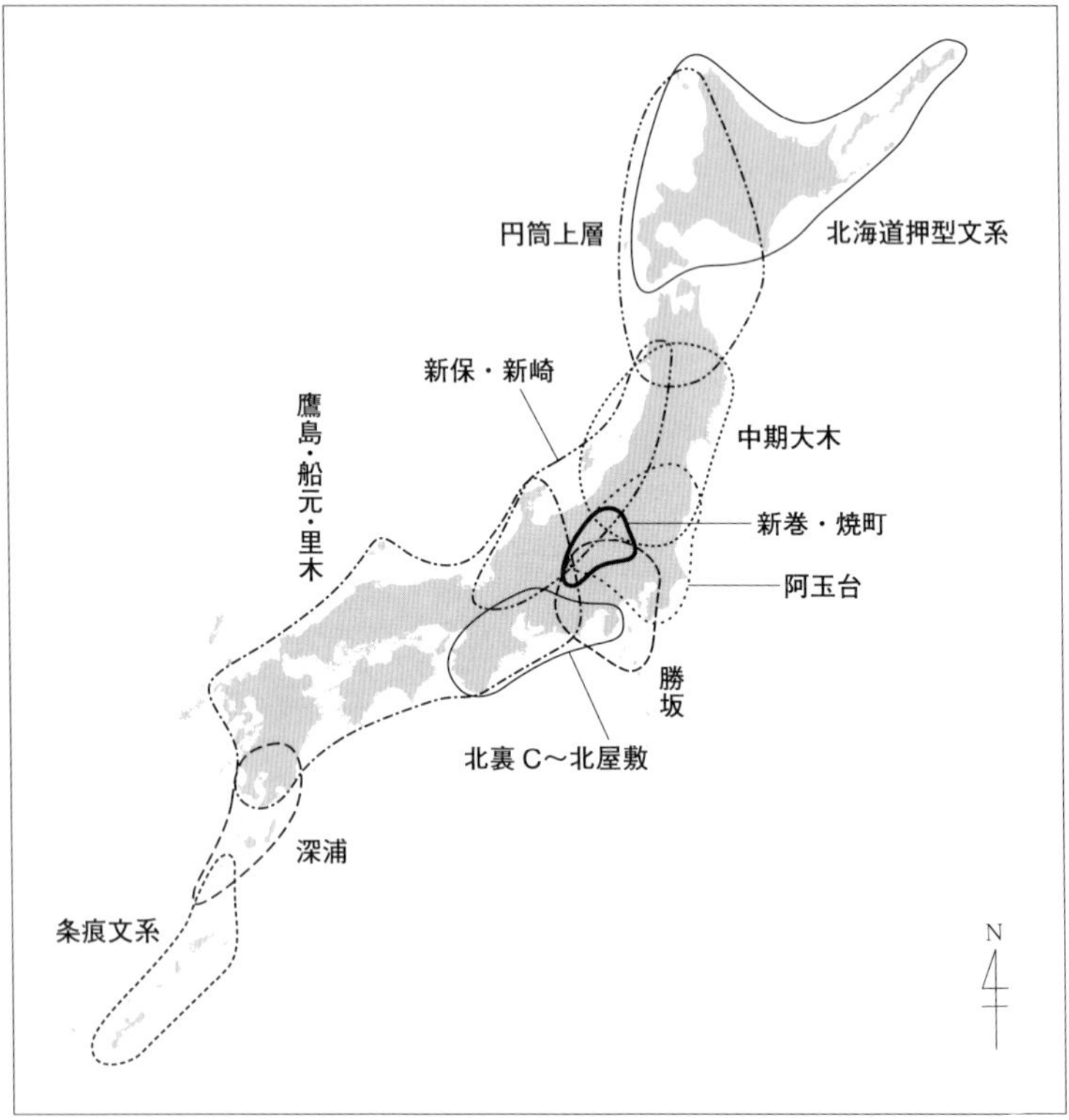


図2-2　中期中葉（約3200年前）の地域文化圏（小林編 2008 より）

れて点在する拠点集落を核にした地域社会が構成されていたと推定される。

また東日本の北部、北東北から北海道石狩低地までは、前期半ばから中期の半ばまで円筒文化圏が継続した。この文化圏の中期半ばには、三内丸山遺跡や日本最大の貝塚である青森県七戸町の二ツ森貝塚など、三〇ヘクタールにも及ぶ大規模な拠点集落が出現した。これらの「円筒モデル村」は、居住域、貯蔵穴群だけでなく、道が造成され、道を軸にして、環状配石墓や土坑墓などの各種墓地が列を成して並び、大型建物、盛土遺構、水場施設などのインフラが、計画的に配置された（図2‐3、小笠原 二〇一二）。なお、大型建物、掘立柱建物、環状配石墓などの公共性の高い建物は、およそ三五センチ長を標準単位とする縄文尺を用いて建てられたといわれる。

なお、これまで水源の確保、水利用については、水場やその施設が発掘されることはごく少なかった。しかし、一九八〇年ころから新発見が相次ぎ、また植物学・堆積学・年代学などの関連理化学との連携が進み、今日まで共同研究が急速に進展して大きな成果を上げている（コラム③参照）。

北東北の円筒文化圏に残された、二千年から数百年に及んだ長期安定の拠点集落は、各種の物資や道具などが集中する物流センターであり、共同墓地や「盛土遺構」や捨て場などの送りの場や祭祀具・装身具が多く出土する葬祭センターでもあった。

例えば岩手県一戸町の馬淵《まべち》川中流域には中期後半の拠点集落として御所野《ごしょの》遺跡がある。それを中心に、川に沿って半径二キロ余りの範囲に遺跡群を構成していた。周辺の集落は、居住施設や貯蔵穴群しかない季節（冬期を中心とする時期）的に営まれた分村と推定される（図2‐4）。そして拠点集

図 2–3　縄文時代中期半ば（約 5000 年前）の三内丸山集落

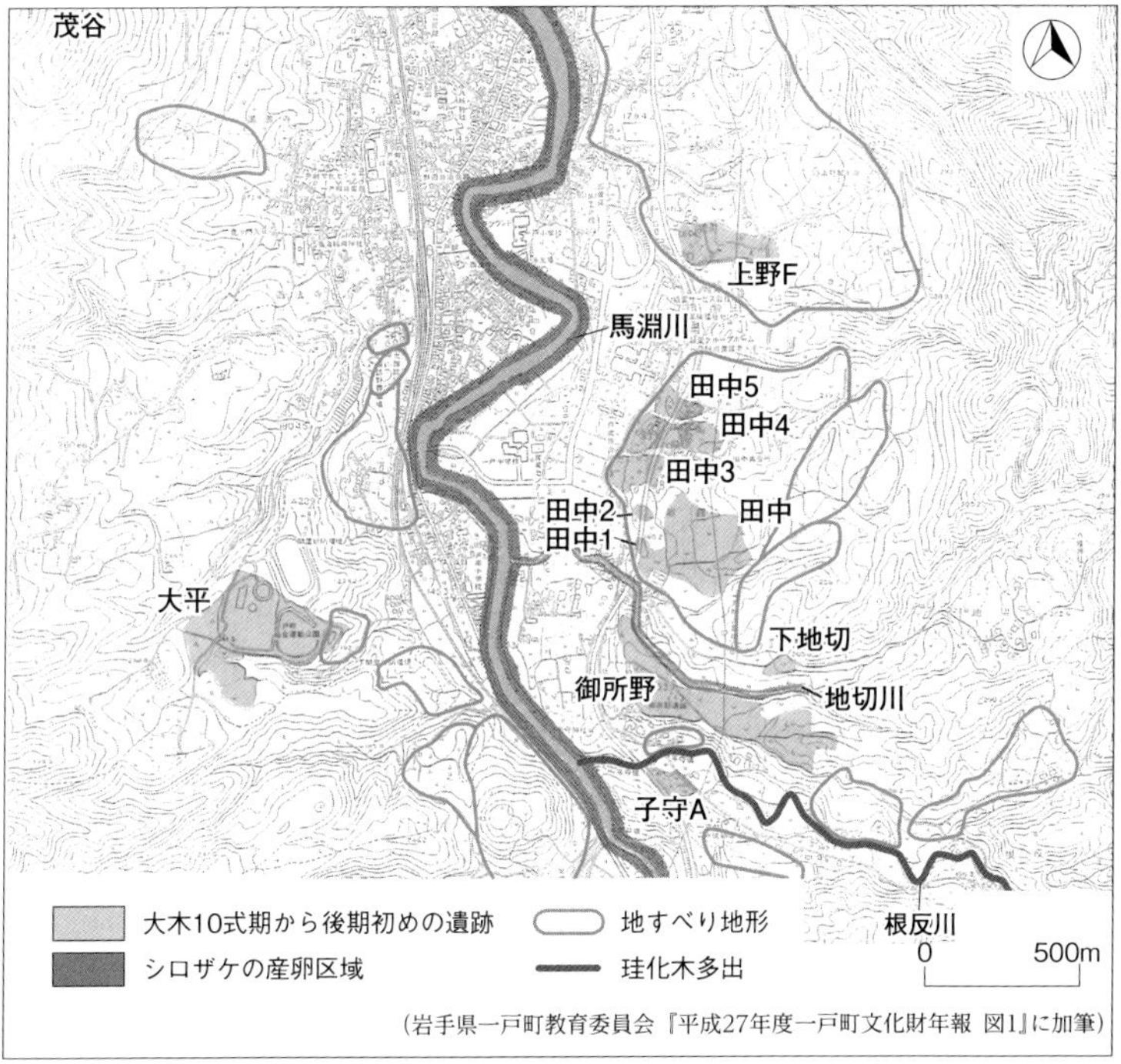


図2–4　馬淵川中流域の中期後半遺跡群（地域集団）

落である御所野村が廃絶すると共に、周辺集落は、やがて消滅した（岡村　二〇一六）。また盛岡市周辺でも北上川中流域に半径二・五キロの範囲に拠点集落を核にした中期の遺跡群が、六か所に点在している（図2-5、八木　二〇一六）。

三内丸山のような大規模な拠点集落、さらに血縁や地縁で結ばれた家族が集合した拠点集落、そして冬を中心として分村した集落や出づくり的な村もあっただろう。また各種生産遺跡も混じって遺構群を形成し、地域社会が階層化・構造化していた地域もあった。

なお、この頃には信越・南東北から太平洋側は、阿武隈川から北上川と海上ルートで、また日本海側も北東北を北上し、中期末には北海道まで到達した人々の移動があったらしい（岡村　二〇一五）。異文化との出会い、人々の混血などによって拠点集落規模は大きくなり、集団の階層化も進んだ。北東北の中期後半の社会は、三内丸山集落に見られるように環状配石墓、列状墓、配石墓、埋設土器など数種類の墓地が認められた。葬法の種類は、リーダーや祭祀者、年齢・性別などによる階層分化があったと見られる。このような大規模拠点集落は、五百年ほど続いた（青森県教育委員会　二〇一七）。

しかし、中期末の寒冷化と、社会の複雑化、大きくなり過ぎた大規模集落、集落内の環境汚染などが原因となって、中期社会は崩壊・変革期を迎えた。東日本全体でも中期社会は、約四千年を前後して軒並みに衰退してしまった。

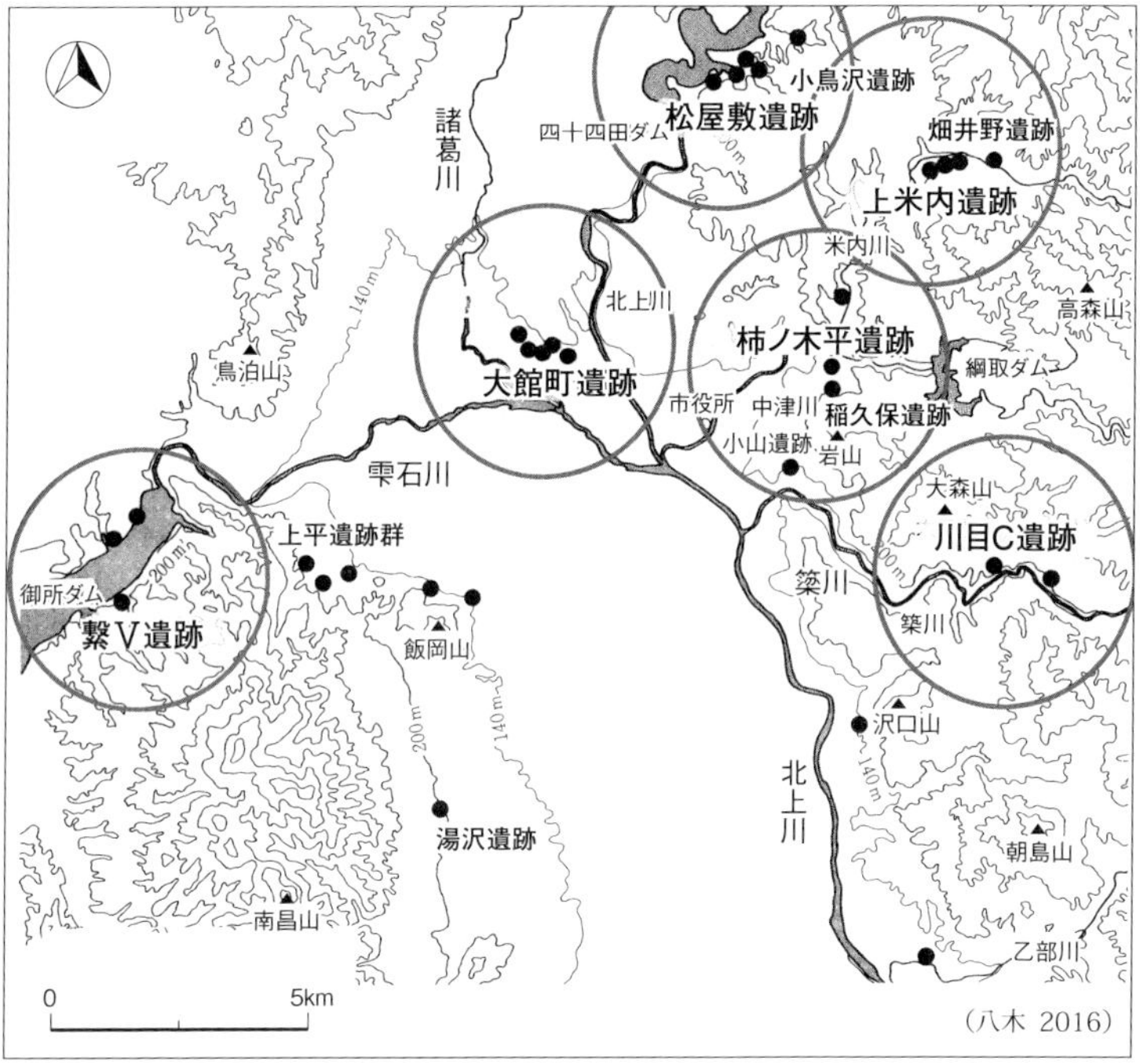


図 2–5　盛岡市周辺、北上川中流域の中期後半遺跡群（地域集団）

## 3　隣接大陸の同時代文化圏、民族の分布

縄文時代前・中期、特にその最盛期に相当する時期は、世界的にはインダス文明、黄河文明が栄えた時期にあたるが、それら文明とは隔絶しながらも列島では定住化が進み、各地に地域文化圏の特徴が明瞭に現れてくる。こうした地域文化圏は、同時代の隣接大陸と比べてどのような分布、分布圏の特徴をもっていたのだろうか。文化的特徴を土器型式、集落構造、生業などの面から見てみよう（図2－6）。

中国大陸では、南から黄河中流域の仰韶文化、長江下流域の河姆渡《かぼと》文化・良渚《りょうしょ》文化、黄河下流域の大汶口《だいぶんこう》文化、朝鮮半島の櫛目文《くしめもん》文化、アムール川上流域の内モンゴル自治区から遼寧省の興隆窪《こうりゅうわ》文化（連続弧線文土器）、ボイスマン・ザイサノフカ文化、アムール川下流域と間宮（タタール）海峡を挟んだサハリン（樺太）北部文化が分布していた。なお、長江流域の中国南部は、稲作農耕、中国北半の文化は、ヒエ・アワの農耕文化圏であり、いずれも集落は環濠・堀に囲まれ、広場は持たず、建物は方格地割で並列している。これより北は、狩漁採集を基盤とする文化圏で日本列島の地域文化圏と共通する。

これら文化圏は、日本列島の各々の地域文化圏とほぼ同規模の範囲を持っていた。そして現在、サハリン北部文化圏にはニブヒ族、その南の沿海地方にはナナイ、ウデヘ、オロチ族が分布し、サハリン南部には樺太アイヌがいる。これら北方少数民族は、新石器時代からの文化圏と民族的な系統を続けている可能性がある。

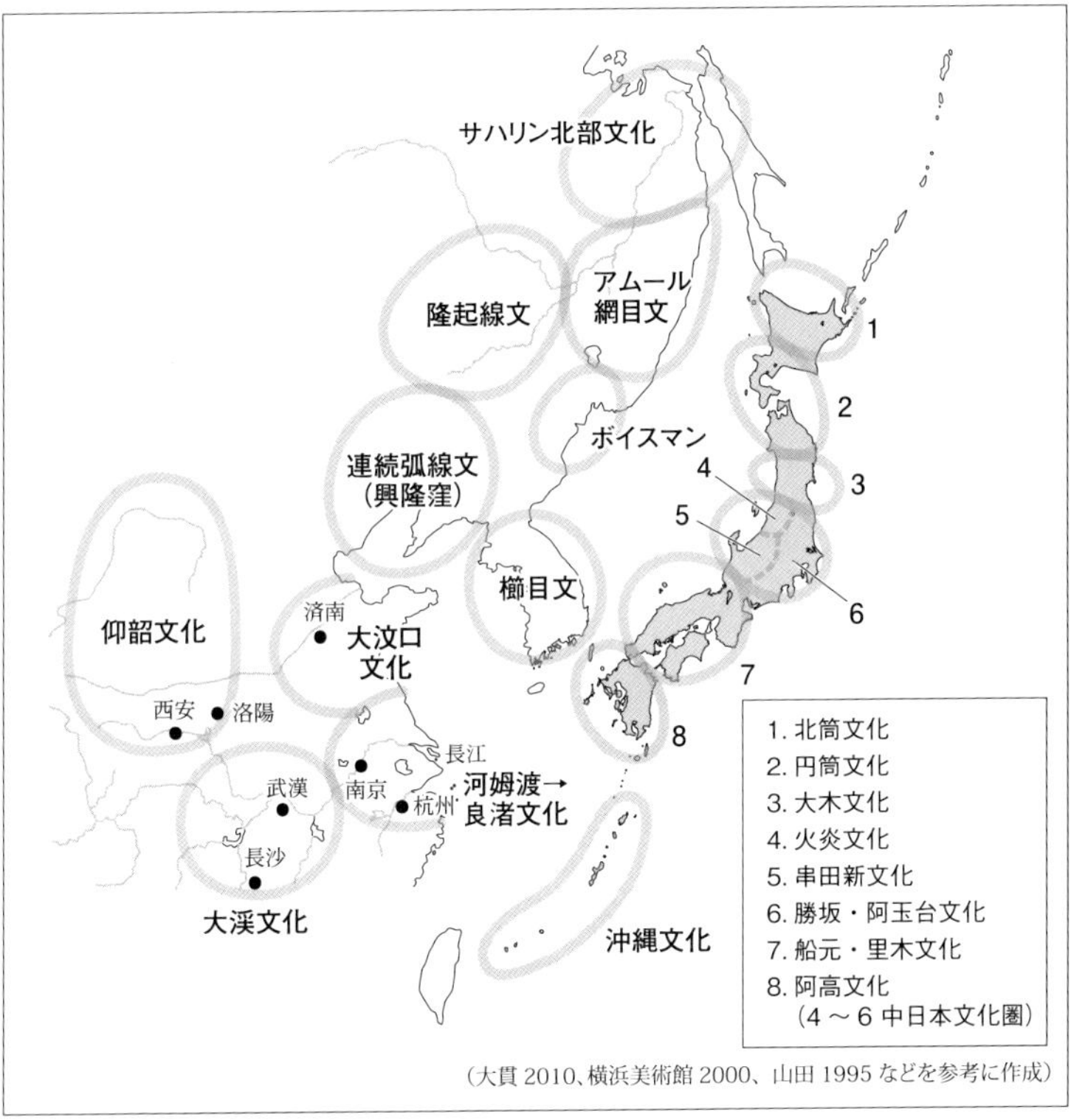


図2-6　東アジアの新石器時代の地域文化圏

つまり、このような文化圏とそれを支えた民族のあり方は、日本列島に分布する地域文化圏と、生業・竪穴建物・送り儀礼・屈葬など、よく似た様相を持っている（図2‐1、前出）。

## 4 後期以降の東日本の生業、生産、精神文化の歴史

中期社会が崩壊した後の東日本においては、一、二百年の後、集落は再生し、沿岸と内陸（サケ・マス）の漁労文化や呪術・祭祀が発達した。津軽海峡圏の十腰内《とこしない》文化圏では、中央に墓地・葬送の場として環状列石をもち、周辺に環状に巡る掘立柱建物（居住域）や捨て場・送り場が点在するやや大規模な拠点集落が成立した。同様のものは、秋田県鹿角市の特別史跡大湯環状列石や北秋田市の伊勢堂岱《いせどうたい》遺跡などと、青森県の平川市太師森遺跡、青森市の小牧野遺跡、岩手県北の洋野《ひろの》町西平内《にしひらない》遺跡、道南の森町鷲ノ木遺跡と、数えるほどしか発見されていない。数十キロ範囲における中核集落であった。またこれらの分布状況は、十腰内文化圏・集団の広がりを示す。

このうち北東北日本海側秋田県の環状列石をもつ集落は、狭義に環状列石と呼ばれる配石墓を取り込んで大石を径四十数メートルから二十数メートルのほぼ円形（三五センチの縄文尺を用いて設計された円形という説がある）に並べた共同墓地を囲んで掘立柱建物が巡り、さらにその外側に捨て場が形成されていた（図2‐7②）。一方、秋田県以外の環状列石は、すでに集落の外の高台に離れて葬祭場として独立するようになった。

これら環状列石の時代の東北南部から関東甲信には、堀之内・加曽利B文化圏に長い入り口部を

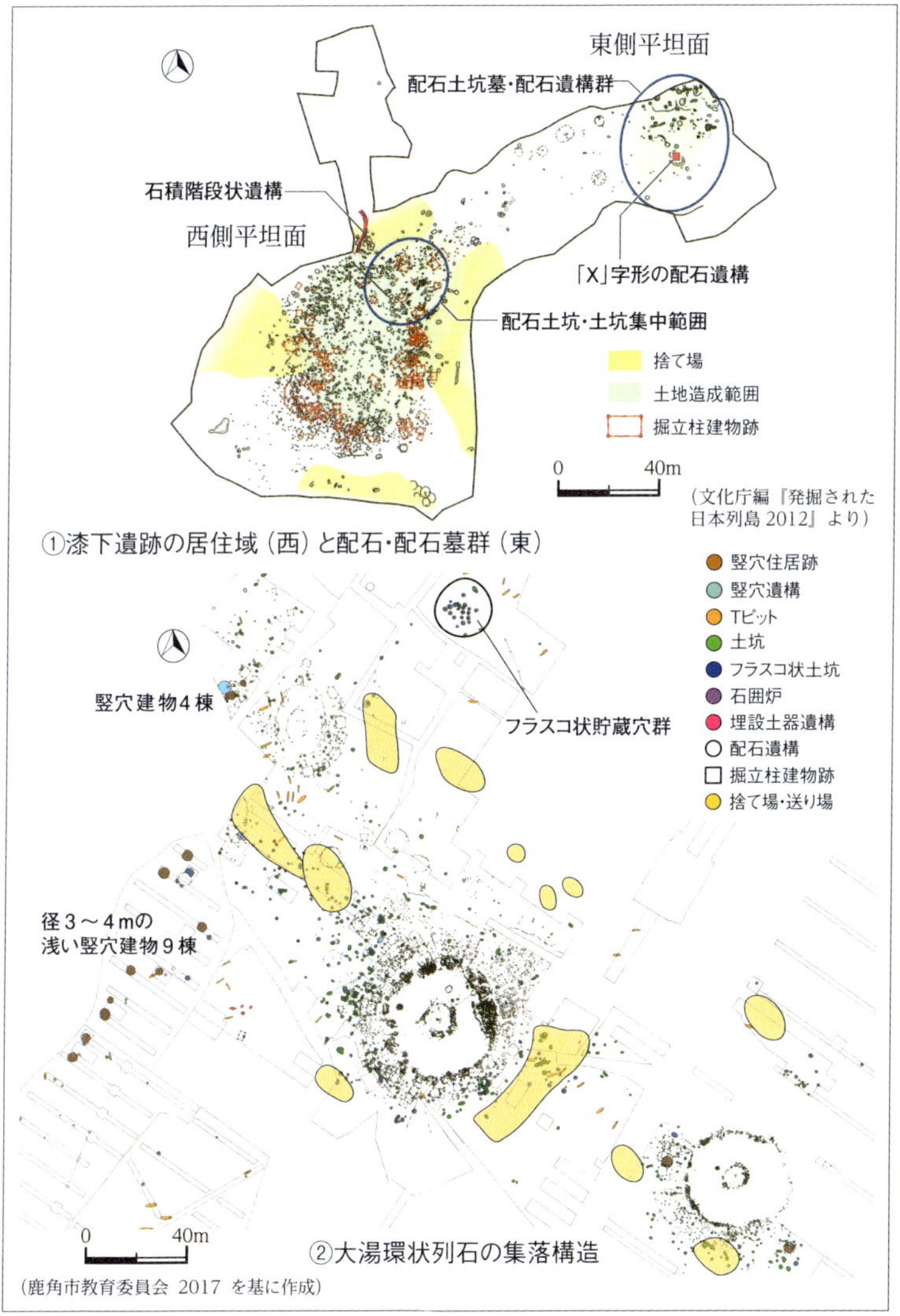


図2-7　秋田県の後期集落―大湯環状列石から漆下遺跡へ―

もつ円形（その平面形から柄鏡形《えかがみがた》といわれる）の敷石住居、壁際に細い柱列が円形に並んで壁で立つ建物「壁立ち建物」が普及した。さらにたぶん集団の北上も伴って後者の建物様式は北海道までの文化圏にも広がった。そして環状列石集落が残った秋田県でも、後期中葉になると北秋田市漆下《うるしした》遺跡に見られるように、中央の配石墓群は環状掘立建物群の外に出るようになる（図2－7①）。そして、これ以後、後期後半から晩期の新潟から東北は、掘立柱建物が環状に配置された環状集落が拠点集落となった。

後期末葉の石狩低地には、環状列石の盛土版ともいえる土手を円形に巡らせた周堤墓《しゅうていぼ》群が出現した。周堤墓には、櫛や連珠（ネックレス）、耳飾り、腕輪などを装着したシャーマン、石斧、石刀などを副葬したリーダーの墓なども見られ、葬送や祭祀や工芸などが発達した様相が見て取れる。多くの装身具をまとった人物を墓に埋葬する文化は、後期末葉の堂林《どうばやし》式期に受け継がれ、恵庭市のカリンバ3遺跡や西島松5遺跡などに典型例が見られる。

やがてこの流れは、晩期になって北東北に亀ヶ岡文化を生んだ。さらに漆技術や漁労技術は発達し、祭祀性も高まった。この文化は、南下して東北日本一帯に広がり、中日本に影響して安行《あんぎょう》・氷《こおり》式文化圏を生んだ。さらに東海・北陸や近畿以西の突帯文文化にも影響がみられる。

なお、後期から糸魚川《いといがわ》産のヒスイは、四国・九州にもたらされた。そして、晩期には引き続き亀ヶ岡土器やヒスイが九州に運ばれた。なお、近年、後晩期の沖縄本島の六遺跡にヒスイ、北谷町《ちゃたんちょう》で亀ヶ岡土器の高坏台部が発見され、九州からの黒曜石の搬入と共に本土との交流の程度も窺えるようになっている（東門　二〇〇九）。

一方、紀元前千年ごろには北部九州で水田稲作農耕が受け入れられて、新しい時代が始まった。そして段階的に稲作は北上し、中期以降、稲作地域には環濠集落が分布し、鉄器も後期以降に普及した。これらの分布範囲は、『魏志倭人伝』が伝える倭国の範囲を示すと考えられる（第一章図1－7）。

しかし、北緯約四〇度以北の東北北部は、そもそも寒冷ではあるが豊かな縄文的環境をもつ土地柄だった。弥生から古墳時代の寒冷化もあって稲作は後退したが、北東北は主に自然物利用の暮らしに戻った。その後もヤマト権力の及ばない所となって古墳時代以降も縄文的文化を継続した。

## 四　天変地異、気候変動などが縄文文化に与えた影響

縄文海進などの環境・気候変動、火山の噴火、地震・津波、台風・洪水、山崩れ（土石流）などの自然災害にも適応した。自然の猛威と適切な距離を保ちつつ、共生して定住を持続した。噴火や地震は周期的にしばしば起った。例えば超大規模なものだけでも、秋田・青森県境の十和田火山は、前期半ばの、約六千五百年前に東北北半に中掫《ちゅうぜり》火山灰を広域に降らせた。また南九州の鹿児島県の錦《きん》江湾《こうわん》桜島が草創期の約一万一千年前に薩摩火山灰を九州南半に、同県の鬼界カルデラが約七千三百年前にアカホヤ火山灰を近畿地方くらいまで降らせた。また磐梯山が縄文中期半ば、約四千五百年前に沼沢火山灰を会津・新潟北部に降らせた（縄文時代年表、60・61頁）。これらが人々に直接的に被

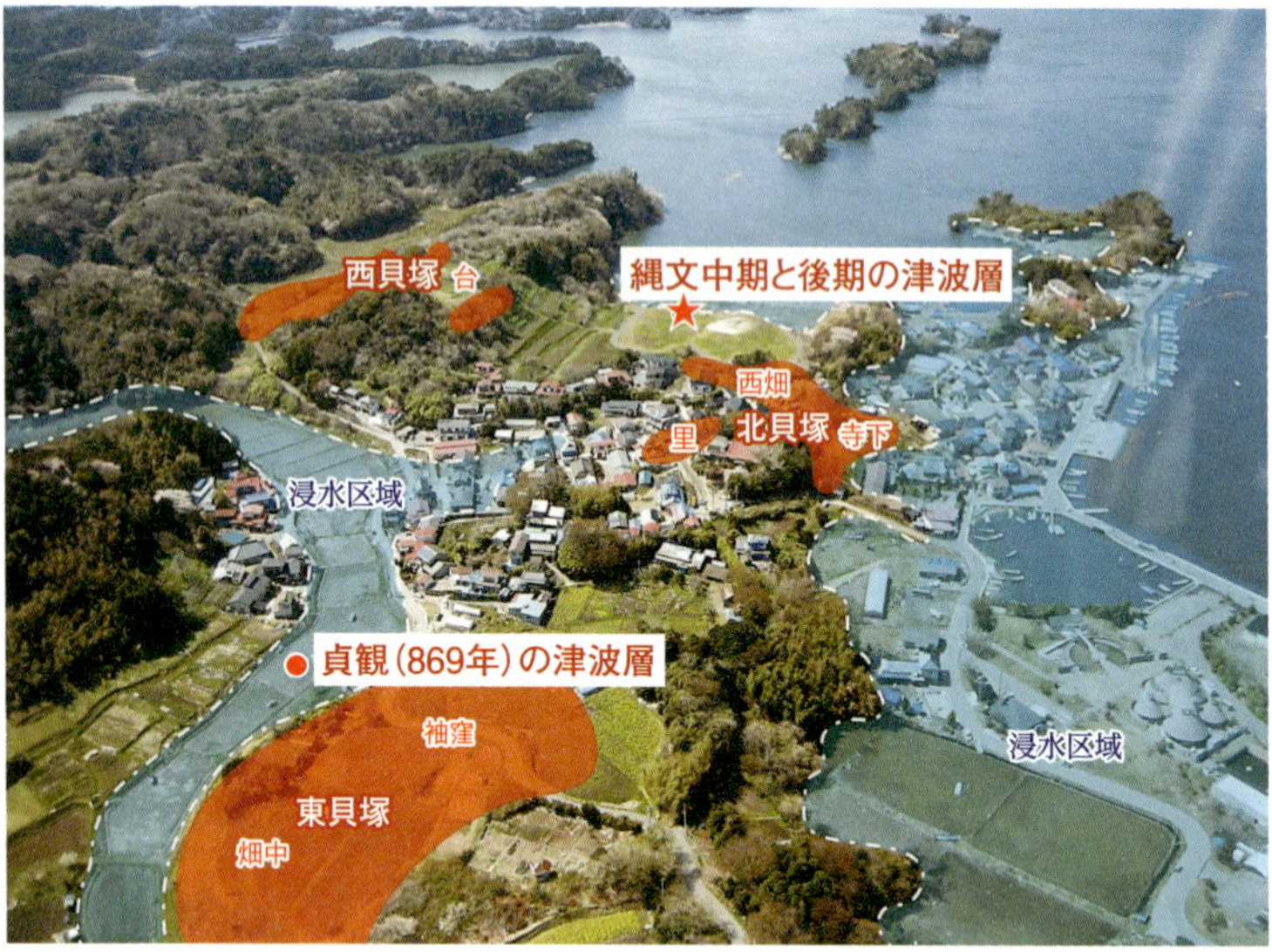


図 2-8① 2011年春の三陸大津波と貝塚集落。★印は西畑北地点。
（奥松島縄文村歴史資料館提供）

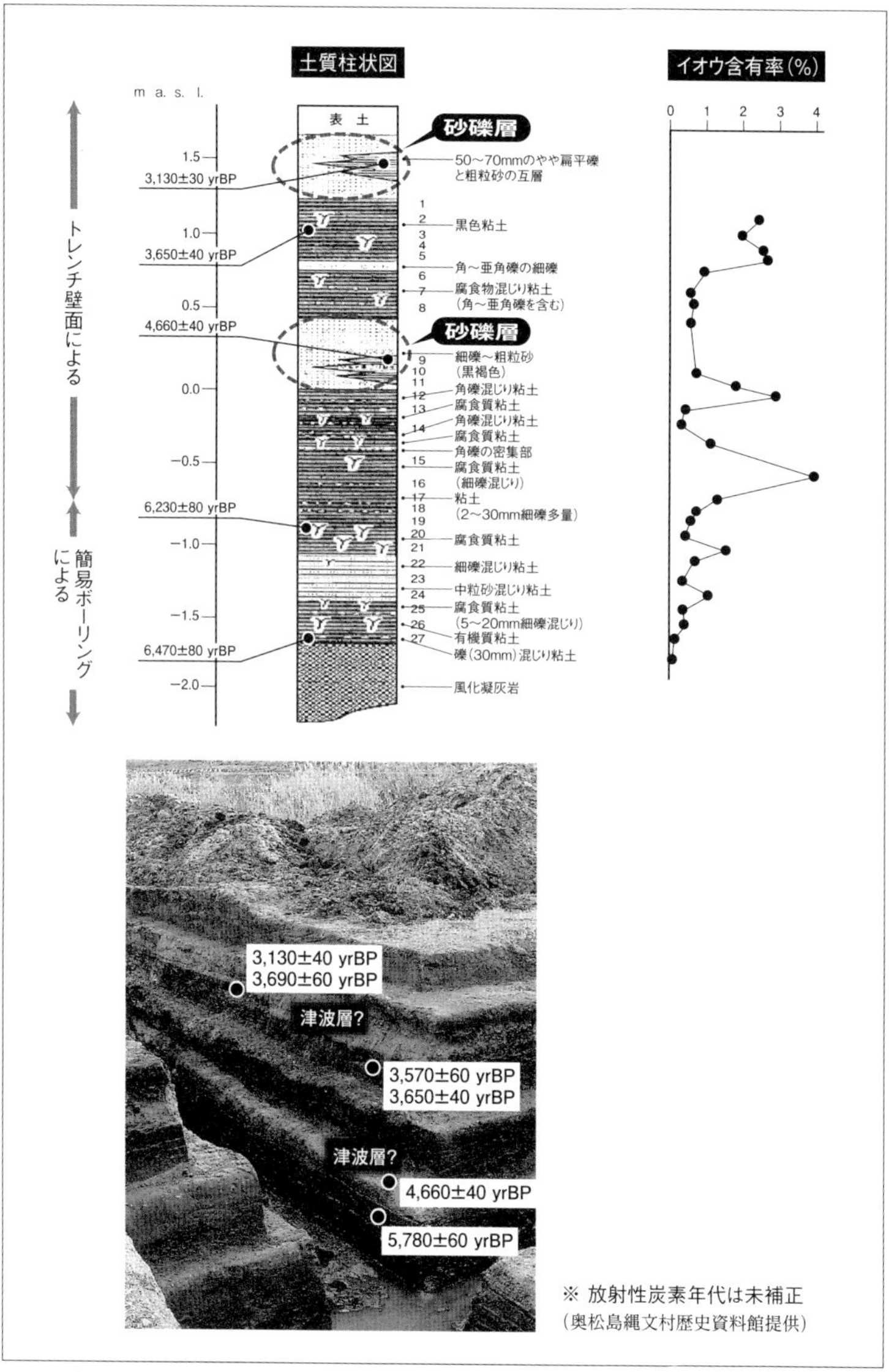


図2-8②　西畑北地点の堆積層（奥松島縄文村歴史資料館提供）

害を与えた証拠はないが、噴火以前に起こっていた気候変動や噴火の生態系に与えた影響を引き金に、文化の衰退、人々の移動や文化圏の変動が起きた。

また世界的規模の温暖化、後氷期の海面上昇や縄文海進が、縄文文化に与えた影響については前述したが、その後、今よりも寒冷化した中期後葉（約四千百年前）、続いて後期はじめ（約三千四百年前）と終わり（約三千百年前）、晩期後半から弥生・古墳時代の寒冷化も、文化・文化圏の変動に影響を与えたに違いない。

地震や津波の痕跡は、遺跡にも残されている（第三章三参照。図2－8①②）。地震による噴砂、側方流動（液状化）の痕跡はもとより、地割れ、遺構の変形もしばしば認められる。神奈川県矢頭《やがしら》遺跡の前期竪穴住居に認められる床に入った地割れ・大きな亀裂には、浅鉢形土器二個が地鎮するかのように被せられていた。他にも同県には古墳時代の同様な例が二遺跡で認められている（埋文関係救援連絡会議ほか　一九九六）。また北海道旧南茅部町《みなみかやべちょう》の大船遺跡の竪穴住居は、おそらく地震で傾いた柱につっかい棒を施した痕跡も認められた。

二〇一一年三月十一日発生した東日本大震災の津波で、大きな人的被害を出した青森県三沢市から福島県いわき海岸までは、約四〇〇キロの距離がある。この間には約四八〇か所の縄文貝塚集落が、標高一〇メートル前後以上の台地上に所在している（図2－9）。

今回の津波が集落縁辺部の貝層に一部波及したケースはあるそうだが、台地上の集落を襲う・浸食することはなかった。縄文時代の貝加工場や製塩遺跡は、浜辺の低地にあるが、居住地は津波の

図 2–9　三陸を襲った津波と貝塚集落

表 2–1　仙台湾・宮戸島を襲った大規模な地震・津波の堆積物

| 地震・津波 | 堆積物・記録 |
|---|---|
| 縄文時代中・後期に3回 | 里浜西畑北地区で三層の海成の砂礫層と侵食面確認 |
| 弥生時代中期(約2千年前) | 仙台平野の沓形遺跡周辺で確認 |
| 平安時代(貞観11年) | 里浜宮田地区で海成砂層を確認 |
| 慶長16年(1611)<br>三陸津波 | 三陸海岸・仙台平野と福島北部に高さ6~8メートル、田老・大船渡で最高20メートル、伊達藩で1783名死亡 |
| 寛政5年(1793)津波 | 陸中、八戸、三陸(特に大船渡・気仙沼・石巻から仙台湾岸・福島いわき海岸まで)に来襲 |

脅威を避けて高台に職住分離していたことが分かる。しかし、縄文時代以後、平安時代には居住地も製塩などと共に浜辺に進出した。

火山にせよ、地震津波にせよ、人々は予知能力を持っていたし、適切な距離を保って共存していたことも理解できる。また、緩斜面に土壌の攪乱・天地返しなどの山崩れの跡が残った地すべり地形は、いたる所にみられる。この地形と土壌攪乱に接して、集落が営まれていることが多い。地すべり後の土地に、再生した生物多様性を利用していたことを窺わせる。これも自然との共生の具体的な姿であろう。

なお、最後に一言、地震雷火事親父の内、縄文時代から平安時代まで人々の住まいであった土屋根竪穴建物は、厚く覆われた土屋根によって耐火性は強く、失火（火事）は起こらなかったことを注意しておきたい。

**参考文献**

青森県教育委員会　二〇一七『三内丸山遺跡44　総括報告書　第一分冊』青森県埋蔵文化財調査報告書第五八八集

伊藤慎二　二〇一七「縄文文化における南の範囲」山田康弘・国立歴史民俗博物館編『縄文時代』吉川弘文館

大阪府文化財センター　二〇〇八『八尾南遺跡』大阪府文化財センター調査報告書第一七二集

大貫静夫　二〇一〇「北東アジア新石器社会の多様性」菊池俊彦編『北東アジアの歴史と文化』北海道大学出版会
大林太良　一九九六『東と西　海と山—日本の文化領域—』小学館ライブラリー
岡村道雄　一九九七「日本列島の南と北での縄文文化の成立」『第四紀研究36-5』第四紀学会
岡村道雄　二〇一〇『ものが語る歴史20　縄文の漆』同成社
岡村道雄　二〇一一「宮戸島の縄文文化に学び震災復興を考える」『季刊東北学29』柏書房
岡村道雄　二〇一二「文化の領域設定に関する諸問題」『北の縄文「円筒土器文化の世界」』北の縄文研究会
岡村道雄　二〇一五「第3章第2節（3）石製品・土製品」『御所野遺跡V　—総括報告書—』一戸町教育委員会
岡村道雄　二〇一六「御所野遺跡と周辺の村々」『平成二七年度一戸町文化財年報』一戸町教育委員会
小笠原雅行　二〇一二「青森の集落」『北の縄文「円筒土器文化の世界」』北の縄文研究会
鹿角市教育委員会　二〇一七『特別史跡大湯環状列石総括報告書』鹿角市文化財調査資料第一一〇集
小林達雄　一九九六『縄文人の世界』朝日選書
小林達雄編　二〇〇八『総覧　縄文土器』アム・プロモーション
佐賀市教育委員会編　二〇一七『縄文の奇跡！　東名遺跡』雄山閣
渋川市教育委員会　二〇〇六『吹屋恵久保遺跡—古墳時代後期・火山爆発で被災した家屋の調査—』
新東晃一　二〇〇六『南九州に栄えた縄文文化・上野原遺跡』新泉社
辻誠一郎／是川縄文館　二〇一四『平成二六年度秋季企画展図録　海と火山と縄文人』八戸市埋蔵文化財センター是川縄文館
東門研治　二〇〇九「はるか海を越えたヒスイ、黒曜石」文化庁編『発掘された日本列島二〇〇九』朝日新

聞出版
長野県埋蔵文化財センター　二〇〇〇『上信越自動車道埋蔵文化財発掘調査報告書24　更埴条里遺跡・屋代遺跡群―総論編―』
船橋市教育委員会　二〇一三『千葉県船橋市　取掛西貝塚（5）1』
埋文関係救援連絡会議・埋蔵文化財研究会　一九九六『発掘された地震痕跡』
盛岡市遺跡の学び館　二〇一三『災害の歴史―遺跡に残されたその爪跡』
八木光則　二〇一六「自然と共生した時代」『よくわかる盛岡の歴史』東京書籍
山田昌久　一九九五「コスモポリタン「縄文人」」戸沢充則編『縄文人の時代』新泉社
横浜美術館　二〇〇〇『世界四大文明展　中国文明展』ＮＨＫ・ＮＨＫプロモーション

# 第三章　三陸の豊かな里海

## ——松島湾宮戸島の縄文歳時記

# 一　画期的な貝塚の調査法

## 1　私にとっての貝塚研究

私が貝塚研究を本格的に始めたのは、一九七八年に東北歴史資料館（宮城県多賀城市。現在は宮城県立東北歴史博物館）に転勤した時からだった。宮城県の仙台湾周辺は、東京湾沿岸や霞ヶ浦沿岸に次ぐ貝塚密集地域の一つである。そこで貝塚研究は、宮城県の歴史研究にとって重要な課題であった。この年から東北歴史資料館は、国庫補助金を得て、宮戸島《みやとじま》での里浜《さとはま》貝塚の調査研究をスタートさせた。

宮戸島は、宮城県東松島市にある松島湾最大の島である。仙台湾の支湾である松島湾と石巻湾とを分ける位置にある。現在は二〇一一年三月十一日の三陸大津波で沿岸部四か浜に所在していた四集落は大打撃を受け、人口は六〇〇人ほどに半減している。ここは、日本三景・松島の観光地区の一つ「奥松島」の主要部でもある。島の最高峰である大高森（標高一〇六メートル）からの眺望は「松島四大観」の筆頭ともいわれる。宮戸島の里浜は、日本最大規模（東西約六四〇×南北二〇〇メートル）の貝塚である。里浜貝塚は、国史跡に指定され、隣接する奥松島縄文村歴史資料館などと共に、整備して一般公開している（第二章図2－8①）。

まず、宮戸島という極めて豊かではあるが限られた海と山の生態系・環境と、地質岩石鉱物的な資源などの下で、宮戸島の縄文人はどこにどんな生活痕跡（集落や生産遺跡など）を残しているかについて調査した。つまり、限られた地質・生物多様性、季節的な生産性や資源と消費を把握し、一方で島を出入りした物資の研究、あるいはその変遷と稲作農耕への転換の実態を把握することを、主たるテーマにして調査を開始した。翌年から大学の先輩であり、上司（考古研究科長）だった藤沼邦彦さんの指導の下に里浜貝塚の発掘調査を開始した。

そして私は、文化庁に一九八七年に転勤するまでの八年間、毎年秋を中心に里浜貝塚を継続的に発掘調査した。

発掘にあたっては、それまでの土器や漁具類の編年研究（土器などの遺物の文様や形、作り方の特徴をとらえてそれらの変遷を明らかにする）だけではなく、当時の生業や食生活の復元を当面の目標とした。そのためには、貝塚に累々《るいるい》と堆積した廃棄のまとまりを把握し、一つ一つの廃棄層を層位的に発掘した。層位的発掘とは、より新しく堆積した廃棄層を上から順に下層に向けて順番に掘っていく発掘方法である。

しかし、この層のまとまりと広がりをとらえ、堆積順序に従って層位的に発掘するのは、なかなか難しい。まず、堆積層に含まれている貝殻や骨類、土器の欠けらや石器作りの際に出る石屑《いしくず》、土壌や焼け土・炭の粒などの混ざり方や、その違いによる土の色や粘性・圧密度（硬さ）などによって層の違いを判別する。貝殻を多く含む層、ヒガンフグの歯や骨がたくさん混じる層、イワシやアイナメなどの魚骨やウニの棘や塩作りに用いられた製塩土器の欠けらを多く含む層、木の実も時々は混じる層、炭や焼けた土の粒が多く混じる腐植土層などが、発掘区の断面を見ると縞状の薄い層となって繰り返し堆積していた（図3－1）。

これらが、一年を通して繰り返し堆積していることが証明できれば、季節折々の生業・食生活が復元でき、里浜貝塚における生業カレンダーが描ける可能性がある。また、その繰り返しが連続していれば、そこに定住してゴミを捨て続けていたことになるし、また繰り返しの回数は何年間継続して定住していたかを示すことになる。

集落が立地した台地縁《へり》の斜面に折々捨てられた物が、斜めに整然と重なって堆積した状況であった。これを層位的に発掘。各層に含まれている遺物を、サンプリングのエラーがないように細大漏らさず土壌ごと全て回収した。そして土壌ごと水洗いし、フルイに掛けて出土品を選別する水洗選別法を採用した。選別した遺物が何であるかを調べて種類ごとに分類し、それぞれの数量を把握する。これを定量分析と呼ぶ。

この一連の方法は、東北歴史資料館が貝塚研究を始める前年（一九七六年）に宮城県教育委員会が、同県の気仙沼市田柄《たがら》貝塚、東北大学考古学研究室が旧小牛田町《こごたちょう》の中沢目《なかざわめ》貝塚で試行していた。それまでとは異なる資料の全量回収というサンプリング法、定量分析という新しい画期的な方法だった。これらの方法によって後述するように資料の精度・実証性が保証されるようになり、貝塚研究は大きく前進した。

灰・焼け土層などの堆積サイクル

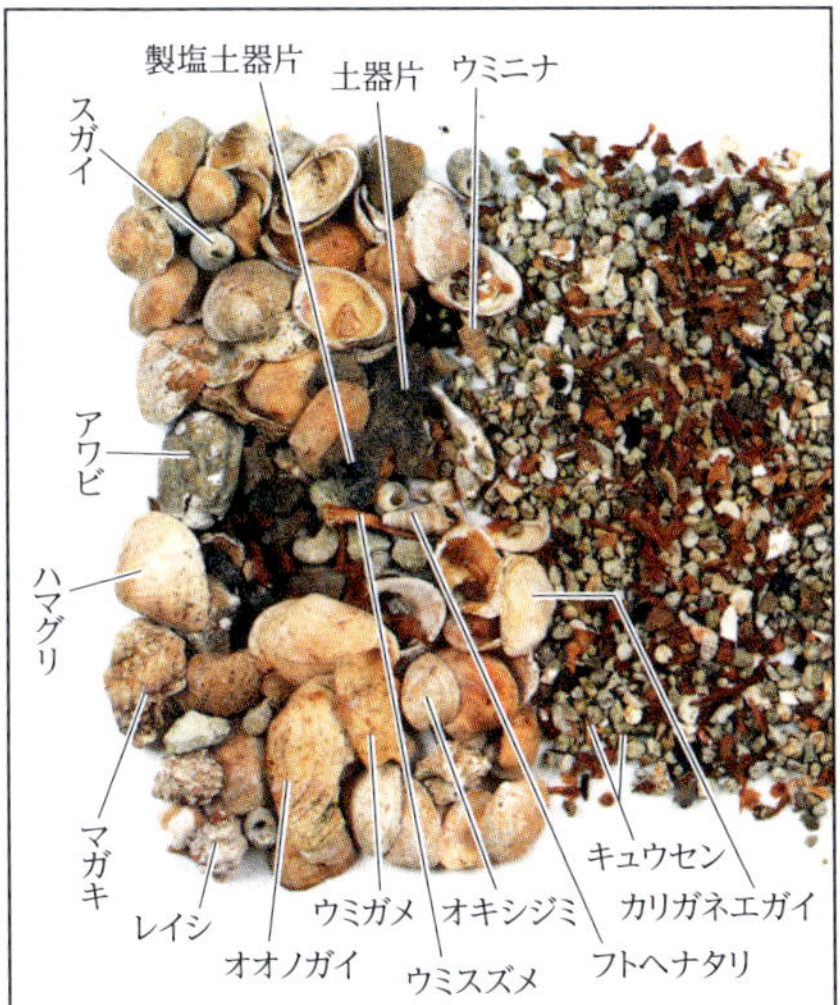


図3–1　里浜貝塚の貝層断面と水洗フルイにかけた内容物

また特に貝殻や骨類などの動物遺体を調べるには、どんな動物のどんな部分かなどを判定する同定作業ができなければならない。そこで現生の魚や貝を入手して、貝殻や骨の標本（現生骨格標本）を作り、それと対照して種類を同定し、全体の大きさや重さなどを部分骨から推計した。この標本作りや、同定作業はきわめて時間がかかる専門的な調査分野であったが、自らやることを決意した。

このような発掘方法、サンプリング方法、同定作業、定量分析と統計など新しい調査方法を整えるのに五年近くかかった（東北歴史資料館　一九八二）。

この発掘から調査成果をまとめる一連の方法は、遺跡を材料にして地域の歴史を明らかにする考古学の基本的な方法である。このころフランスで行われた旧石器時代の二つの洞穴遺跡の発掘調査によって洞穴人の歴史物語を復元した研究例・著作を知り、里浜貝塚を例にして歴史物語を書いてみたいと思った（岡村　一九九四）。

## 二　里浜貝塚における縄文時代晩期半ばの季節的な生業と食生活

### ——発掘による実証的研究と生態学・民俗学的解釈による里山・里海での暮し復元

里浜貝塚に捨てられていた食べカスや漁具・鏃などの捕獲具、解体・加工具、土器などの微細な欠けらまで、すべて廃棄層ごとに回収して定量分析した。その結果と全国各地で明らかになった事実も援用し、宮戸に通って調べた民俗や動植物の生態など（尾形ほか　二〇一四）によって、生活文化を復元した。

## 1　宮戸島の地形と気候、生態系

現在では全国的にも絶滅したオオカミ、カワウソ、また島に今は居ないシカ・イノシシ・カモシカの骨が、貝塚から出土する。また沿岸部のマダイやウナギも、今や希少種となっているが、宮戸島の動植物、地質鉱物岩石も、縄文時代以来、あまり現在と変わらない。地形も大きな川がないので、海に面した谷や入り江に砂がたまり、小規模な沖積層の堆積が見られる程度である。気候の変化や海水面の変動も、列島規模で起こった約七～八千年前の縄文海進盛期（最温暖期）での最大約五メートルの海面上昇と、中期末、後期に二回、晩期後半から弥生・古墳時代の寒冷期に起こった一～二メートルくらいの海面低下が認められる程度であった。

また縄文時代以来、ナラ、ヤマザクラ、ブナ、モミなどの在来植生が続いた。そこに縄文人がクリ林やウルシも植えるなど、人為生態系である里山を育てて管理していた。その後、平安時代以降には、燃料として植えられたマツ林があったが、江戸時代の材木調達でハゲ山になったという。そして明治以降に燃料としてオオシマザクラが移植され、戦後は住宅用のスギの植林などによって森の様相は大きく変遷した。

## 2 宮戸島の縄文歳時記（図3－2）

### ①冬

冬の寒さは厳しいが、厚く雪が積もることはほとんどない。貝塚からは、シカやイノシシの骨がけっこう出土するので、縄文時代にはシカが群れ、イノシシも多かったと推定できる。冬場に脂ののったこれらや渡り鳥を食べたが、基本的には貯蔵穴に保存したユリ根やヤマノイモなどの根菜類、干した山菜・魚・肉、炉の上の火棚で燻製にした魚・肉や木の実などの保存食料を食べていた。また、トチやコナラ・ミズナラは砕いてアク（灰）水でさらしてアクを抜いた粉にし、干したカチ栗、ミズキ・ヤマブドウ・サルナシなどの実も保存していた。カチ栗は杵で皮・渋を取り除き、クルミは縦に割って実を取り出して食べていた。

**火・炉と土器鍋料理**　太い薪を炉に置き、薪や柴を共に燃やした。薪は熾火《おきび》・火種となって火力を維持した。火力の調節と火種の保存は、灰を被せて調節・管理した。赤く火熱や炎を出す薪炭《しんたん》は、照明に使われ、竪穴住居の中を乾燥させて温かくした。火は、必要な時に火きり臼の縁に空けた孔に、火きり杵《きね》（丸い細長い棒）の先端を押し付けて回転させて発火した（おかむら　二〇一六。図3－3）。

炉の火を維持管理するのは、今日まで主婦の大切な役割であった。東南アジアの民族例から見ても、調理の際は炭を掻《か》いて深鉢あるいは鉢形の土器（縄文土鍋）を置き、土器に残されたオコゲや付着物、あるいはアイヌの民俗例を参考にすれば、魚や獣の脂や内臓を入れたトロミや汁気の多いごった煮が作られたと推定される。また使用後は、水洗いせずに空炊きして付着物を焦げさせて固め

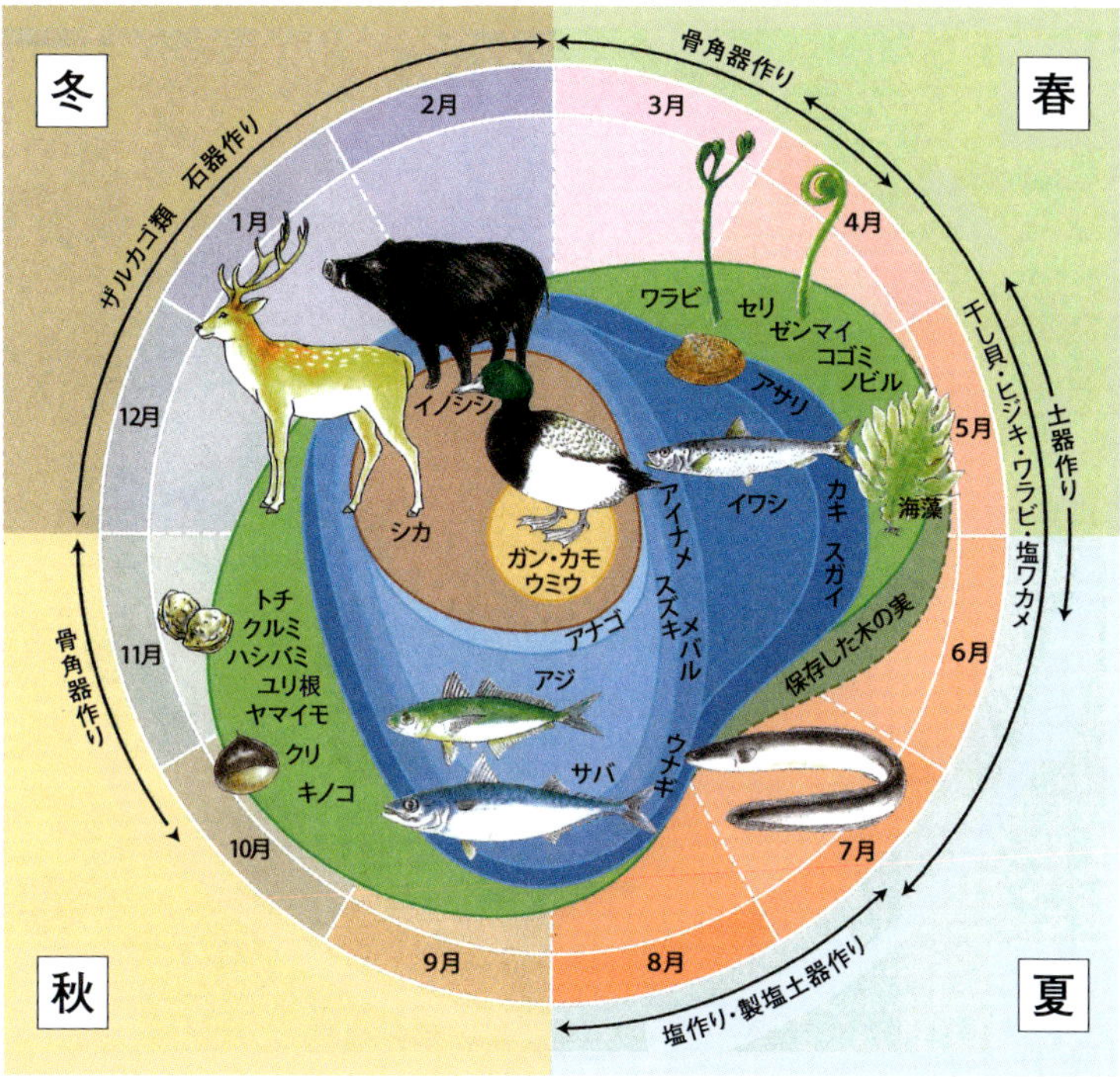


図3–2　宮戸島縄文人の生業とくらし暦（イラスト：早川和子、奥松島縄文村歴史資料館提供。一部修正）

1.南アフリカ・ララハリ砂漠のサンによるきりもみ発火の様子
（岩城　1977）

2.北海道忍路土場遺跡の発火具
（北海道埋蔵文化センター 1994）

図3–3①　火起こし

図3–3②　御所野遺跡竪穴住居内の石囲炉
（一戸町教育委員会提供）

図3–3③　チャノマの部屋炉（宮城県加美町）
（笠原 2016）

て削ぎ落してきれいにするという（小林　二〇〇七）。

里浜貝塚出土の土器の約七三パーセントは鉢・深鉢で、液体を貯えて注ぐ壺は約一四パーセントであった（東北歴史資料館　一九八三）。調味には塩気が必要だと考えられるが、その存在を実証することは難しい。後期末から晩期になると太平洋沿岸の各地で塩作り専用の土器（製塩土器）や製塩炉が使われている。また干した海藻や魚貝から塩分を取ることも考えられる。

しかし、製塩土器の出土量からみて、塩そのものが多量に流通したとは考えにくい。貝塚からイワシ・ハゼなどの小魚の骨が大量に出土することがあり、これらは魚醬《ぎょしょう》（沿岸各地に残る、イシル、ショッツルなど）の製造カスとの意見もある。また全く証拠はないが、民俗例から考えて塩蔵ワカメやコンブも考えられる。なお、アイヌはほとんど塩気をとらない。魚や獣の脂、多種の食材のうま味を総合させ、ミズキやサンショウなどをスパイスとした土鍋汁料理が基本だったと想定しておきたい。

なお、貝塚などから出土する骨などの食糧残滓に調理痕跡と考えられる焼け焦げが認められないので、焼く調理法は確認できない。薄板の表面に縦横に直線的な刃物痕が残るまな板と推定される調理具は、古代にならないと認められない。それ以前は厚板や台石の上で調理したのだろう。

箸が一般集落で使い始められるのは平安時代後期からであり、『魏志倭人伝』では、弥生時代の倭人は、「飲食用籩豆（高坏《たかつき》）手食」と記されている。しかし熱い汁物は、すくうものが必要である。関東や山陰では文様が彫刻された短い柄の付いた木製漆塗りの杓子《しゃくし》、また全国的に中華料理の蓮華に似た小型のスプーン形土製品が、少量ながら出土している。これらが熱い汁物をすくう道具だったのかもしれない。銘々皿・取り皿に当たるような食器もはっきりしない。

**食料の貯蔵と保存食料**　旬に多量にとれた食料の保存加工と長期保存貯蔵の工夫は定住を支えた重要な技術であった。特に大量にとれる春のワラビ・ゼンマイ、やや遅れてフキなどの干した山菜・キノコは、大切な冬場の食料となった。この伝統は、アイヌにも、東北地方などにも根強く続いている。またワカメ・ヒジキなどの海藻や、ヒガンフグも今日の宮戸島と同様に干して保存しただろう。塩気のある大切な保存食料となり、島外にも移出されたに違いない。

また岩場に着くスガイは、どの季節の貝層にも多量に捨てられていた。径一・五センチほどの小さな巻貝で肉量は少なく、殻と五ミリ未満の小さな蓋もほぼ同数捨てられているので、一緒に茹でられて捨てられたと考えられる。全体の七割近くの数を占めるアサリなどが少ない層（通常の貝の廃棄が少ない時）、つまり冬を中心とした層でスガイが三割近いことがあり、年中近くの岩場に生息しているスガイを取っていたことがわかる。汁物のダシにしていた可能性がある。ただし、現在の記憶や記録に残るスガイを食べたという証拠は、得られていない。

秋を中心にクリ・クルミ・トチの実がたくさん実った。クリは干してカチグリとして保存、トチノミは灰汁でアク抜きし粉にして保存したと考えられる。ウバユリ（現在は島にたくさん自生するが、利用した話は聞かない）の球根からデンプンを取り、ヤマユリの根やヤマノイモは晩秋に掘り出して貯蔵穴に貯えた。今はマハゼを秋から冬口まで取り、雑煮などのダシをとるために焼いて干している。アナゴも同じころ、同様に保存加工している。

シイタケ・シメジ類などのキノコも秋にとって干したと思われる。宮戸島がマツ林に代ったのは古代以降だから、縄文時代にはマツタケは取れなかっただろう。なお、島にいたシカ、イノシシ、ウサギなどは、保存食料になるだけでなく、角や骨、皮などが道具や衣服・被り物の素材ともなり、民俗例から見ても脂は調味料や薬にもなったと考えられる。

## ②春から梅雨・夏

早春はまず、フキノトウ・ヤブカンゾウなどの若芽、セリなどが、宮戸島の里山に生える。東松島市野蒜《のびる》の地名の由来となったユリ科ネギ属のノビルは、春から夏にかけて野蒜海岸から宮戸島の至る所に群生している。

縄文時代草創期の九州では炉穴から、ノビルと思われる炭化した鱗茎《りんけい》（地下茎の一種）が多数出土する。また、北海道から九州までの縄文時代低湿地遺跡などから、土器片の内面に密集して焦げ・炭化して付着したノビルの鱗茎が発見されている。弥生から古代の遺跡でも同じように土器に付着して発見され、『万葉集』などにもノビルと思われる「蒜」がしばしば登場する。「蒜」は全国の地名にもよく残っている。現在でも秋田などではスーパーなどで食材として並び、私も刻んで納豆に入れてよく食べる。歴史的に見てノビルは、遅くとも縄文時代以来、日本人がよく食べた山菜だったようだ。

一方、磯では、早春から春一杯、ヒジキを摘み、ワカメ・アラメを木の枝を使った「まき竿」で採ってきた。海藻利用は縄文時代以来、盛んだったと推定される。またワカメの最盛期には、今でも行っているように、多量にとって塩蔵ワカメを貯えたのだろう。春の彼岸のころには、ヒガンフグが大量に浅瀬に集まり、一網打尽にされたらしい。大量な歯や骨が貝塚にまとめて捨てられ、薄い堆積層となっている。多量に処理されたのだろう。また一回り小さな猛毒を持つコモンフグも混じっている。縄文時代以来、フグ毒の処理の仕方を知っていた。

さらに最近は豊漁の年があったとは聞かないが、縄文時代には春から夏にかけてマイワシの群れが湾に入った。マイワシは、里浜の貝塚集落で最も多く取れた魚種で、魚類の三割から四割の数を占める。アイナメとセイゴと呼ぶ一年目のスズキが、今でも「山にツツジが咲くとアイナメが取れ始める」というように、沿岸の藻場《もば》に群れるのもこのころである。イワシが断然多いが、フグ・アイナメを合わせて、魚全体の六割強を占める。アジ・サバも含めた内湾の表層に大量に回遊して来る小魚を、潮の満ち引きを利用して多量に囲い込んでいたのだろう（図3－4）。

山と海とが生態を連動させた花暦で、漁の季節を読んでいた。マダイも五・六月に浅瀬に上がり、大型のスズキは、今でも体長一メートル、重さ五キロクラスが、夏から秋に多くとれる。また縄文のタイ類は五〇センチ前後が多いが、今、マダイは全くとれない。

なお、最近まで大型魚を捕獲した際は、魚叩き棒で頭を叩いて鮮度と味を維持した。世界各地の民族例（アイヌはサケの頭をイサパキクニと呼ぶ木棒で叩いた）にもあるように、東北・北海道の縄文遺跡からも魚叩き棒が出土している。大型のタイ類、スズキ、ブリなどは保存食料とし、内陸に運ば

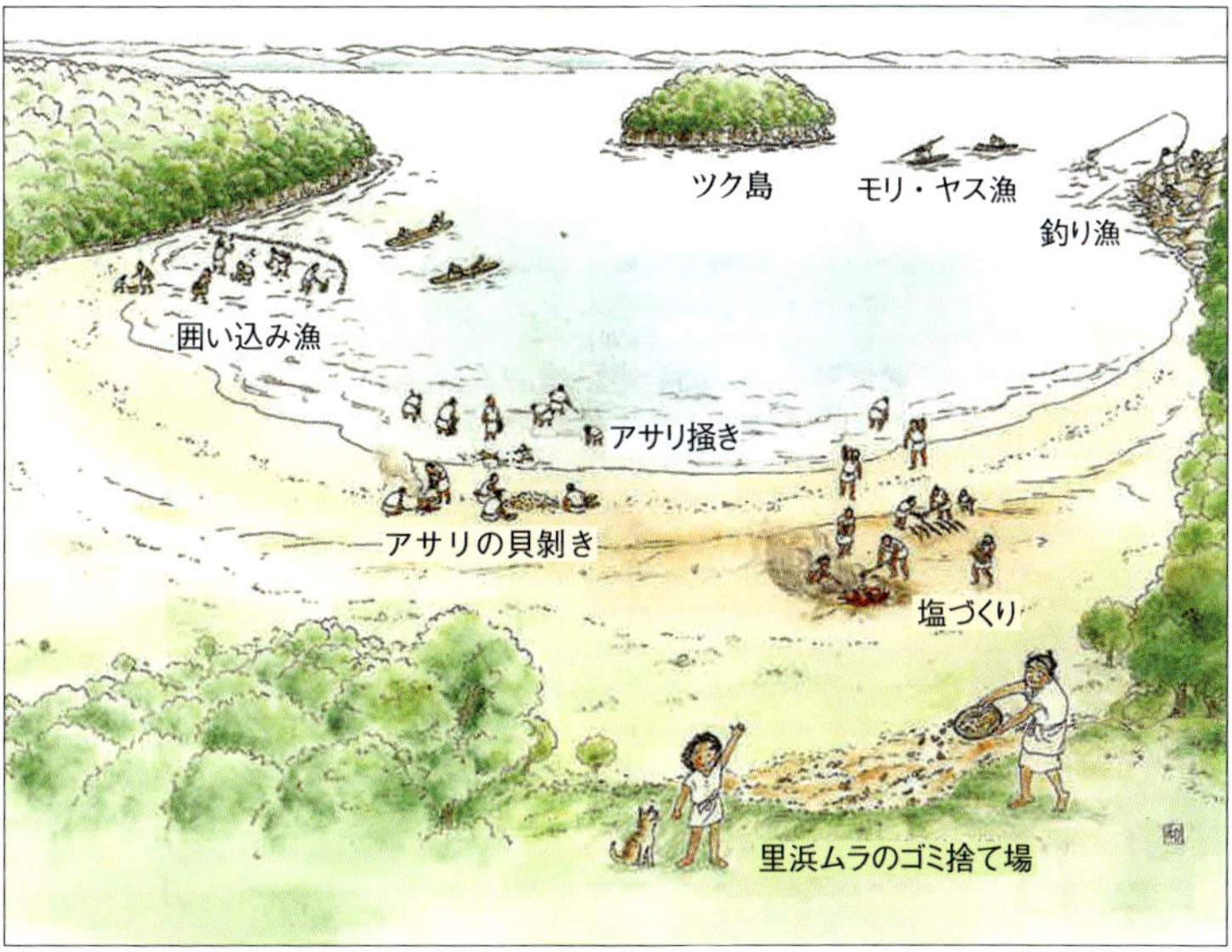


図3–4　4千年間続いた囲い込み漁と晩期の土製製塩（イラスト：早川和子、奥松島縄文村歴史資料館提供）

れるものもあった。貝塚から出てくるこれらの骨は、頭の骨の数に比べて背骨の数が明らかに少ない。頭を落とした背骨付きの干し魚として移出されたらしい。

春の昼間に大潮が来る遠浅の浜では、旬を迎えた身入りの良いアサリをとった。貝塚には、大量の殻が捨てられて厚い貝層を形成している。貝殻成長線分析によれば、五～七月に年間採取量の半分以上を大量にとっている。干し貝にもしたのだろう、塩気のある大切な保存食料にしたようだ。ワカメの塩蔵品と共に、内陸に移出した可能性がある。なお、貝殻の成長線は、アサリやハマグリの殻に見られる縞のことで、日々の成長の跡であり、寒冷時には成長がとどこおって木でいう年輪（貝の場合、冬輪と呼ぶ）が形成される。冬輪の数で何年生きたか、冬輪からの成長線の数でおよその死んだ日（料理・処理された日）が分析できる。これによって貝の採取季節や貝と一緒に捨てられた物の季節が明らかになる。

ムラサキウニも可食部の卵巣が身入りし、浅瀬に上がってくる七月が漁期だ。貝塚には棘や殻が薄く層をなして堆積している。ヤマザクラの花が咲くころからシャコが取れ、イシガニやガザミもたくさん取れるし、子が詰まっていておいしい。カニのはさみが、わずかであるが焼けたために腐らずに残って貝塚から発見される。また青森市の三内丸山遺跡でシャコの下顎《かがく》やイカ・タコの顎板が見つかっているが（青森県教育庁文化財保護課編　二〇一七）、シャコやタコも現在と同様にたくさん取っていたと思われる。

岩場の多い宮戸島にはつい最近までマムシなどの蛇がたくさんいて、島外からへビ捕りがよく来ていた。貝塚からもマムシの骨がけっこう出てくる。干して保存し、焼いて食べてもおいしい。また、最近までどの家でも、薬として精力剤としてマムシ酒を作っていた。なお、春のヤマザクラの実は、つい最近までサクランボとして食べられていたという。この春から初夏の浜・磯と里山は、宮戸島人の書き入れ時であった。

### ③夏から台風・秋雨を挟んで秋も書き入れ時

現在は六・七月の口開け（解禁）時に、アワビ・ウニなどを、水深一〇メートルほども潜って取っている。アワビは九月の産卵最盛期に比較的浅い所に上がってきて取りやすくなるが、現在は資源保護のため口開け時以外は捕採していない。宮戸の貝塚からアワビはほとんど出土しないので、昔は取っていなかったとみられる。

盛夏は魚介類も暑さを避けるためか、漁獲は比較的低調だという。しかし、体長一メートル前後のスズキやブリは、この島の夏の特産であり、貝塚からも目立って出てくる。島の漁師さんは五十歳前から難聴になる人が多く、大きな声を出さないと聞えない。耳の穴の奥に外耳道骨腫《がいじどうこっしゅ》（サーファーズイヤー）ができるらしい（図3－5③）。里浜貝塚からは、六十体ほどの頭骨が出土しているが、外耳道骨腫が認められる個体が多い（百々　一九八二）。成人の男女とも半数に骨腫が認められるという（菅原弘樹教示）。夏から秋にかけてウニ、スズキなどを頻繁に潜って捕っていたのであろう。

また最近まで良く行われていたウナギやアナゴのドウを仕掛け、「柴漬け」あるいは「ナラ（楢）

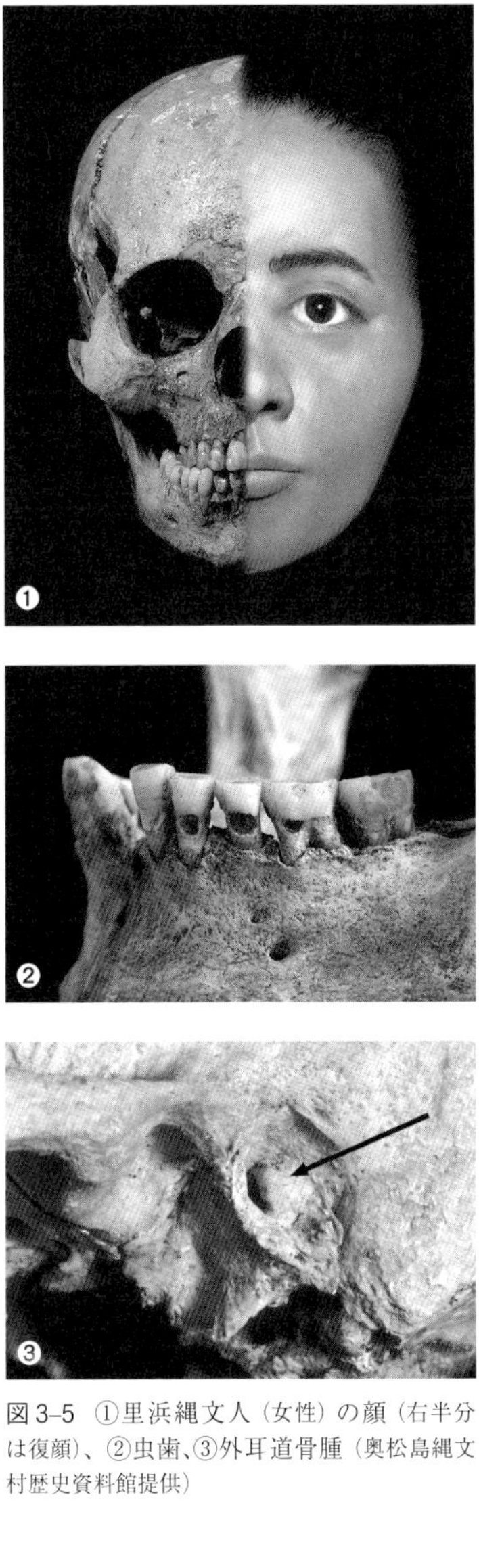

図3–5　①里浜縄文人（女性）の顔（右半分は復顔）、②虫歯、③外耳道骨腫（奥松島縄文村歴史資料館提供）

ッパ（葉）」と呼ぶ漁法も行っていたのだろう。「ナラッパ」は、ナラの木などの枝葉を束ねて浅瀬に沈め、その下に集まったウナギ・エビ・小魚をすくい捕る漁法である。また、秋から晩秋には「ジュズ（数珠《じゅず》）ッコ釣り」が今でも行われている。アオイソメを糸に通して数珠のような輪にした餌（ジュズッコ）を、両手にもつ竿の先端のテグスに付け、左右の船縁からマハゼを交互に釣り上げ、舟中に落とす伝統的な漁法である。

縄文時代晩期からは真夏の太陽のもとで、浜辺に設えた炉に製塩土器を並べ、土器に濃縮した海水（鹹水《かんすい》という）を入れて煮詰めて塩を作った（図3-4）。浜辺・磯に敷いたホンダワラなどの海草に海水をかけて天日干し、海水を濃縮して鹹水をとった。製塩土器は表面に文様を付けず、内面はよく磨いて漏水を防いだ。底部は炉によく刺さって立つように、尖った小さな底をもつ深鉢形に作ってある。強い熱を受け、塩分が濃くなるためか、表面は弾けたり、ピンク色に熱変化している特徴をもつので、製塩土器は識別できる。貝塚から浜に降りた地点（西畑北地点）からは、製塩炉とおびただしい量の製塩土器の欠けらが出土している。

少ないながら北の浜に続く低湿地の早期堆積層から、ウルシの花粉が検出されているので（吉川二〇〇七）、前期以降はウルシの木が植えられ漆塗りもしていたと推定される。もちろん籃胎《らんたい》漆器や漆塗り土器が発見されることから、宮戸島でもウルシ林が育成管理され、夏の樹勢のいい時には漆液が掻き取られ、なやし（生漆を練って均一にする）・くろめ（生漆の水分を蒸発させる）の行程を経て土器に保管され、漆製品の製作という、一連の作業が行われていたと考えられる（岡村　二〇一〇）。

中世から現代までの例を見てもウルシは大切にされ、掻き手、塗師が集落にいて季節的に漆工に専従していたが（網野　一九九七）、縄文時代から連綿と継承された技術であった。

なお、掻く方法は道具が石器から鉄製に変わり、掻き方も一〇センチほど間隔をあけて幹に一周傷をつける方法から、江戸時代には密に平行に傷をつける殺し掻き（掻き傷を幹に直交して密に切る）となり、また濾し布も和紙に変わるが、基本的な掻き取りから塗りまでのシステムは現代まで継承されてきた。

④秋

初夏から九月ころまでは、内湾にアジ・サバが群れを成して回遊してくる季節である。この地方でワタリガニと呼ぶガザミも夏から秋口に多量にとれる。

初夏からキイチゴ・ヤマグワが熟し始め、サルナシ・マタタビ・ヤマボウシ、十月ころにはヤマブドウ、そしてクリ・クルミ・トチノキ・ハシバミが実る。クリ・トチの実が、縄文人の主食だったように教科書にも書かれている。これらは、焼けて炭にならないと普通の遺跡には残らない。また、低湿地に保存のために貯蔵されたままで残ったり、食べられないで捨てられたため、水漬け状態のまま、奇跡的に発見される。氷山の一角が偶然に残ったといえる。本来どの位食べられていたかはわからない。

ただし里浜貝塚集落の場合は、遅くとも後期からクリ林が集落周辺に植えられていた。また、集落から東南東一・八キロに位置する後期の低湿地堆積層から、クリ花粉が多量に発見されている（吉

田　二〇一四）。集落周辺と離れた地点でもクリ林を育成していた可能性が高い。

里浜貝塚人にとって宮戸島全体が、食料や資材などの獲得領域（テリトリー）だったようだ。また民俗例によれば、これらの実は主食というほどではないが食べられ、保存食料としても重要だった。クリが朝廷への献納品であり、中世でも税の対象でもあったことからもうかがえる（網野　前掲）。なお吉川昌伸による里浜西畑北地点での花粉分析結果でも、東日本の全体的動向と一致して、後期になるとトチノミ花粉が増加する。トチの実の晒し技術が、向上して一般化し、クリ・クルミに次ぐ三大縄文堅果類に加わった。

たぶん蜂蜜やデンプン質の多い堅果類も食べていたし、また特に甘くて粘りがあるクリは歯につきやすい。歯の咬耗《こうもう》が激しいので、虫歯は歯茎側の歯の根にできていることが多い（図3‐5②）。歯の根元に甘い粘性のある食べ物が付着し、虫歯を起こしたと考えられる。現代の世界各地の狩猟採集民の齲歯率《うし》が二パーセント程度であるのに比べて、東北の縄文時代の例では、一七・八パーセントと齲歯の率が顕著に高い（大島　一九九六）。里浜貝塚では半数以上の頭蓋骨に虫歯が認められる。当時の豊かな食生活を反映しているのであろう。

東北・北海道の遺跡からはヤマブドウ・ニワトコと並んでキハダの実が検出されることが多い。前二者は果実酒を作った可能性が高いが、キハダは熟れると甘くて干して食べるとうまい。また樹の内皮は漢方胃薬の黄檗《おうばく》であり、その黄色い内皮は茶色の染料としても使われる。アイヌは乾燥させた実（シケレベと呼ぶ）を元気のもとになる薬としても食べ、鍋に入れて味付けに使い、内皮は漆かぶれに貼って治したり煎じて利尿剤にもしたという（はまおか　一九八八）。

初冬にはフユグミやガマズミの実が赤く熟れ、この年最後の漿果《しょうか》類となる。これらの堅果類や漿果類は、キノコと共に秋の重要な食べ物や薬などになった。また民俗例では、ヤマユリの根やヤマノイモは蔓や葉が枯れない内に地上に印をつけ、晩秋に掘り出して貯蔵穴に貯えている。なお、ヤマイモのムカゴが京都府網野町（現、京丹後市）の前期の松ヶ崎遺跡から出土している。

このころに集落の女が集まって、近くの良質の粘土を掘ったり露頭から採取し、製作技術を伝えながら土器を形作り、土偶や耳飾りなど粘土製の装身具や祭祀具も形作り、集落内の露天で焼いていたと推定できる。竪穴住居作りも来るべき冬の寒さに備えて、集落のみんなの力を結集して作ったのだろう。里山からは、真っ直ぐに柱用に育てられたクリ材や粗朶《そだ》類・木の皮、蔓などの建築資材も調達した。

⑤厳冬期（一・二月）

現在も漁にはほとんど出ない（尾形ほか　前掲）。ただし、ドンコ・ボッケ、そして年中取れるアイナメも、今は冬場には良く食べる。貝塚からは前二者は確認できないので、縄文時代には取られていなかったようだ。

また最近まで、網にケイマフリ（地元ではアカアシと呼ぶ冬鳥）が掛かって市場に売られ、子供たちも夏はウミスズメ、冬はアカアシなどを湾奥に追い込んで捕っていたという。

貝塚からはシカ・イノシシの骨角が出土している。頭蓋片、指先や肋骨片まで出土しているので、島内で捕獲して里浜集落に持ち込まれていた。これらは年を越すと痩せてしまうが、脂がのって猟もしやすい初冬に多く捕獲されていたに違いない。ただし、出土骨の総量は少なく、魚に比べて狩猟は低調だったようだ。

鹿角や骨を素材にして作った漁具などの骨角製の道具や装身具が目立って出土するが、製作は冬場の仕事だったのだろう。またハマニンニク（宮戸島ではオビルグサ、アイヌはテンキ（小箱）などをこの草で作ることからテンキグサと呼ぶ）でゴザや蓑《みの》、ササダケでカゴ・ザルやビクなどの製作も、最近まで冬場の仕事だった。

野生の麻とも言われるカラムシ（苧麻《からむし》）やコウゾの皮からとった繊維で編布・衣類を作り・補修するのも、縄文時代以来冬場の仕事だったと考えられる。御所野縄文博物館の実験では、幅五二センチの布を長さ八〇センチに編んで一着の服（膝上までのノースリーブ）にするには、毎日作業して一か月かかったと言う。また里山の枯草集めや枝払いなどの整備、柴木や薪集めも冬場の大切な仕事だっただろう。

## 三　宮戸島の約七千年前からの漁労史・津波被害

宮戸島は沖積作用が小さく、周辺の海況は大きく変化しなかった。しかし、地球規模の温暖化・冷涼化による海水温や海水準の変動、集落立地と漁場の距離、漁場による底質や海況の違い、魚種による生態の違いなどによって、漁場と時期によって捕れる魚介類に差があったようだ。

大勢で見ると貝類は、初期（前・中期）にはイガイ・スガイ・クボガイなどの岩礁性の貝類が多く、後晩期にはアサリが主体になる。その後、古代になるとマガキが圧倒的になるという変化はあった。最もよく捕られた砂泥底に棲むアサリは、今でも主要な貝であり、五月連休前後が捕獲のピークである。出土アサリ貝殻の成長線分析の季節性と一致する。ただし、縄文時代は春先から冬までも捕獲は続いていた。

魚類は周辺の漁場の海況がそれほど変わらなかったため、あまり漁種は変化しなかった。ただし、漁法の違いからか、カレイやヒラメなどの底に棲む魚は少量だった。また現在は、水質汚染のためかマダイ、ハマグリは捕れなくなり、ウナギは乱獲などによって絶滅寸前である。一方で宮戸島での居住が始まった前期初頭からマグロはけっこう捕れていた。一方で約七千年前から中期前半までの漁具は、釣針やヤスが少し出土する程度である。つまり、大型のマグロやタイ類も捕っているにもかかわらず、漁網錘も含めて漁具らしい漁具は出土しない。

それに反して内湾に群れを成して回遊してくるイワシやアジ・サバなどの小魚が、圧倒的に多く捕獲されていた。これらは釣針やヤスで捕獲するような大きさの魚ではない。つまり回遊する小型魚の群れを、干満の差を利用して囲い込むような漁法が、当初から主であったと考えられる。なお、今でもヒガンフグ、アナゴの漁は、多い。

縄文時代中期後半から後期初めには、タイ類を捕獲したと推定される湾曲が強くアグの付くことが多い中型の釣針や、マグロや大型のスズキ・ブリなどを突いたと考えられる松島湾特有の南境型と呼ぶ開窩銛《かいかもり》が、松島湾から大船渡湾まで発達した（後出図3-9①）。この時期には袖窪《そでくぼ》・畑中《はたなか》地点に径二〇〇×一五〇メートルほどの環状貝塚集落を築き、その東側に墓地が形成された。その貝塚集落の一角（中期末・後期初の地点）を発掘したところ、スガイ、クボガイなどの岩場に付く小さな巻貝が七割近くを占め、魚もマダイ・スズキ・カサゴの類、アイナメ・イワシ類が出土した（宮城県教育委員会　一九八六ａ）。

後期の風越地点の動物遺体が詳細に分析されている。貝類はアサリが五〜六割でスガイなど岩場に生息する貝が二〜三割ほど採取されていた。一方の魚類の組成は、これ以前とあまり大きな違いは認められない。イノシシが出土しておらず、ヘビが目立つ程度である（山田　二〇一七）。

次いで寺下囲地点の晩期末の地点でも同様な貝類・魚類の組成を示し（東松島市教育委員会　二〇一〇）、縄文時代を通してほぼ同様な魚介類、そして多分海藻類も捕採されていたと推定できる。

一方、後期後半から居住地を寺下囲地区に移した晩期半ばの漁具は、燕尾型の離頭銛や逆刺《かえし》をもつヤス、組み合わせ式ヤス、骨鏃や根挟み付き鏃が、単式ヤスや釣針と共に発達する。後述するように三陸の縄文時代後期後半から晩期には、漁具がもっとも発達した（後出図3-9②）。漁具と丸木舟を使った遊漁的釣り・突き漁が、男たちの間で流行ったように思う。

なお、気仙沼市の後期後半から晩期の田柄貝塚では、里浜貝塚と同様に貝層を全量採取して水洗選別した。その結果は、魚種や漁具の種類や魚種組成も類似し、松島湾と同じ漁労文化圏にあったことがわかった（宮城県教育委員会　一九八六ｂ）。

弥生から古代の釣針や離れ銛は、形態や素材が変化するものの、西畑北地区や島の南端月浜に面した横山貝塚でも、基本的な魚種や組成は変わらない。囲い込み漁を主体とする漁労は受け継がれた。ただし、宮戸島での古墳時代・古代の集落の存在は、未確認であり今後の課題である。また、中世・近世の宮戸島の暮らしや集落は、現在の里集落の下層に埋蔵されているのか、集落遺跡は未発見であり、これも今後の大きな課題である。私には縄文時代から現代まで宮戸島里浜の集団は、続いていたように思われる。

## 四　縄文以来の宮戸島津波災害史

宮戸島など松島湾の外洋に面して並ぶ島々は、しばしば津波の来襲を受けてきた。記録に残る大津波は百年に一回くらい、また明治時代になってからも四回以上の記録がある。

平安時代後期の『三代実録』に、今回（二〇一一年）とほぼ同規模と考えられる甚大な被害が記録されている。その貞観《じょうがん》十一（八六九）年の大地震は、宮戸島の外洋に面した数地点の堆積層中に厚い津波積層を残している（第二章図２‐８②）。

里浜西畑地点前面の低地には、海岸の砂礫に粒径や鉱物組成が類似し、貝殻や海の生痕が見られる岩片などを交えた堆積層が、海から厚さを減じながら陸に向かって堆積していた（第二章図２‐８

図3–6① 室浜貝塚人骨出土状況

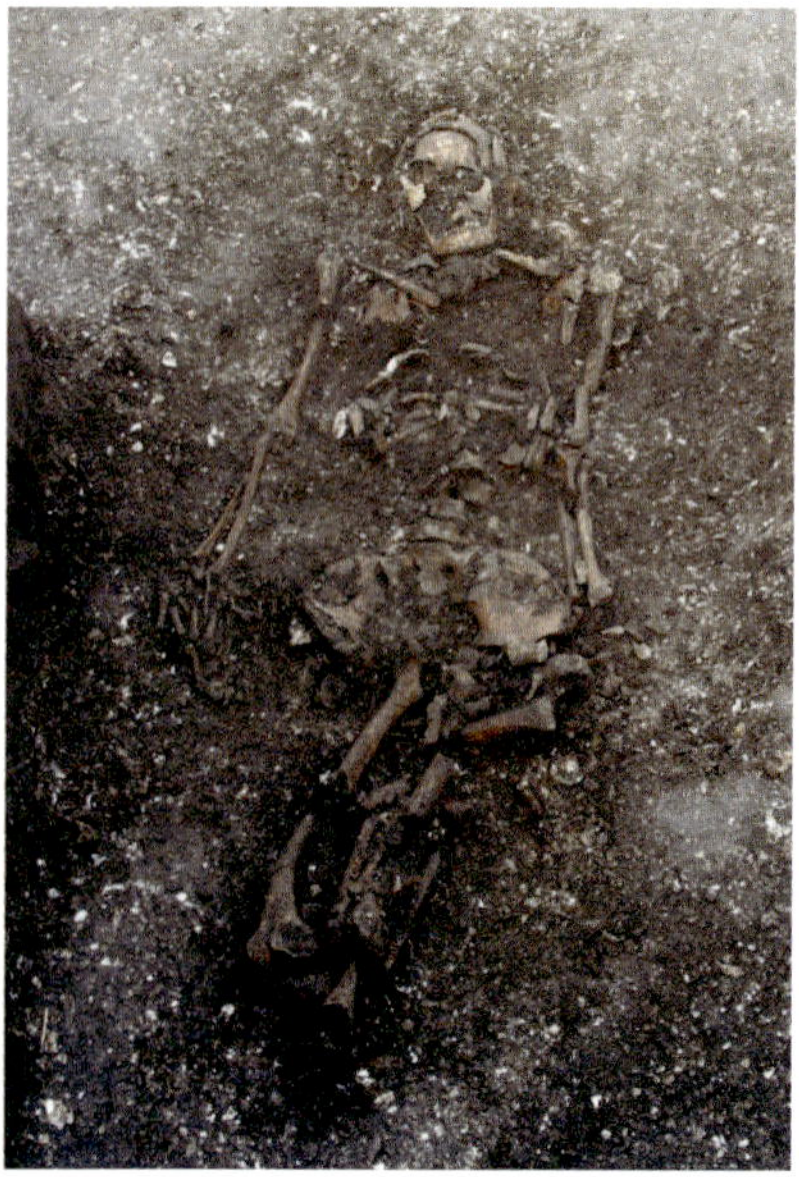

図3–6② 室浜貝塚の津波被災？人骨（縄文後期）

②）。

このような特徴を持つ砂礫層は、津波堆積と推定され、里浜貝塚などの谷部の沖積堆積に認められた。その津波堆積中の炭化物による14C年代測定によれば、縄文中期半ばに相当する約四千六百年前と、後期後半の約三千五百年と約三千六百年前の津波堆積と推定された。

一方、宮戸島の東海岸に面した標高一二メートル前後の丘陵鞍部に位置する室浜《むろはま》貝塚から、後期の人骨十三体が、津波の前年に発掘されていた。それらは、前期の貝層上面の窪みの汚い黒土の中から検出された。前述した後期の津波に相当する年代の被災人骨と考えられている（菅原　二〇一四）。

前期初めに形成された貝層の上面は、波に洗われたように滑らかで、前期以降に堆積したはずの表土・黒色土は浸食され、上に西暦九一五年に噴火した十和田a火山灰が所々に点々と混る黒色土が堆積していた。また窪地に堆積した人骨は、不自然な体勢だったり、多くの部位を欠損したりしていた。津波で破損した人の遺骸が、津波末端の汚い泥土と共に鞍部を乗り越えて流され、窪地にはまった様にも見える（図3－6②）。これらが津波堆積による現象であることの確認と、堆積範囲や堆積状況などを調べることによって出土状況の確認を進めなければならない。

宮戸島には津波・高潮だけではなく、他にも山崩れ・土砂災害の大きな痕跡もある。また、十和田火山・蔵王火山の堆積物や洪水堆積も仙台平野に見られ、日本列島では度重なる自然の脅威と共に人々は生きてきた歴史をもつ。

# 五　発達した三陸の漁労と漁労文化圏

## 1　内湾に発達した貝塚集落

九州から北海道までの縄文文化における貝塚は、合計二三三四か所が発見されている。このうち太平洋岸の霞ヶ浦周辺、東京湾岸の千葉県側と三浦半島、東京湾奥に当る東京都には計一三七八か所が存在する。この地域は全国の貝塚の約六割が集中し、後期のものが多い。

内湾沿いに集落を営み、内湾は波静かで藻場が発達して魚介類がよく育つ。魚の群れが回遊し、格好の漁場となる。丸木舟も多く係留できる港ともなる。

一方、日本海側には、四三か所しか発見されていない（文化庁記念物課　二〇一七）。そもそも日本海側には、内湾・入江・砂浜が発達していないので、貝類の捕採は積極的でなかったのかもしれない。また沈降地形のため、深く埋もれていて発見されていない可能性もある。ただし、富山湾周辺や佐渡の国中沖積平野入り口には、貝塚群が形成されていて貴重な存在である（図3-7）。

## 2　北海道南から三陸で発達した漁労文化

太平洋岸を北から見ると、まず内湾の発達した北海道の噴火湾や、津軽海峡北岸に貝塚群がある。次に三陸海岸へと南下し、青森県の小川原湖《おがわらこ》岸には湾口に近い早期の野口・早稲田・中山貝塚など

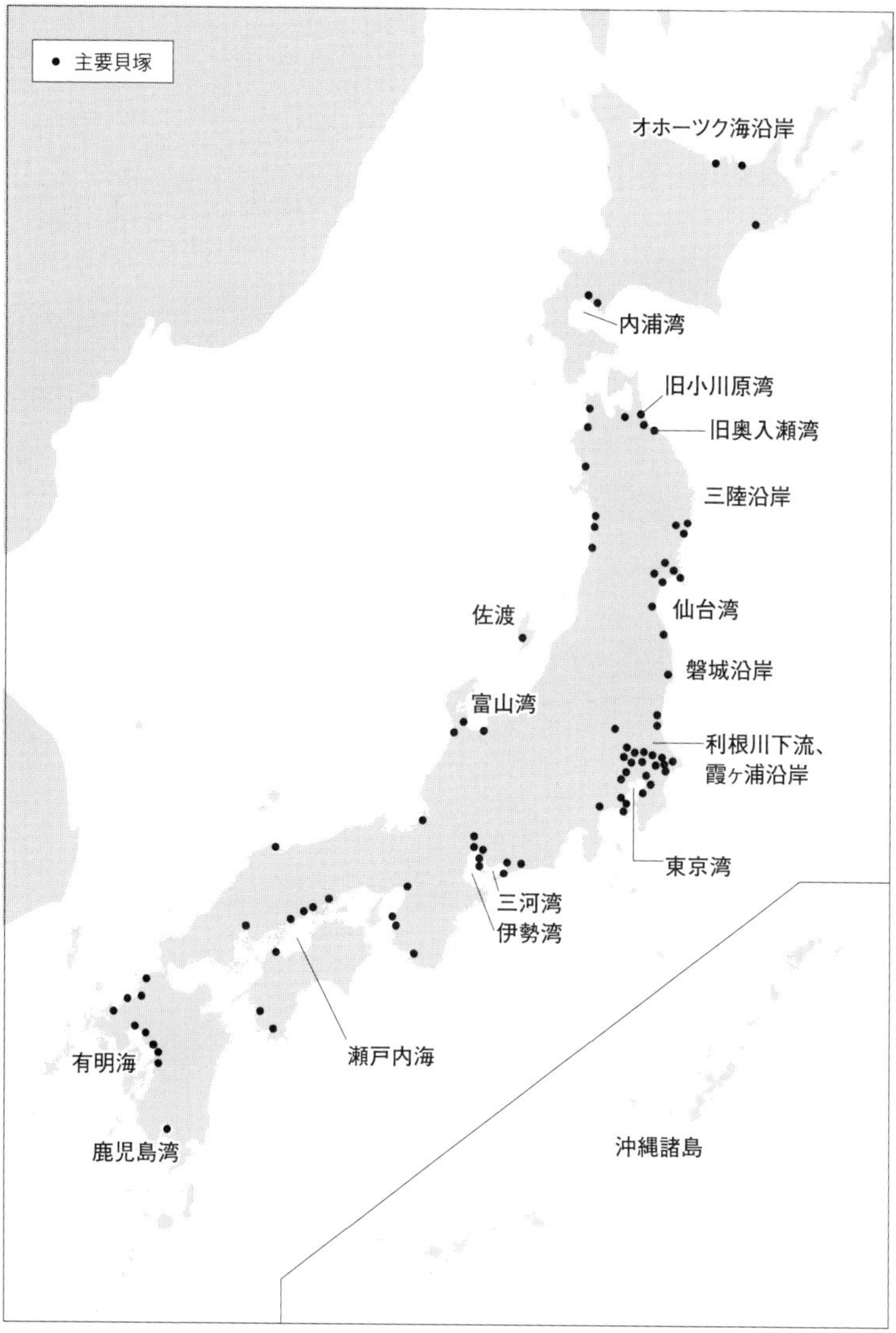


図3–7　内湾に分布する日本の貝塚群

がある。そして、この湾奥に前期の東道《ひがしみち》ノ《の》上《かみ》（3）貝塚があり、中期後半には二ツ森貝塚が発達した。さらに南下すると旧奥入瀬湾に早期後葉（約九千年前）の貝塚群、湾奥に前期前半の一王子貝塚や晩期の八幡貝塚がある。さらに岩手県には、久慈《くじ》湾、宮古湾、山田湾、大槌《おおつち》湾、釜石湾、綾里《りょうり》湾、大船渡《おおふなと》湾、広田湾へと貝塚群が続く。宮城県に入ると気仙沼湾、松島湾、仙台湾へと続いて貝塚群が形成されている。つまり、陸奥《むつ》、陸中《りくちゅう》、陸前《りくぜん》の三陸リアス式海岸沿いに流れ込む河川の河口と内湾沿いに、貝塚をもつ集落が集中していることがわかる（図3-7）。

三陸には暖かい黒潮と北からの千島海流が流れ込み、多くの魚介類や海藻類も繁殖し、豊かな生物多様性を育んでいた。

内湾から河口には、河川が丘陵・森から運んでくる栄養分があり、比較的波静かである。回遊魚が群れを成して入り込むので、干満の差も利用した追い込み漁にも適している。そして内湾沿いの丘陵上に集落を築き、海から里にかけて里海と漁場を営み、海浜から得た魚介類のゴミ捨て場・送り場である貝塚を、集落縁の海に向かう斜面に形成した。特に中期後半と後期後葉から晩期には、全国的に見て、三陸には核別に大規模でかつ豊富な魚介類や漁具を多数出土する貝塚が形成されている。

かつては発掘現場で目に付いた漁具や大型の魚などの動物遺体をもとに、シカやイノシシを主体的に狩り、マグロやカツオ、クロダイ・マダイなどを外洋で勇壮に捕獲したと考えられてきた。出土する骨の大きさによって魚などの体長を復元すると、一メートルに近いタイ類やスズキ・ブリ、三

〜四メートルのマグロ・カジキも取っていた。確かにこれらの大型の漁具で大型魚を取っていたのではあるが、貝塚から出土する魚骨をすべて回収すると、多くが小型魚の骨であった。このような事実は、当時の魚捕りの実態は、小型回遊魚群を囲い込む漁が主体だったと想像できる。

そこで、一九九〇年ころから貝層を土壌ごと採取して水洗選別し、微細遺物までを全量回収する貝塚研究法が普及してきた。その結果によると三陸沿岸は、イワシ類・アジ・サバという小型回遊魚や、湾内に住む小型のスズキやアイナメ、ソイ、メバルなどのフサカサゴ科、ヒガンフグ、ウミタナゴなどを非常に高い割合でとっていたことが明らかになってきた。特にマイワシ、カタクチイワシの個体数は圧倒的である（熊谷　二〇一七）。

さらに里浜貝塚などの仙台湾の貝塚、関東の貝塚の最新データを見ると、基本的には現在の沿岸に生息する魚介類と同様である。また、漁場の底質の違いによって砂泥性のカレイ類が多かったり、岩礁性の魚介類がめだったりしている。逆に環境悪化で今ではすでに獲れなくなったマダイ、ウナギなどもいた。当然ながらサンマやトビウオなど外洋性の魚や深い所に住む魚種は、捕獲されていなかった。このような現代に通じる魚介類の多様性に対して、文化としての漁法・漁具の地域性や発達が、三陸海岸に縄文時代から認められる。

釣針は、世界各地でも共通する「し」の字状の形をして糸掛け（チモト）をもつ。釣針は、ヤス、鏃とともに一般的な漁具であり、縄文時代の初めから洞穴遺跡や貝塚より出土する。これらは、鹿角や骨で作られている。これらに加えて北海道から三陸では、銛《もり》や離れ銛、単体で使われるヤスと

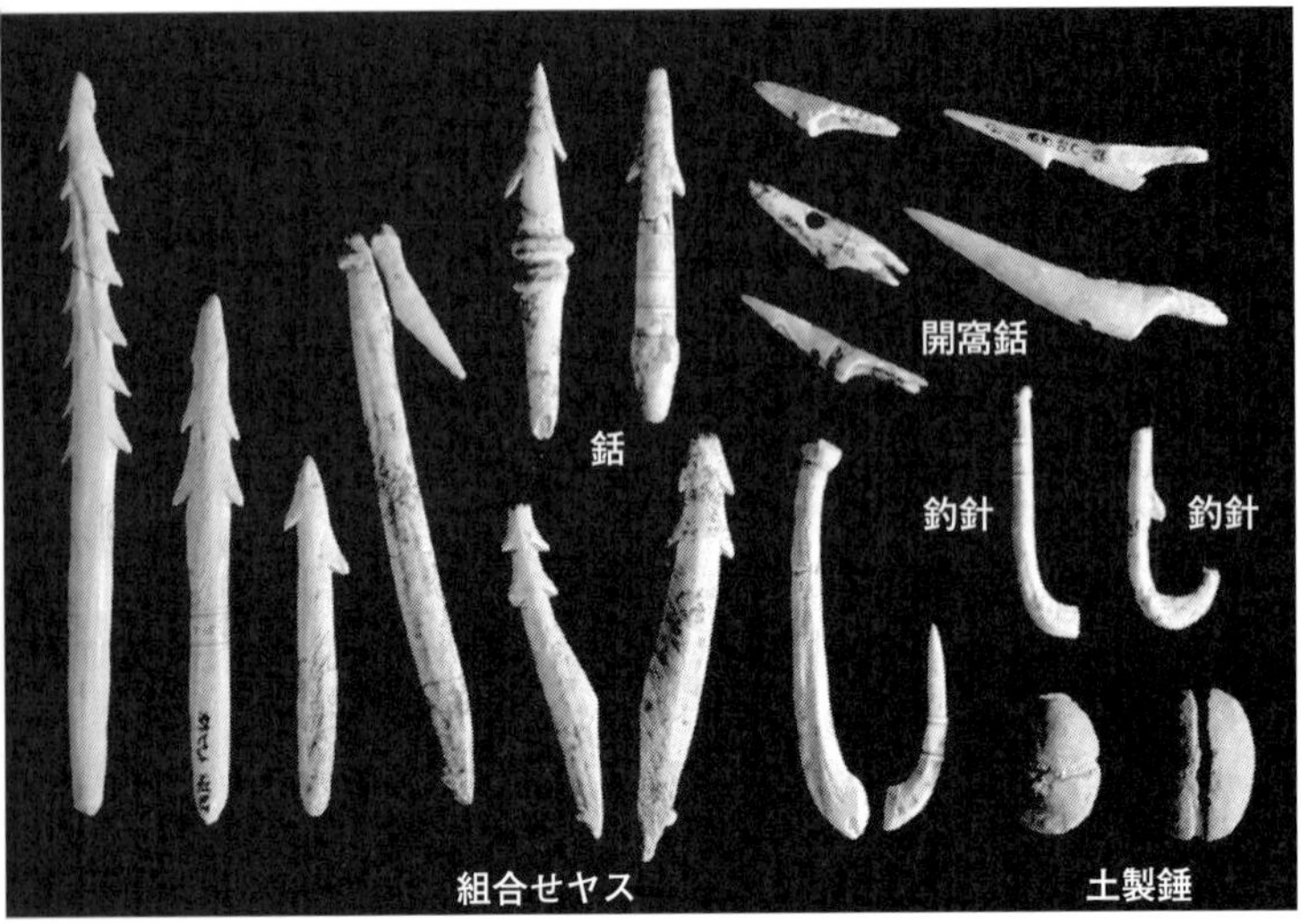


図3–8　里浜貝塚出土の漁具（奥松島縄文村歴史資料館提供）

組み合わせて使われる逆刺を持つヤスがある（図3－8）。

これら漁具は、対象魚の種類や文化伝統、海の底質の違いなどによって形態などに工夫が凝らされて地域性が見られる。例えば東北北部の三陸八戸には早期後葉に結合釣針と先端が蛇頭状になる開窩離頭銛が出現する。このタイプの開窩離頭銛は、北海道のオホーツク海沿岸の早期後半に骨製の柳葉形で単式のものが出現し、前期前半には先端が二叉になるタイプのルーツと考えられる。さらに前期には、このタイプは、道南から津軽海峡沿いに南下し、前述したように本州北東北の円筒土器文化圏の三陸に広がる。そして前期後半には尾部が内湾して二叉になる開窩銛頭となって、宮古周辺の大木文化圏にも南下した。なお北海道ではこのタイプの伝統が中期以降まで継続する（図3－9①）。

一方、仙台湾の前期には、閉窩式離頭銛が現れる。続いて中期後半には南境式の離頭銛や錨形釣《いかりがた》針が、松島湾から石巻湾・広田湾に分布圏を形成した（図3－9①）。その北にはチモトが烏口形になる釣針が、広田湾から宮古湾まで分布する。ただし、中期後半の円筒文化と文化圏をほぼ継承した榎林《えのきばやし》式土器文化圏の漁労と漁具については、不明な部分が多い。

次に漁具の地域性・文化圏が窺い知れるのは、後期の道南（内浦湾・津軽海峡沿岸）の湾曲結合釣針と開窩式離頭銛の分布域である。ただしこの時期の東北北部（十腰内文化圏）の様相は不明である。特に後期後半になると岩手県北部から仙台湾で漁具が発達した。燕尾型離頭銛、固定銛、組合せ式ヤス、湾曲刺具、根挟付き鏃が出現し、晩期半ばまで広域な漁労文化圏を形成している（図3－9②）。

磐城の晩期漁具文化の地域圏も、この地方独特の結合釣針と燕尾型離頭銛が見られる。地域の文化伝統や他地域との系統は、先端や尾部などの細部の意匠に現れ、文化圏による差異が認められる。このような漁労文化圏の盛行は現代まで続いている。水産国日本の基礎が、縄文時代にでき上がっていたことを示している。

一方、列島最大の貝塚密集地である霞ヶ浦から東京湾にも、早期後半から貝塚形成は一般的になる。貝塚を持つ定住集落が設営され、貝塚では送りの祭祀も行われた。前期には環状貝塚が形成され、膨大な量の貝殻が埋蔵されている。ハマグリ・アサリなどの二枚貝は、茹でて貝の口を開け、剥き身にし、さらに海水で煮て塩分の濃い干した貝を大量に作っていた。東京都北区中里貝塚は、浜辺に貝を茹でる浅い穴がしつらえてあった。そこで多量にハマグリ、冬にはマガキを剝き、それら

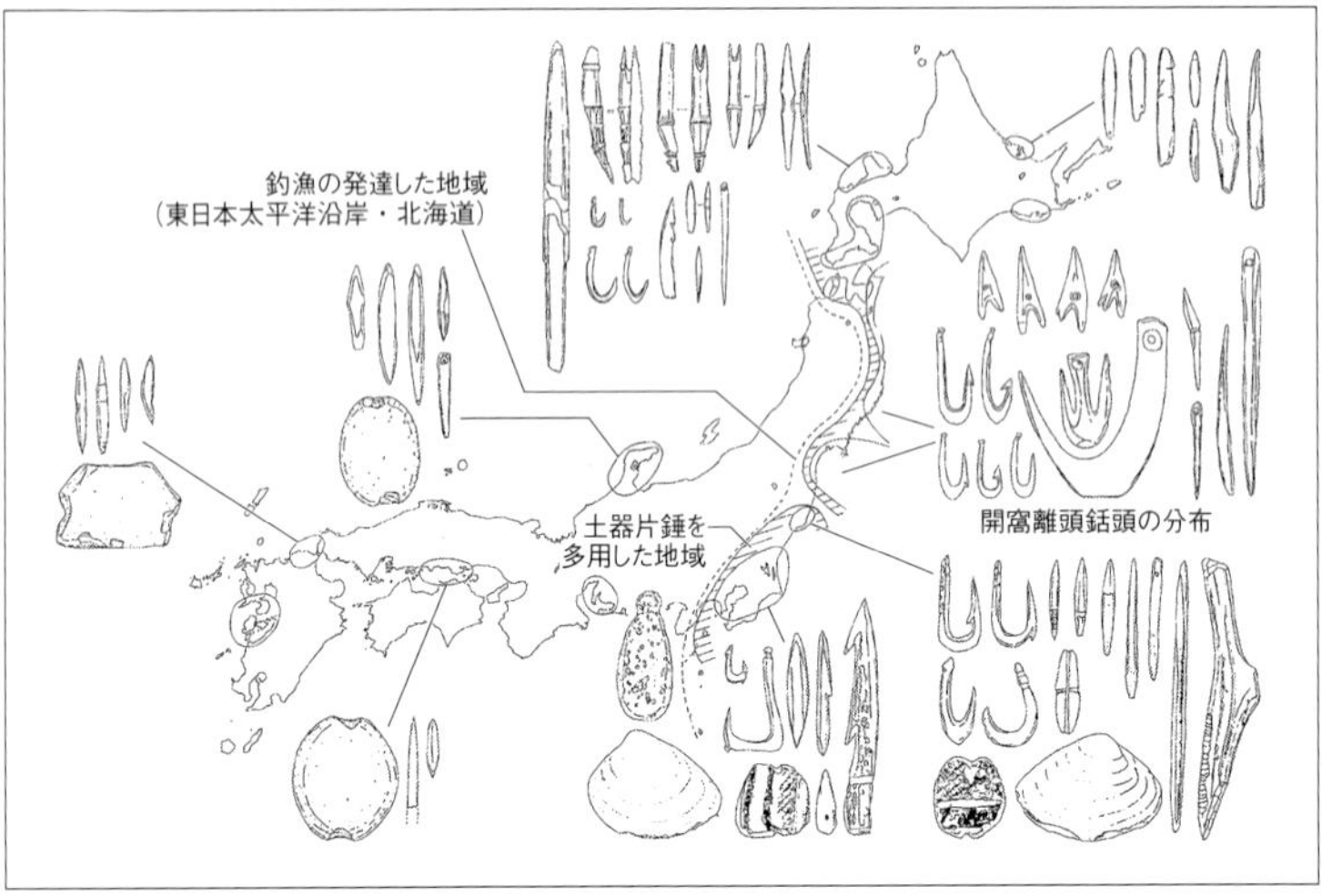


図3–9① 中期の貝塚と漁具の分布圏（日本第四紀学会編 1992 を基に作成）

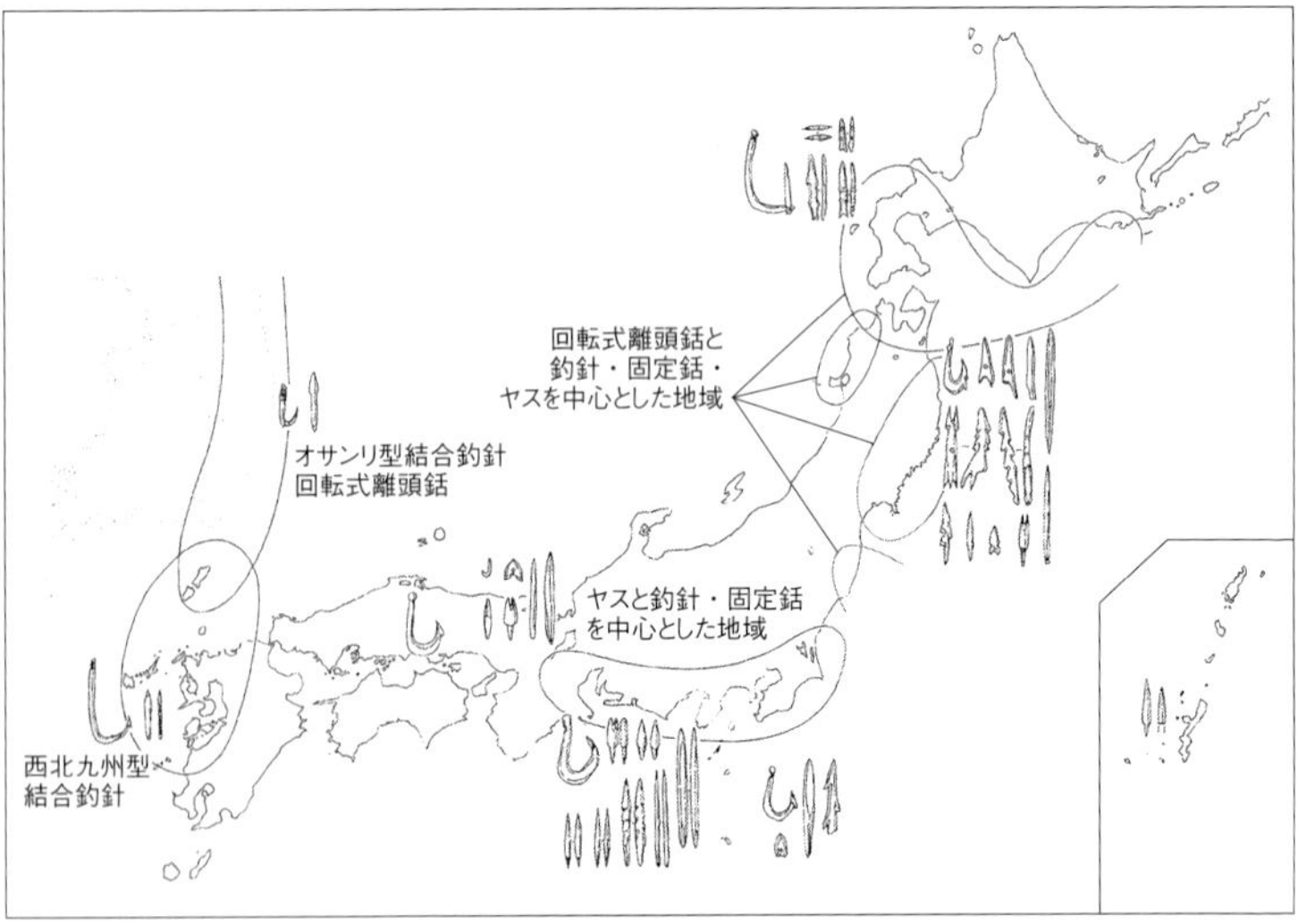


図3–9② 後・晩期の漁具の地域性（日本第四紀学会編 1992 を基に作成）

の膨大な量の貝殻を廃棄してうずたかく積んでいた。干し貝作りの廃棄物、両種の貝殻が交互に捨てられ、五～六メートルの高さで、距離にして一キロ以上も積み上げられて繋がっていた。中里貝塚は、浜辺で行われた干し貝加工と廃棄の場であった。

しかし、東京湾東岸や霞ヶ浦周辺は釣針や銛などの漁具は多くなく、土器片に糸掛けを作った網の錘（土器片錘《どきへんすい》）が目立つくらいである。出土する魚類もイワシ類が多く、続いてサヨリ、アジ、サバ、ウナギが一五～二〇％を占め、スズキ、クロダイ、コチザメが各五％ほどとなっている（阿部二〇一七）。これらは、現在のこの地域の魚種、漁獲の割合に類似する。ただし、今でも豊富にとっているイワシやアジ、サバなども出土量はいたって少なく、貝殻ばかりが多い。関東の貝塚が貧乏貝塚といわれるゆえんである。なお東海から九州の貝塚も関東の状況に似ている。

なお、漁労文化圏は、海の生態や海況に規定され、あるいは沿岸伝いの漁労文化の伝播などによって形成されたらしい。土器や祭祀具・葬制などから見えてくる精神文化を共有した文化圏とは、明らかに異なっている。石器・木器など機能性と素材に規定される要素の強い道具の分布圏も、文化圏とは一致しない。

つまり漁労文化は、海浜・海況の類似性と海伝いの文化系統によって形成されたのであろう。また、北海道以北から南下する漁労文化の影響、津軽海峡周辺からの半島や遼東半島・渤海湾などとの海の交流もうかがえる。

## 六　縄文時代貝塚の特色と重要性

縄文時代の遺跡というと貝塚をイメージするという。確かに古墳と同様に塚（小山）になっていて埋まり切っていないことが多く、土の中に白い貝殻が目立って散らばっているので、地上・地表面で分かりやすい遺跡でもある。沖縄県を除き日本の国土のほとんどは、物を腐らせる酸性土壌であるが貝塚は貝殻などのカルシュウム分などによって骨が腐らずに残っている。したがって貝塚に残っている埋葬人骨、動物質素材の道具類、食べかすなどは、考古学研究には欠かせない重要な資料である。

全国で約二三〇〇の貝塚が残っている。そこから出土する人骨は、各地の祖先の姿形や葬送を教えてくれる。骨角器・食べかすなどは海や湖沼での生業・食生活、また送り儀礼の実相を今日に伝えていることとも多い。これらの重要性から北海道から鹿児島本土までの代表的な縄文時代の貝塚のうち、二〇一八年二月現在五九か所が国の史跡として指定されている。永久保存されると共に、公園整備されガイダンスなども設けられて活用されている所も多い。

近年の貝塚研究、特に新しい実証的方法によって、これまでサンプリングエラーしていた小形魚などの実態が明らかになった。このような魚介類と漁具との対応、一方で囲い込み漁の施設の発見などよって、縄文時代の漁労の実態が明らかになっている。また縄文里山の存在とその実相が次第に明らかになるに連れて、全国各地の沿岸、特に内湾、そしてたぶん里から内湾の里海・漁場を育成管理していた様子もわかり始めた。

近代まで共同作業で磯浜を掃除し、石や貝殻を撒くなどして藻場を育てていた民俗例と同様、魚介類の生簀のような内湾で、そこに生息する小型魚や回遊魚を干満差も利用して囲い込んでいたと復元できる。これまでは発掘現場で取りあげた漁具によって推定されてきたマグロやカツオ、クロダイ・マダイ・スズキ・海獣などの釣りや突く漁は、縄文漁労の主体ではなかったようだ。

そして各地の魚介類の種類と量は、当然ながら主に緯度と海流、海の鹹水度、海の底質によって多様性があり、それらに対応した漁労文化にも地域差が認められる。各地域の海に、適応する技法・漁具が工夫されて漁労文化を発達させた。特に魚介類の豊かさを背景にした三陸海岸の漁労文化は、世界に誇れる文化である。

また第六章でも述べるが、縄文時代の貝塚は、集落周辺に場所を決めて、水産物食糧残滓などを神に送り続けたために、積み重なって塚を形成しているという特徴がある。人やイヌの遺体も埋葬し、各種の送り儀礼の痕跡も認められる貝塚である。このような貝塚は中国北部からロシアの沿海地方、サハリンなどの東北アジアのアミニズム文化圏に続いている。日本列島は、この文化圏の南端にあたり、九州までは葬送・送りを伴う貝塚が認められる。

一方、世界には九五か所ほどの貝塚密集地域が知られるが、そのほとんどが浜辺で行われた干し貝作りの貝加工場の貝殻を廃棄した山である（図3-10）。世界の貝塚は、沖縄など南西諸島を含め、

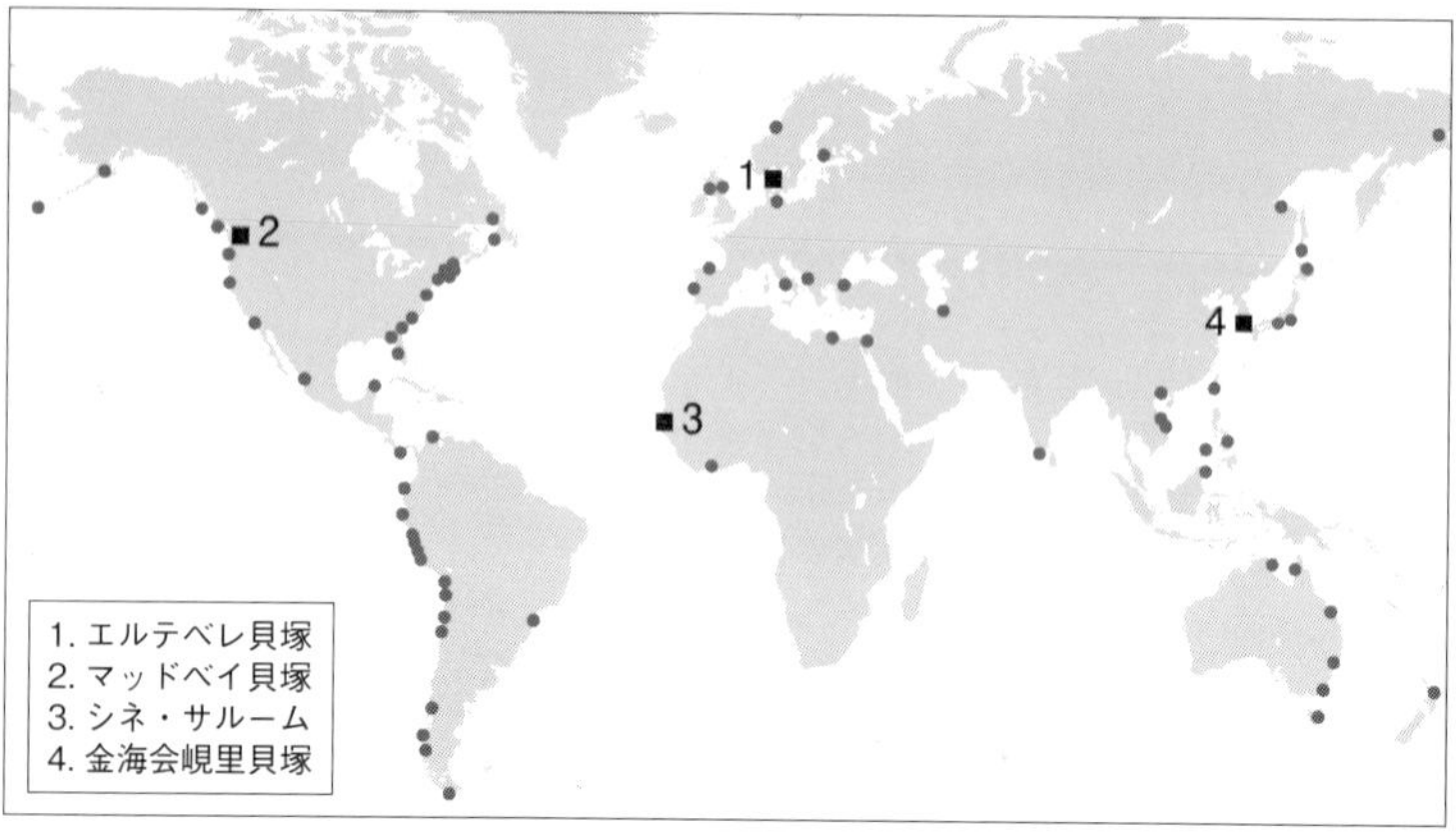


図3–10① 世界の貝塚の集中域（松井 2011）

図3–10② セネガルの干し貝作り（現代）
（松井 2011）

浜辺で干し貝加工などのために貝剝きした貝殻を膨大に廃棄した場所である。貝塚の特徴・生成過程が大きく異なっていた。

今日の流通と冷凍技術などの進化によって、地域や季節による旬の味覚は薄らいできた。また乱獲や環境の悪化によって漁獲量は減少の一途をたどり、補完する輸入水産物は三〇％を超えた。一方で流通に乗らない魚種が増え、多様な魚介類のうま味、調理法も忘れられようとしている。すでに水産国日本と誇れない状況になり、沿岸漁はますます拡大化する養殖業が頼りになっている。

立ち返って地域の豊かさを再確認し、その地域だからこそ続いた豊かさを護り、未来に漁労文化を伝えていかなければならない。

**参考文献**


青森県教育庁文化財保護課編　二〇一七『三内丸山遺跡44　総括報告書　第1分冊』
阿部きよ子　二〇一七「霞ヶ浦周辺貝塚の動物遺体」『考古学ジャーナル』六九四、ニュー・サイエンス社
網野善彦　一九九七「考古学と文献史学―栗と漆をめぐって―」『帝京大学山梨文化財研究所研究報告』8
岩城正夫　一九七七『原始時代の火―復元しながら推理する―』新生出版
大島直行　一九九六「北海道の古人骨における齲歯頻度の時代的推移」『人類学雑誌104-5』
尾形一男・笠原信男・岡村道雄　二〇一四「宮戸島の歴史、民俗文化に関する調査」『奥松島』宮戸・野蒜地域の文化遺産の再生・活用検討事業報告書Ⅰ　奥松島縄文村歴史資料館

岡村道雄　一九九四『朝日百科　日本の歴史1　縄文物語―海辺のムラから―』朝日新聞社
岡村道雄　二〇一〇『ものが語る歴史20　縄文の漆』同成社
おかむらみちお　二〇一六「日本の火にまつわる考古学」『ものが語る歴史34　火と縄文人』同成社
笠原信男　二〇一六「イロリと火の民俗学」『人と縄文人』同成社
熊谷常正　二〇一七「東北地方における縄文時代の動物遺体」『考古学ジャーナル』六九四、ニューサイエンス社
小林正史　二〇〇七「スス・コゲからみた炊飯用鍋とオカズ用鍋の識別―カリンガ土器の使用痕分析―」『国立歴史民俗学博物館研究報告137』
斎藤慶吏　二〇〇七「円筒土器文化圏における食料獲得活動の地域性」須藤隆先生退官記念論集刊行会編『考古学談叢』
菅原弘樹　二〇一四「遺跡からわかる過去の災害―里浜貝塚と室浜貝塚の発掘調査の成果―」『平成25年奥松島縄文村シンポジュウム記録集』
東北歴史資料館　一九八二『里浜貝塚Ⅰ―宮城県鳴瀬町宮戸島里浜貝塚西畑地点の調査・研究Ⅰ―』
東北歴史資料館　一九八三『里浜貝塚Ⅱ―宮城県鳴瀬町宮戸島里浜貝塚西畑地点の調査・研究Ⅱ―』
東北歴史資料館　一九八六・一九八七『里浜貝塚Ⅴ・Ⅵ―宮城県鳴瀬町宮戸島里浜貝塚西畑地点の調査・研究Ⅴ・Ⅵ―』
百々幸雄　一九八一「宮戸島里浜貝塚出土の縄文時代人頭蓋について」『人類学雑誌八九』
日本第四紀学会編　一九九二『図解・日本の人類遺跡』東京大学出版会
はまおかのりこ　一九八八『アイヌ料理入門』
樋泉岳二　二〇一三「動物資源利用からみた縄文後期における東京湾東岸の地域社会」『動物考古学30』

東松島市教育委員会　二〇一〇『里浜貝塚―宮城県東松島市里浜貝塚寺下囲地点の調査概報』
文化庁記念物課　二〇一七『埋蔵文化財関係統計資料』
北海道埋蔵文化財センター　一九九四『遺跡が語る北海道の歴史』
松井章　二〇一〇「日本の貝塚・世界の貝塚」『シンポジウムとやまの貝塚　資料集』富山県埋蔵文化財センター
宮城県教育委員会　一九八六a『若柳町柴の脇遺跡　鳴瀬町里浜貝塚等』
宮城県教育委員会　一九八六b『田柄貝塚』
山田凜太郎　二〇一七「宮城県里浜貝塚における縄文時代後晩期の動物利用」『東北大学総合学術博物館紀要16』
吉川昌伸　二〇〇七「里浜貝塚の植生史と生業」『平成19年度宮城県考古学会研究発表資料』
吉田明弘　二〇一四「宮戸島№9コアの花粉組成から見た完新世の植生変遷と自然災害イベントとの対応性」『宮戸・野蒜地域の文化遺産の再生・活用検討事業報告書　奥松島Ⅰ』奥松島縄文村歴史資料館

# 第四章　内陸の里山文化

## ――発達した植物利用とサケ漁

## 一　縄文時代にも里山があった

湖沼や谷間《たにあい》、低い平野に堆積した湿った地層（低湿地堆積物）には、周辺の木々や草・シダから落ちた種実《しゅじつ》や花粉・胞子、そして周囲の山林から風に運ばれて飛んできた花粉も含まれ保存されている。草木や種実を大型植物遺体と呼ぶが、花粉などと共に、これらによって周辺の昔の環境、特に植生とか植物生態系などと言われる自然環境が復元されてきた。

ところで戦前、さいたま市の真福寺《しんぷくじ》貝塚や八戸市の是川《これかわ》遺跡などの低湿地堆積層（かつては泥炭層と呼ばれることが多かった）が発掘され、美術工芸的にも優れた土器や、通常は遺跡には保存されない木製品・漆製品などが発見された。合わせて木の実などの大型植物遺体が厚い層をなして発見された。つまり、遺跡周辺の植生環境、植物利用の実相が明らかになり、大いに注目された。

しかし、漆製品などが余りにも工芸・美術的に高度であったため、東北の縄文文化は鎌倉時代まで残っていたと誤解され、前衛的過ぎて受け入れられなかった。また、植物遺体や時期を理解・分析する科学も未熟であったため、低湿地遺跡や植物利用の研究は、なかなか発展しなかった。

一方の貝塚で、出土する動物質の食べカスや骨角器などの道具、埋葬人骨などの研究が進んだのに対して、特に日本人が高い割合で利用した植物についての考古学は、なかなか進展しなかった。

ところが河川改修で破壊されることとなった福井県若狭町鳥浜《とりはま》貝塚が、一九七五年ごろから本格的に緊急発掘され始め、にわかにめざましい成果を世に発信し始めた。丘の上に営まれた集落の縁から降りた低湿地にも、貝塚や植物質遺物の捨て場や水場が形成され、植物遺体も良好に保存されていたことが判明した。この発掘は、埋蔵文化財行政としても低湿地遺跡を記録保存発掘調査の対象とした始まりであった。鳥浜貝塚は、「縄・ヒョウタン・ウンチまで」発見される「地下の縄文正倉院」とも言われ、教科書の縄文時代の項に掲載された代表的遺跡となった。

一九八五年になると関東でも、さいたま市寿能《じゅのう》遺跡を皮切りに次々に植物質遺物が多く出る低湿地遺跡が行政発掘調査された。水場で水溜《みずため》や木組み・石敷きの足場、木道などの施設、丸木舟、木製の道具などが発見され、未知の世界が次々に明らかになっていった。

これら調査には必然的に植物学、堆積学などの自然科学者の助力が必要になった。遺跡から出る花粉、珪藻《けいそう》、木材、種実などの研究者は、次第に連携して研究を進めるようになり、主体的に「考古植物学」を推進して日本人の植物利用の歴史を解明するようになった。

今世紀に入って出土植物資料の同定（種・属などの判定）の精度が上がり、水場の施設の木材、廃棄された食べカス、流入した自然木や種実などが正確に調査され、周辺の植生（里山植物の復元）、木製品・ザル・カゴ類、繊維製品や食・薬としての利用、野生種の栽培化、帰化栽培植物などの実態が急速に明らかになり、近年、「考古植物学」は縄文文化研究の花形となっている。

ここでは主に低湿地遺跡の調査によって明らかになった研究成果について、まず史跡における復元研究事例を紹介し、里山に含まれるクリやウルシ林の育成管理、野生植物の利用、水場の利用、野

## コラム③　低湿地遺跡の重要性

低湿地遺跡は、水位の高い、低い土地（低湿地）に残された人の活動・作業の痕跡が、冷たい水や土の堆積によって保存された遺跡である。

低地に水を確保するための木組みや石組みの水溜とそこへの導水・排水溝、さらに水溜周辺に筏組《いかだぐみ》や石敷きの足場・作業場を設け、それらに至る階段や木（転ばし根太《ねだ》状）や石敷きの道などが残されていた。これらを総称して水場遺構あるいは水辺遺構と呼ぶ。そしてこれらの近くに水位を利用したドングリの虫殺しや短期貯蔵用の土坑群が、新潟から東海以西の西日本に多く見つかっている。また関東・南東北ではクルミが多量に入れられた土坑も、しばしば発見されている。

これら集落近くの水辺遺構周辺は、捨て場・送り場となることが多い。水に護られて木材や木製道具、漆製品、編み物製品、クリ・トチノミ・クルミなど木の実や種などが良く残る。さらに密閉・保存状況が良いと、人や動物の骨、骨角貝製品、魚や鳥獣の食べかすまでが良く残る。つまり動植物質の道具や生業・食生活までの全体像がほぼ明らかになる。昆虫や木の枝や葉、花粉・胞子なども残っているので、周辺の里山環境、クリやウルシ林、栽培植物などについても教えてくれる。また集落近くの小川や湖沼岸には、魞《えり》・簗《やな》などの魚とり施設や筌《うけ》なども仕掛けられた。

一方、湖沼や河川、海岸などの水辺に丸木舟や櫂が残された低湿地遺跡が、琵琶湖東岸、山陰から北陸の沿岸部、埼玉の見沼や東京湾奥、千葉の房総海岸や河川沿いなどに、全国で合計百七十艘ほど発見されている。なお、低湿地には津波堆積物、テフラや噴砂・液状化などが残り、災害などについての情報も得られる。

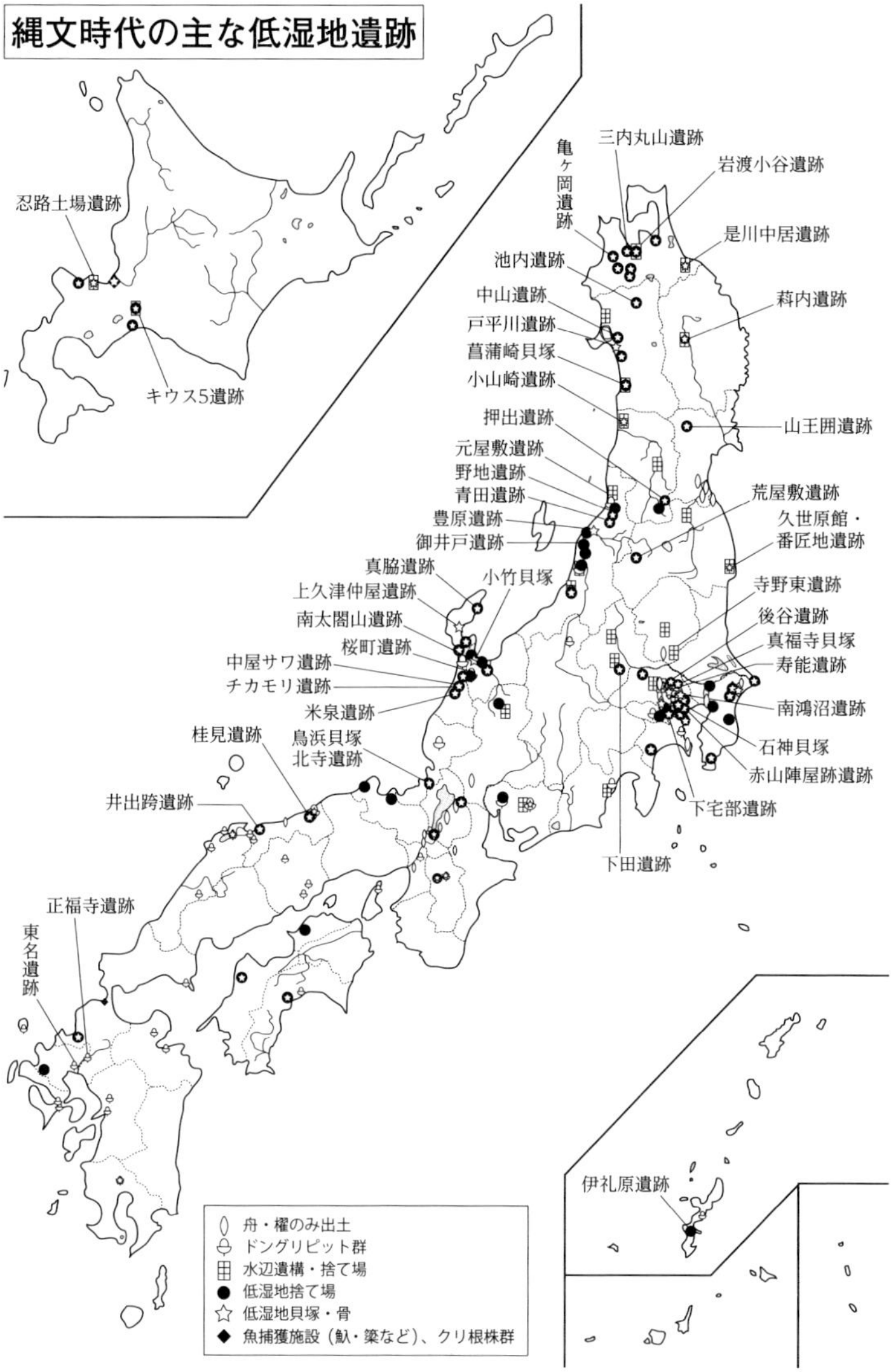
縄文時代の主な低湿地遺跡
忍路土場遺跡
キウス5遺跡
三内丸山遺跡
亀ヶ岡遺跡
岩渡小谷遺跡
是川中居遺跡
池内遺跡
中山遺跡
戸平川遺跡
菖蒲崎貝塚
小山崎遺跡
萪内遺跡
押出遺跡
山王囲遺跡
元屋敷遺跡
野地遺跡
青田遺跡
荒屋敷遺跡
豊原遺跡
御井戸遺跡
久世原館・
番匠地遺跡
真脇遺跡
小竹貝塚
上久津仲屋遺跡
寺野東遺跡
南太閤山遺跡
後谷遺跡
桜町遺跡
真福寺貝塚
中屋サワ遺跡
寿能遺跡
チカモリ遺跡
南鴻沼遺跡
米泉遺跡
桂見遺跡
鳥浜貝塚
北寺遺跡
石神貝塚
赤山陣屋跡遺跡
井出跨遺跡
下宅部遺跡
下田遺跡
正福寺遺跡
東名遺跡
伊礼原遺跡
舟・櫂のみ出土
ドングリピット群
水辺遺構・捨て場
低湿地捨て場
低湿地貝塚・骨
魚捕獲施設（魞・簗など）、クリ根株群

生植物の栽培化、帰化栽培植物などについて紹介しよう。

## 二　青森県是川中居遺跡の里山

是川中居《これかわなかい》集落は、竪穴や掘立柱建物などからなる居住域と、その西側に墓地そして東側には配石もされた祭祀遺物も多く出る低い盛土遺構・送り場がある。その集落跡の北側には、やや深い長田沢があり、そして南側は南の沢に囲まれている。南の沢は、西へ四百メートルほど山側に登った所に水源がある。そこから伏流した流れは、集落の南に当たる場所に水場を形成していた（八戸市教育委員会　二〇一二）。そこはかつて地元の泉山《いずみやま》兄弟（岩次郎と斐次郎《あやじろう》）が発掘した「特殊泥炭層（低湿地捨て場）」でもある。今日では重要文化財となっている数々の優品が出土した場所である。近年の発掘調査によって、板を立ててコの字に組んだ水溜やそこに降りる階段も発見されている。

是川中居集落の南と北の沢には、土器や石器などの道具類やその加工途上のもの、自然木や種実、割られたクルミ殻や剝《む》かれたクリやトチノミの殻などが、おびただしい量で捨てられていた。道具関係の遺物を除いた植物質遺物を植物遺体というが、これらの分析によって後述するような様々なことが明らかになってきた。是川遺跡でも早くから研究チームが組織され、総合的に里山の様相や植物利用の実態が明らかになっている。

まずクリは、住居域と墓地の東と西側一帯に広がっていたことが判明した。クリは虫が花粉を運ぶ虫媒花《ちゅうばいか》であり、花粉は木の周辺に落ちる。従って遺跡にクリ花粉が高い率で集中している範囲は、かつてそこにクリ林があったことを示している（吉川　二〇一一）。是川縄文人は、ナラやブナなどを伐採し、クリ林を育てて管理して利用していた実態が明らかになった。

さらに集落北側の長田沢の両岸と、南の沢の西側に沿って、水辺を好むトチノキやオニグルミが生えていたと推定されている。またいずれの沢からもニワトコの実が多く検出されているので、ニワトコが水辺の灌木《かんぼく》として生《は》えていたようだ。ほかに、自然木、種子、花粉の分析結果では、多用されたクリの他にクリの約二〇％のヤマグワやニレ属が続き、カエデ属、ケヤキ属、コナラ亜属（コナラ、ミズナラなど）が混じる林が広がっていた（鈴木ほか　二〇〇二）。

また集落西側のクリ林の西には多くのゴボウ近似種の種子、縄文大豆やヒエ、エゴマやシソ、ヤマグワも発見されており、畑が存在していたと推定されている。その南東、南の沢の南側には、アサ畑があったという。

また長田沢の西側上流には、ウルシ花粉が高率に発見され、ウルシ林の存在が推定されている（図4-1）。ただし、ウルシ材や内果皮《ないかひ》、花粉の量や、漆製品や漆工関係道具（貯蔵土器、濾《こ》し布《ぬの》）などは、それほど多くなく、生業全体での漆工のウエイトは低かったようだ。

この里山にはクリが圧倒的に多い。クリは実だけではなく、建築材などとして多用された東日本の縄文時代の一般的特徴であった。加工された木材の約半数はクリで、オニグルミ、トチノキが続く。これらの実は東日本の縄文時代の主要な木の実であった。後晩期になるとアク抜き技術が進ん

図4–1　是川遺跡の景観復元図（吉川・吉川 2016）

だため、トチノキの実が量的に多くなった。また木製品は、用途に応じて樹種が選定されていた。容器類にはトチノキ、弓にはマユミと考えられるニシキギ属、漆塗りの腕輪にはトチノキやマタタビ属、櫛はムラサキシキブ、ヘラ状木製品（琴）にはスギが素材として多く選ばれていた（鈴木ほか 前掲）。木の性質を熟知して各器種の使い勝手に適した、樹種の選択が行われていた。縄文時代に適材選択の基礎が整い、今日まで続いている伝統も多くみられる。

なお、今日的な植物利用の民俗例を遡って考えると山菜、キノコの利用や、薬としての利用も想定できる。もちろんクルミ・トチノミ・クリの実は割られたり、つぶされて破片となっており、加工・処理や食べ方も復元できそうだ。

また里山にはシカやイノシシ、ウサギなどの獣やキジやカモ類などの鳥、食用や薬となる昆虫もたくさんいたと思われる。一九一九年の農商務省の調査によれば青森県では蜂の子、カミキリムシ、タガメ、ゲンゴロウなどを食べていたと報告されている（三宅 一九一九）。当然、縄文時代以来もこれらを食べていたと推定される。また時代は遡るが前期半ばの是川一王寺《いちおうじ》貝塚からは、サケ・マスの骨が、かなり出土している。また中居遺跡からはサケ捕獲用と推定される長い柄の木製の組合せヤスも出ている（図4-2下）。東側を流れる新井田川の狭窄部で秋に産卵に遡ってきたサケを、大量にとっていたのだろう（図4-2上）。

サケ漁の復元図：ムラの脇を流れる新井田川がせばまる場所に、木柵を並べてヤナをしつらえ、サケを追い込み、ヤスで捕獲した。サケは木の棚などで干して保存した。（イラスト：早川和子）

ヤス軸柄の出土状況（青森県是川中居遺跡）

ヤス復元図

ヤス軸柄
ムラサキシキブ属製

魚叩き棒
トリネコ属製

図4–2　サケ漁の復元図と組み合わせヤス・魚叩き棒（図・写真：是川縄文館 2014）

## 三　縄文時代で最も重要な里山——育成管理と利用

### 1　縄文時代の里山とは

森を伐採し、時には掘削盛土して土地を平坦化して集落を設営し、周辺の水場には水溜などの諸施設も作った。また集落の近傍には、クリやウルシ林を育てて人工的な森を作った。このような人為生態系を里山《さとやま》と呼ぶ。里山では、そこに生育する植物だけでなく鳥獣や昆虫なども含めて、食べ物、薬、建築材や道具の材料（資材）、柴草や薪など生活に必要なもののほとんどを得ていた。

また里山では、巡ってくる季節や一年、あるいは数十年先を見通した利用が、計画的・持続的に行われた。また、自然と調和しながら生きる精神文化（哲学、祭り、信仰など）を今日まで発展させ、日本の生活文化の基礎を築いてきた。

### 2　里山の育成維持管理と利用

#### ①食料・薬などの採取

東日本では定住が安定し始めた早期後半から前期には、クリやウルシ林を育て、クルミやナラ類などが混じる里山が広がっていた。特に中日本（関東甲信越・南東北）ではナラガシワやシイ類、北東北ではナラ類（北東北で「しだみ」と総称するミズナラ・コナラ）、ハシバミ・カヤの実も混じる林が茂っていた。またアク抜き技術が発達した中期末葉からは、トチノキの実の利用が優勢になった。低湿地に堆積した土壌を水洗するとブドウ属、キイチゴ属、サルナシ、サンショウ、マタタビ、クワ属、ニワトコ属、キハダ、クマヤナギ、サクラ属などの小さな実や種がたくさん見つかる。水辺に生えたニワトコは房状になったたくさんの実が、落下して混じった可能性もある。これらには、現在でも食べる実が多く含まれ、大量の食べ殻が廃棄層を形成したとみられる。

またユリ科ネギ属の鱗茎《りんけい》（タマネギのたまの部分に相当）が、北海道から九州までと、韓国でも見つかっている。本州から北海道までの約四〇遺跡からは、土器内面に焦げ付いた状態で発見されている。一方、南九州では草創期・早期の炉穴中からしばしば炭化した鱗茎がまとまって見つかっている。炭化したこの種の鱗茎は、弥生・古墳・古代まで出土例が継続する。前述したように、その一種ノビルは、『万葉集』に詠われ、地名にも多く残る。縄文時代から今日まで日本人が最も利用した野草の一つだったと思われる。

他には富山県小矢部市の中期桜町《さくらまち》遺跡のコゴミ、京都府網野町の前期・松ヶ崎遺跡からはヤマノイモのムカゴの出土例が知られる。また、検出例はないが現代まで多用されてきたワラビ・ゼンマイ・ミズ（ウワバミソウ）、シドケ（モミジガサ）、タラノメ、多種のキノコも、当然里山に育ち、たくさん食べられていたに違いない。今日の岩手県一戸町《いちのへまち》の民俗データでは、キノコを除いて一三五種の食用・薬用植物があり、その利用部分と季節が報告されている（御所野縄文博物館　二〇一〇）。同様に宮城県仙台市の名取川流域では、山菜が一四五種、果実や木の実が三六種、キノコが一二〇種以上の自然食材が挙げられている（太田　二〇一〇）。アイヌは、約三五〇種の植物を利用していたという。縄文以来の植物利用は多様であり、大きなウエイトを占めていたことが想定できる。

なお、東北日本にはキノコ形土製品が後期を中心に発見され、祭祀具の一種と考えられている。キノコの形態は、シイタケ、シメジ、アミタケ、ハツタケなど、今でも主要な食用キノコの形をしている。古代にもキノコ形土製品が見られ、今日に伝わるキノコ食が続いていたと想定される。またネマガリタケなどの山竹の子も今のところ証拠はないが、当然食べていたであろう。

森には多くの鳥獣類、昆虫もやってきた。海辺の貝塚でも多くのシカやイノシシ、キジ・カモ類などの骨も発見され、内陸でも焼かれたために残った骨の多くは、シカやイノシシである。焼かれた骨は、氷山の一角と考えられ、内陸ではより多くの哺乳類の利用が予想される。

### ② 建材、資材などの調達

定住が安定し始めた早期半ばから前期になると、クリ林の根株群（クリ林の跡）が、北陸、東海、近畿で発見されている（橿原市教育委員会　二〇一二）。クリ花粉の集中、実の大型化が見られ、クリ林が育成管理されていたことが明らかである（図4－3）。

クリは水に強く固いこともあって柱や垂木《たるき》などの建築材、関東では丸木舟の素材にもなった。遺跡出土の炭や炭化木材も、分析すると多くがクリ材であることが分かる。なお、ウルシ材も水に強く軽いので、湿った土地の柱材や水辺の杭などに用いられた。古代以降は網の浮きに、そして民俗的には井戸のつるべ、鉄道の枕木にも使われていたことが知られる。

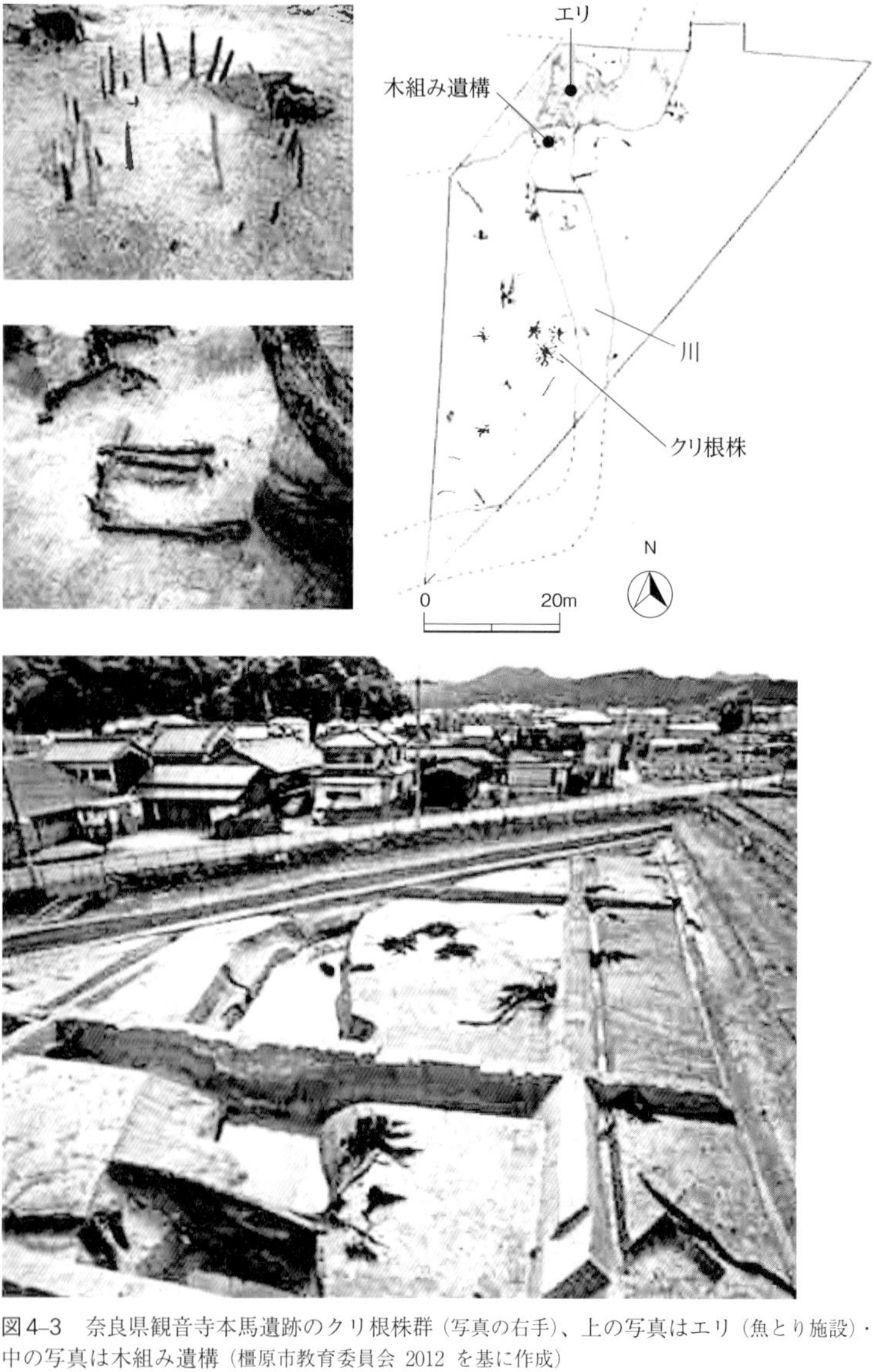


図4–3　奈良県観音寺本馬遺跡のクリ根株群（写真の右手）、上の写真はエリ（魚とり施設）・中の写真は木組み遺構（橿原市教育委員会 2012 を基に作成）

またワラビ、カラムシ、コウゾ・ミツマタ・シナノキなどの繊維は、縄紐や編布《あんぎん》（縄文の布）の素材になった。植物染料も現在までの民俗例に残るように、クルミの鬼皮を使った褐色、キハダの樹皮を使った黄色、ヨモギの茎葉からは緑や褐色などの染料が考えられるが、実証は難しい。なお、染料の定着には、灰が必要であり、またアク抜きでも欠かせない。木材利用のサイクルを明らかにする上でも、灰の追究は今後の課題である。

さらにササ類（ネザサ節、スズタケ）、アケビなどの蔓でザル・カゴなどの編組製品が作られた。

③ 焚き木（主要エネルギー）

忘れがちで最も重要なのは、エネルギー源とした焚き付けや薪を、里山から調達したと考えられることである。枝払いされた木、木材加工の端材も、木の実の殻なども、燃やされたと推定できる。出土炭化材・炭の樹種同定からも、かねてよりクリが多用されていると指摘されてきた（千野　一九八三）。近年の分析でも燃料にクリが多用された傾向は変わらない（鈴木　二〇一六）。クリを使うなら、美味しい実だけを利用するのではなく、とことん隅々まで使い切ることをモットーにしていたようだ。

## 四　エゴマやマメ類などの栽培も行われた

クリやウルシが管理栽培されたことは前述したが、他にもエゴマ、ヒョウタン、アサ、ゴボウ近似種などの渡来・帰化植物と、マメ類、ヒエ属などの在来種を栽培化したものがあったらしい。なお、中世末に渡来したと言われていたカボチャに似た種子（カボチャ近似種）が、山形県遊佐町の小山崎《こやまざき》遺跡の前期と後期の地層から一点ずつではあるが発見された（遊佐町教育委員会　二〇一五）。

炭化して残ったエゴマ、マメ類は、関東甲信を中心に全国的に見つかっている。山梨県では一九八五年ごろから竪穴住居の床上土壌を水洗選別して、エゴマ、サルナシ、スベリヒエなどを抽出していた（長沢　一九九七）。近年は土器に着いたマメ類やエゴマの圧痕《あっこん》が観察分析され、それらの栽培の可能性も見えてきた。マメ類は野生種のツルマメが大きくなり「縄文ダイズ」と言われ、同じくヤブツルアズキが「縄文アズキ」と呼ばれ栽培化されていたと言われている（小畑　二〇一五、佐々木　二〇一六）。

エゴマも同地域に多く見られ、東北日本へ広がったと言われる（須田　二〇〇九）。そしてアサも早期から全国的に見られるようになり、秋田県の菖蒲崎《しょうぶざき》貝塚では、早期後葉の土器の内部に多量に焦げて付着していた。アサの利用法を具体的に知れる好例である。

今世紀に入って同定の精度の向上、新発見などによって、渡来種とその渡来時期、野生種の栽培などに関する常識が、次々と書きかえられている。今後の研究の進展が楽しみである。

なお、陽樹の多い里山では、落ち葉掻きや下枝刈りをして土壌の肥沃化を押さえ、草生えを制御して、萌芽更新や実生によって生育のサイクルを保ち、植生が遷移しないように維持・管理した。

## 五　水場の利用――木組み・石組みの水溜、石敷き作業場など

縄文時代の水の確保、水利用については長らく研究課題にはならず、その施設や実態についてはほとんど不明であった。一九八〇年ころから新発見が相次ぎ、また植物学、堆積学・年代学などの関連理化学との連携が急速に進み、今日まで共同研究が急速に進展している。

水場には、木組みや石組み、あるいは素掘りの貯水施設（図4―4）があり、護岸や足場、木道、丸木舟や舟着き場などが施設され、水利用の実態が明らかになりつつある。同時に水場は低湿地捨て場にもなっていた。そこに保存されていた動植物遺体から、野生動植物の利用や栽培植物、周辺の植生環境などの実態がにわかに明らかになっている（工藤／国立民俗学博物館編　二〇一三）。

水場の遺構群は、土や石なども含む骨材・木材・蔓などで施設が作られ、木製品の作り掛けや食べかす、自然の木や種実などが、腐らずに残っている場合も多い。ただし、製作過程で出てくるクズ、木っ端・木くずなどの薪・焚き付けになるようなものは、何故か出土しない。

また水場、特に木枠や石組み、砂利を敷くこともある素掘りの穴、つまり水溜から飲料・炊事用など水を得ていた。また水場では流水を利用してトチノキなど木の実のアク抜き・虫殺し、木製・樹皮や繊維製品の素材や半加工品の水漬け、洗濯もしたかもしれない。

山形県寒河江《さがえ》市の高瀬山《たかせやま》遺跡では、水に強いウルシの木材を筏に組んだ典型的な「トチノミのさ

らし場」が発見されている。同様な例は他にも秋田、千葉、栃木、岐阜などでも発見され、縄文中期末からトチノミの晒《さら》し技術が、東日本で発達した物証として語られてきた（渡辺　二〇〇三）。私もこの説を十分に吟味せずに受け入れてきた。しかし、その水場には枢要施設である前述したような水溜があり、その石敷きや筏組《いかだぐ》みは水溜の脇に設置された足場・作業場であったと論じられている（栗島　前掲）。

また水場には導水路、排水路、水場に至る軟弱地盤の沈下を防ぐための石敷き道や木道（丸木舟の転用も見られる）が、最近、神奈川・埼玉県などでも相次いで発見されている。また周囲には地下水位の高さを利用した低湿地型貯蔵穴が設置されている場合も多い。集落周辺に設置された水場とそこに設置された諸施設、人々の活動の痕跡を的確に発掘し、総合的に理解する必要があろう。

なお、水場に廃棄された加工後の木の実やその皮・殻、種実類、あるいは土器・石器などについても、そこで使われ、加工されたものと思い、水場の機能を示すと考えがちである。しかし、自然の植物遺体の流入、道具類の破損品・破片などが外から持ち込まれて廃棄された場合も、多かったことに注意しなければならない。

## 六　里山が育んだ縄文スピリット——自然との共生、循環・再生・持続の哲学

数百年から二千年にも及ぶ長期継続的な集落、そしてそこでの定住は、物流や精神文化に支えら

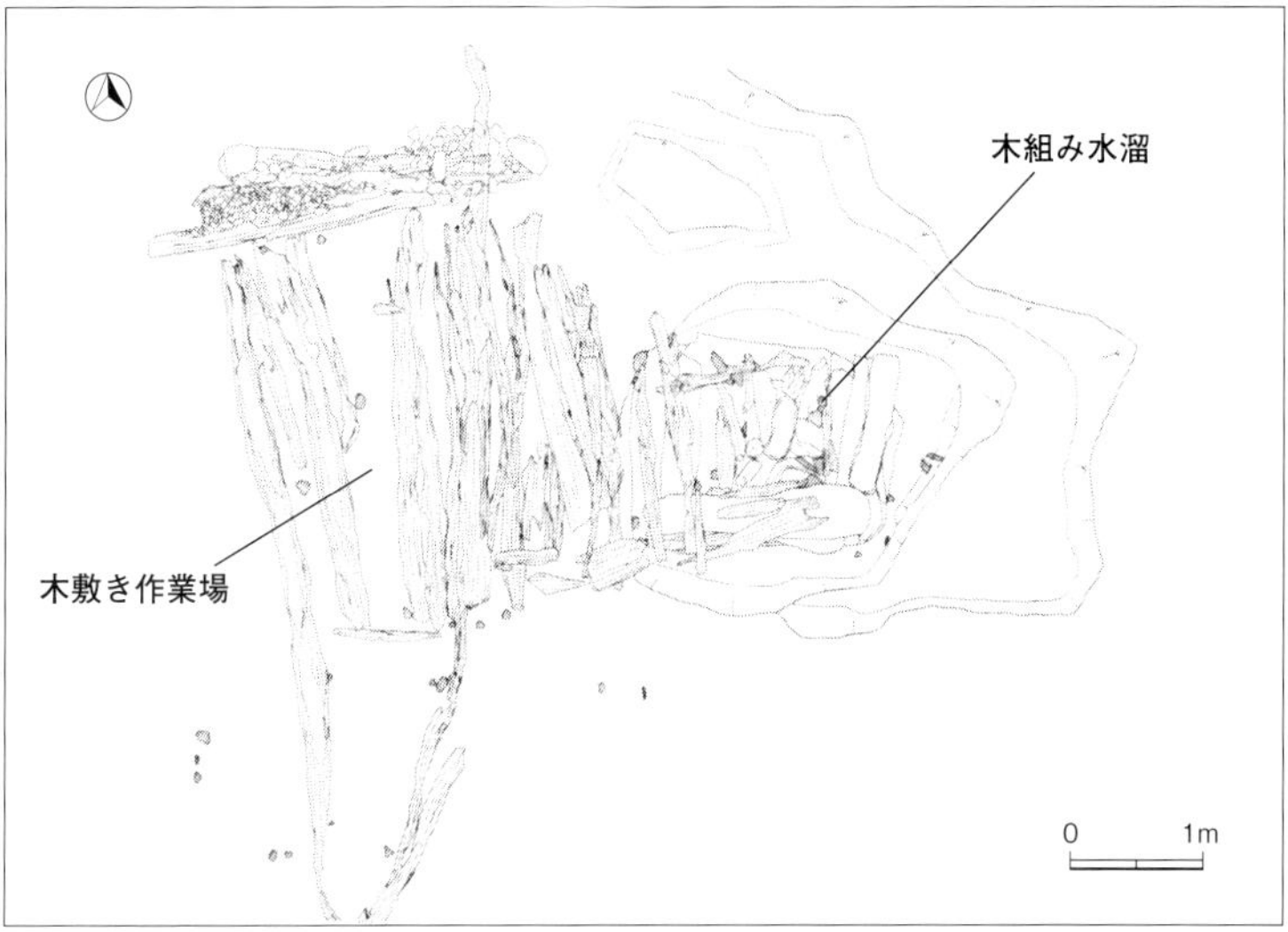


木組み遺構（寺野東遺跡）

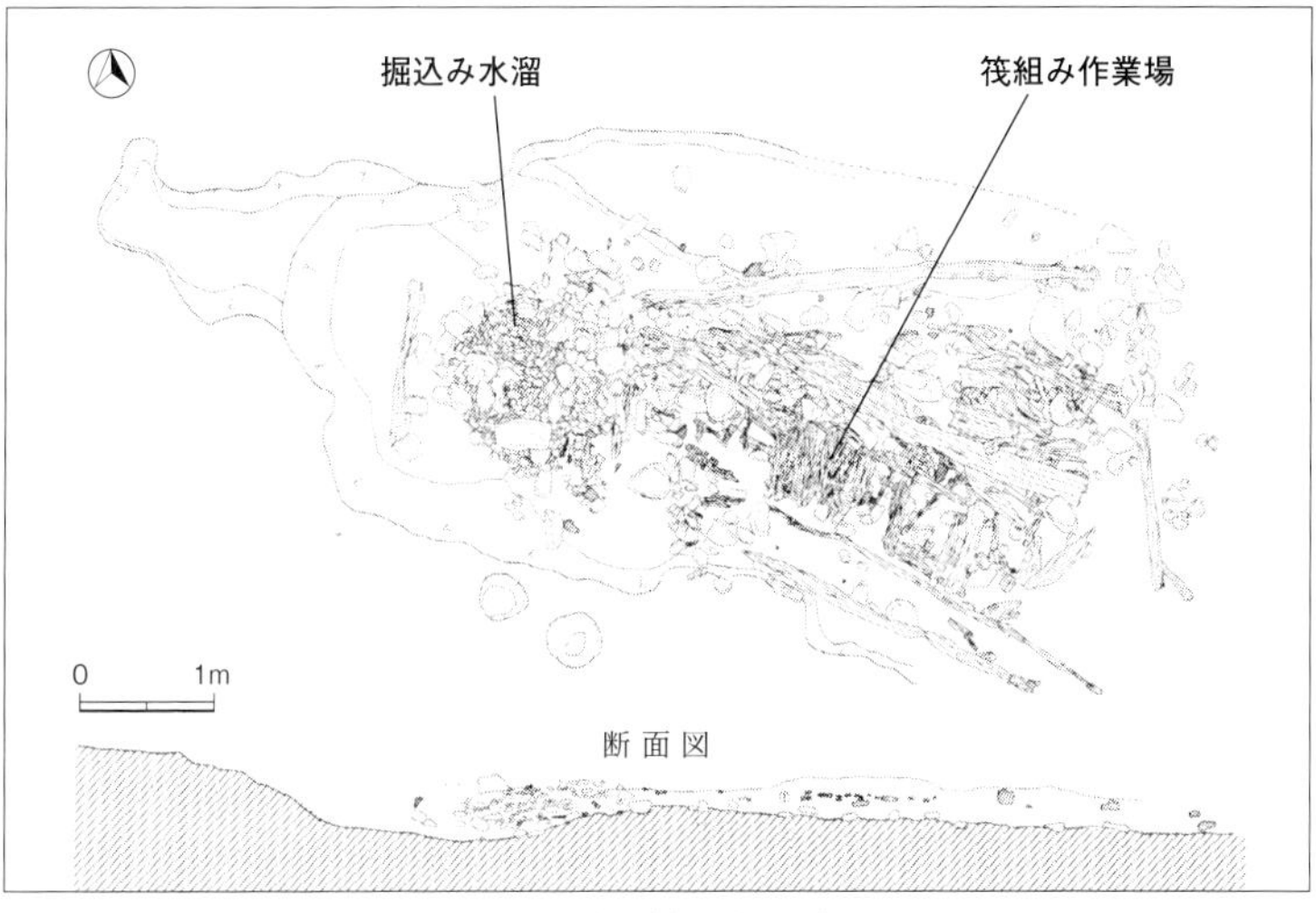


木組み遺構（寺野東遺跡）

図4–4　水溜・作業場などの水場施設（栗島 2011 を基に作成）

れてきた。循環・再生する自然の一員として自然と共に生きることによって、循環・再生の持続的な哲学と祭や祈りを発達させ、定住と共同体を支えてきた。

自然崇拝（山や岩・巨木、クマ、サケ、サメ・海ガメ、ワシ・タカ・フクロウなど）、祖霊崇拝・葬送と環状列石などの葬祭場、物送り（イヨマンテ）と送り場、狩猟儀礼（狩猟文土器、シカ・イノシシなど）、土偶・石棒などの祭祀具を発達させた。祭りは、人々・男女の出会い、相互理解、情報交換、余剰の再分配など、集団の絆を深める大切な行事であった。なお大規模拠点集落は、葬送・物送りなどの祭祀センターでもあった。人や自然を思いやる争いの少ない社会だった。

森羅万象、風土などあらゆるものに神が宿り、そして死して山に帰りまた再生すると信ずることによって、日常的だった死を昇華して救われた。特に東北日本に発達し、日本の精神文化のルーツとなった。『日本書紀』（神代下）に「葦原中国《あしはらのなかつくに》は、磐根《いわね》、木株《このもと》、草葉《くさのかきは》も、猶能く言語《ものい》ふ。」と記す。また中国の大乗仏教の『涅槃経《ねはんぎょう》』では「一切衆生《いっさいしゅじょう》　悉皆成仏《しっかいじょうぶつ》」（衆生とは心があると思われた動物昆虫まで）と書かれている。しかし、日本では「山川草木悉皆成仏《さんせんそうもくしっかいじょうぶつ》」などと空海、最澄、親鸞、良寛らが異口同音に唱えた。山川や草木まで、つまり森羅万象のすべてに八百万《やおよろず》の神が宿ると縄文時代以来、考えていたらしい。

縄文の精神文化は、祭りや祈りを発達させ、司祭するシャーマンを生み、一方で階層化した集団を統率した各種のリーダーも生んだ。副葬品や祭祀具を持つ埋葬者や、そのような人物を描いた土器や線刻礫が発見されている。

# 七　北の縄文文化を支えたサケ

## 1　サケの考古学

前述したように晩氷期の関東でも、まだ寒さが残った縄文草創期の約一万年前には、サケが遡上していた。その後、さらに温暖化して定住が安定した早期後葉からは、北陸から北海道南半までの東北日本の集落からサケが発見されるようになった。

具体例としては、海岸部の貝塚（青森8遺跡、岩手9遺跡、宮城10遺跡）から椎骨、内陸部の河川沿いの遺跡（青森8遺跡、岩手2遺跡、新潟14遺跡）の炉跡内や貯蔵穴、盛土遺構から焼け骨になって歯・椎骨が、発見されている（図4‐5）。

特に最近は、内陸の竪穴建物の炉跡に残った焼け土を水洗選別すると、それらが発見されるようになった（山崎　二〇一三）。炉に投げ入れられたため焼けて無機質になり、灰などアルカリ土に護られて良く残っていた。海では主な捕獲魚にはならなかったようで、海辺の貝塚からはあまり出土していない。内陸でも炉跡にわずかに残る程度である。そもそも余すところが少ないサケは、歯・骨として残るのは氷山の一角と考えられる。それらを考慮すると近年の発見例の増加は、かつては東北日本の主要な食料であったことを物語る。

東北日本の集落立地は川筋に沿って遺跡群を形成することが多い。サケ漁を主要としていたアイ

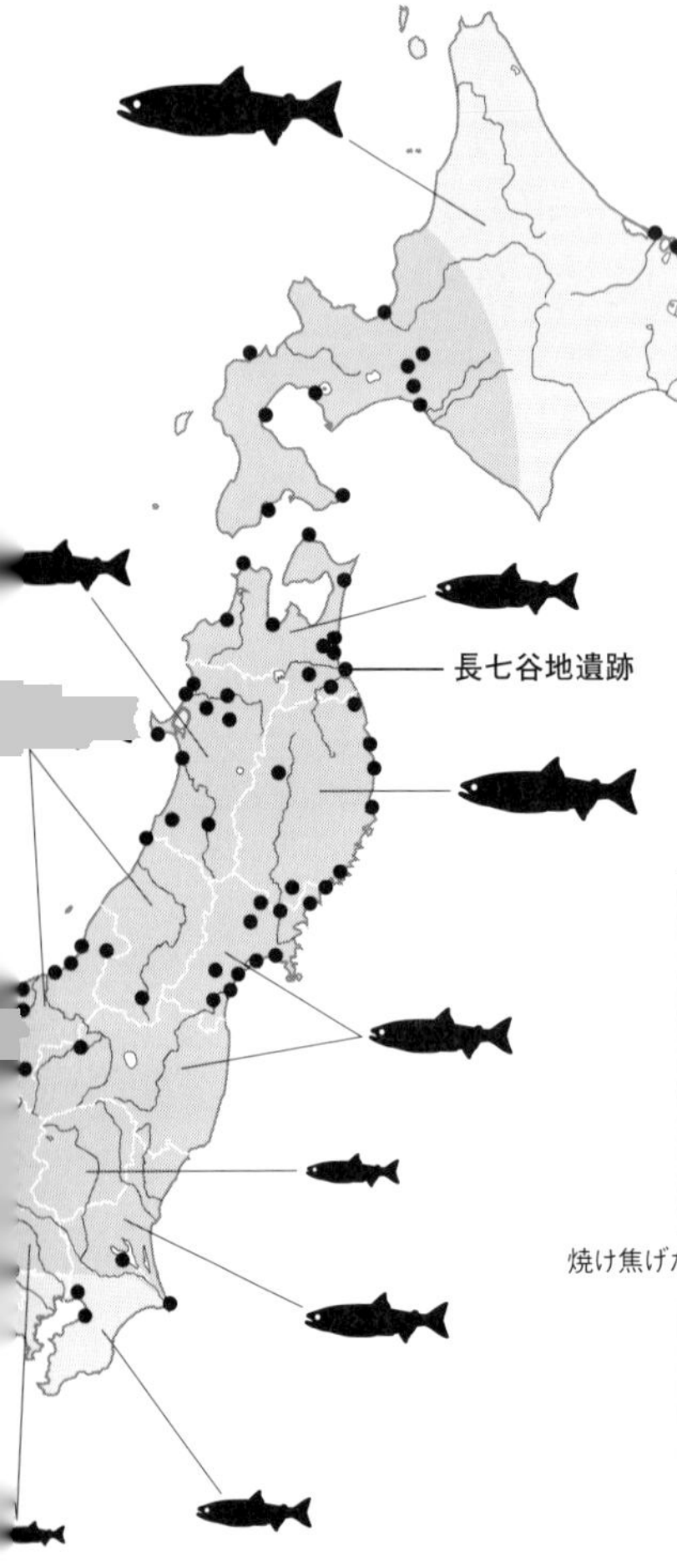

村上の干鮭の頭

焼け焦げたサケの背骨（八戸市 長七谷地遺跡）

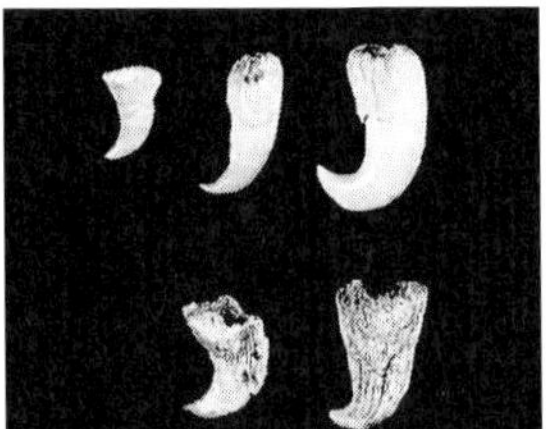

奈良時代のサケの焼けた歯（新潟市 的場遺跡）

（松井 1994）

井 1994、山崎 2013 などを元に作成）

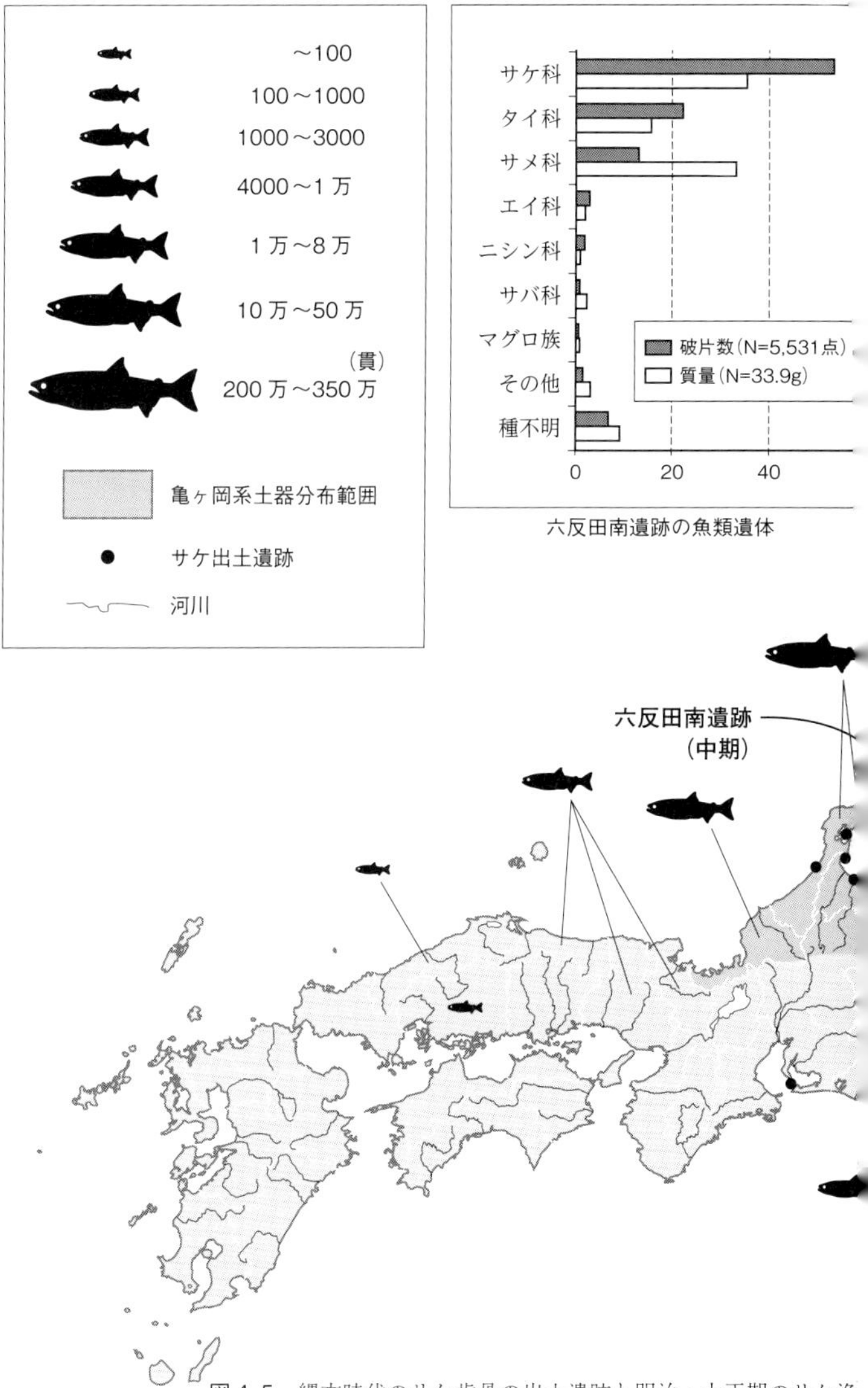


図4-5　縄文時代のサケ歯骨の出土遺跡と明治・大正期のサケ漁

ヌの集落（コタン）の、集落立地や分布とよく似ている。サケの産卵場所が捕獲所とされ、その近くに集落が営まれたのであろう。

富山県の小矢部川《おやべがわ》と子撫川《こなでがわ》の合流点の近くでは、明暦二年（一六五六）の富山藩小物成《こものなり》・鮭役（鮭の収穫税）に突出していた岡村があり、その約三キロの位置に桜町遺跡がある。居住には不向きな深い谷間《たにあい》に、中期以降しばしば木組みの水溜、貯蔵穴、掘立柱建物を残したこの遺跡は、水利用とサケなどの捕獲場だったと想定される。

岩手県の馬淵川《まべち》中流域には、川に沿って、そして特に礫床が発達した合流地点に、中期後葉以降遺跡群が形成されている。ここは現在でもシロザケが遡上・産卵する流域であり、縄文時代以来サケ漁が盛んだったことを窺わせる（第二章図２－４）。

## 2　サケの生態——分布、産卵、回遊と生息域

シロザケは、水清らかな河川上流の礫底に卵を産み落とす。卵は二か月ほどで孵化《ふか》して翌春まで上流にいるが、雪解け水と一緒に海に出て河口の浅瀬で一か月から三か月を過ごす。その後、外洋で、三〜四年ほど回遊した後に、約八割が生まれた川に群れをなして回帰する。十月に沿岸にいた四、五キロの大きさのものが、十一月過ぎまで短期に多量に川を遡上し、川の合流点、狭窄部などの礫床に産卵する。

日本列島では産卵時の水温が低い北海道から、日本海側は山陰、太平洋側は利根川まで分布する

（図4－5）。サクラマスは生後一年半ほどで海に出て、一年たった初夏に川を遡上して産卵する。

## 3　サケの利用・保存加工などの歴史

古代の奈良の都・平城京跡から出土する木簡や『延喜式《えんぎしき》』には、カツオに次いで生鮭、干鮭、楚割鮭《すわやりざけ》、氷頭《ひず》、背腸《せわた》（めふん）、鮭児《けいじ》、鮭子《すじこ》、鮭内子《こごもり》、鮭鮨《さけずし》など、サケ関係の文字が登場する。北ではアイヌが、寒冷下でサケや獣肉を凍らせたルイベを食べた。近年まで東北でもルイベが作られていたという。またサケは、脂分が少なく干しても長くうま味が保てるため、トバ（半身におろして皮付きのまま縦に細く切り、海水で洗って潮風に当てて干したもの）にして保存食料にしてきた。縄文時代以来、頭・骨・内臓まで余すところなく食べられ、多量に干したり塩蔵にして保存食料ともした貴重な食料であった。

また、アイヌなど北方民族は、サケの皮で長靴・衣服をこしらえてもいた。現在でも財布・名刺入れなどの皮細工にも使われている。なお、サクラマスは、味は良いがサケよりも小ぶりで漁獲量も少ないため、流通・利用は少ない。

## 4　捕獲方法

北海道石狩市の紅葉山《もみじやま》№49遺跡からは、川辺に中期末から後期初頭の竪穴建物一棟、川底に設置された魚捕獲施設（エリ、アイヌ語ではテシ）、木製組合せヤスの中柄、魚叩き棒（安楽棒ともいう。図

4-2下)、松明《たいまつ》(アイヌ語でスネニ)、サケ骨が発見されている。この遺跡が川辺に立地すること、サケ漁に係わる民具との類似、サケ骨も一緒に出土することなどから、この遺跡がサケなどの漁場だったと推定できる。

なお、松明・スネニは、北海道恵庭《えにわ》市の美々《びび》8遺跡から出土した江戸初期のアイヌのスネニに酷似する。細棒の先端にスリットを入れ、そこに焼け焦げが見られる。シラカバなどの樹皮を差し込んで燃やした松明と考えられ、縄文以来使われていたことが想定できる。

## 5 サケに関する祭祀

鮭の初漁や終漁に際して祭祀を行う「鮭の大助譚《おおすけ》」が山形県を中心に日本海側に分布し、サケの鰭《ひれ》を神棚に供えるなど、サケにまつわる祭祀がある。森の神様であった熊に対して、鮭は川の神様であった。秋田県の子吉川《こよしがわ》沿いなどの九か所にサケ石があり、縄文時代の祭祀跡だと言われている。また長野県安曇野市の才の神遺跡からは、サケと言われる線刻のある晩期の絵画土器が出土している。縄文人が描いた貴重な魚の絵である。

共に生きている動植物などの特性を知り、その特性を伸ばし、全体を効率的に使うことを縄文人はモットーにしていたらしい。また成長の差、生り年《などし》のばらつき、季節性などに、多様な動植物の特性をうまく兼ね合わせて総合的に凸凹を均し、貯蔵や保存加工によっても時期的なばらつきを平均化したらしい。自然の摂理を受け入れ、自然を育て効率よく利用した。

前世紀には中部高地での中期農耕論、九州の晩期農耕論が唱えられた。しかし、収穫物などの実物資料が発見されなかったため、栽培の実証は進まなかった。しかし、自然物利用は、工夫するだけでは乗り越えられない限界もあったらしく、また危機管理のためにも栽培によって補充していたことが、明らかになってきた。ただし、自然物と栽培種の割合、種類間の利用割合などについては、なかなか実態を把握できないでいる。

また栽培化が進行し、土地を占有・囲い込み、耕作・種植え・刈り取り・収穫などに農具を使用した生業を農業と規定すれば、縄文時代の植物利用は高度な自然経済であり、その技術、コンセプトは、農耕とは本質的に違うことが理解できる。つまり、栽培は知っていたが、それを主要な生業としなかった縄文文化の歴史的選択を重要視することが肝要であろう。

## 八　縄文里山とサケ漁の重要性――「サケマス論争」

縄文文化における東日本の豊かさは、アイヌ民族や北米太平洋側の先住民族の文化に似ている。彼らと同様に、縄文文化もサケを大量に取り、味もよく保存にも適していたため大きな食料基盤にしていた、と一九四〇年代後半に山内清男が「サケマス論」を唱えた（山内　一九六四）。後に晩期「亀ヶ岡文化」繁栄の基礎としても評価した。しかし、貝塚など遺跡から鮭骨がまれにしか見つからなかったこともあり、サケ・マス論には批判的傾向が強かった。

しかし、最近の焼土などの水洗選別によって発見例が増え、縄文時代以降も特に北海道で歯・骨が多く発見され、捕獲施設や捕獲具も発見されて、サケ・マスは東日本の縄文経済の基盤を担っていたと考えられる状況となった。

**参考文献**


太田昭夫　二〇一〇「名取川流域の縄文時代遺跡と自然食材」『地底の森ミュージアム・縄文の森広場　研究報告二〇〇九』

小畑弘己　二〇一五『タネをまく縄文人』吉川弘文館

橿原市教育委員会　二〇一二『観音寺本馬遺跡』

工藤雄一郎／国立歴史民俗博物館編　二〇一三『ここまでわかった！　縄文人の植物利用』新泉社

栗島義明　二〇一一「縄文時代の湧水利用」『埼玉考古46』埼玉考古学会

御所野縄文博物館　二〇一〇『御所野遺跡植生復元整備計画書―縄文里山づくり事業―』一戸町教育委員会

小林克　二〇一六「本州日本海沿岸北部における縄文時代後半期の宗教儀礼―サケをめぐる考古学的事象と民俗（族）誌」『古代』一三八　早稲田大学考古学会

是川縄文館　二〇一四『特別展二〇一四　トーテムポールの人びと―漁撈・狩猟採集民のくらし―』八戸市埋蔵文化財センター是川縄文館

佐々木由香　二〇一六「関東地方における縄文時代種実圧痕の時期別傾向と植物種」『研究成果公開シンポジウム　土器を掘る』

鈴木三男・小川とみ・能城修一　二〇〇二「是川中居遺跡出土木材の樹種と植物資源利用」『是川中居遺跡』八戸教育委員会
鈴木三男　二〇一六『ものが語る歴史33　クリの木と縄文人』同成社
須田英一　二〇〇九「エゴマの栽培と利用法」『縄文時代の考古学3　大地と森の中で』同成社
千野裕道　一九八三「縄文時代のクリと集落周辺植生」『東京都埋蔵文化財センター研究論集Ⅱ』
戸沢充則編　一九九四『縄文時代研究事典』東京堂出版
長澤宏昌　一九九七「炭化種子に着目した調査事例」『山梨県考古学協会誌9』
八戸市教育委員会　二〇一二『是川石器時代遺跡発掘調査報告書』八戸市埋蔵文化財調査報告書
早川和子　二〇〇七『よみがえる日本の古代』小学館
松井章　一九九四「動物資源」『白い国の詩』四五六、東北電力
三宅恒方　一九一九「食用及薬用昆虫に関する調査」『農事試験所特別報告31』農商務省農事試験所
山内清男　一九六四『日本原始美術Ⅰ』講談社
山崎健　二〇一三「生業研究としての焼骨の可能性」『動物考古学30』
遊佐町教育委員会　二〇一五『小山崎遺跡発掘調査報告書―総括編』
吉川昌伸　二〇一一「クリ花粉の散布と三内丸山遺跡周辺における縄文時代のクリ林の分布状況」『植生史研究18』日本植生史学会
吉川昌伸・吉川純子　二〇一六「是川遺跡の縄文時代晩期の景観復元」『八戸市埋蔵文化財センター是川縄文館研究紀要5』
渡辺誠　二〇〇三「縄文時代の水さらし場遺構を考える」『平成14年度縄文講座　縄文人の台所・水さらし場遺構を考える』青森市教育委員会

# 第五章　定住を支えた交流・物流

## ——山や海を行き交う人々

## 一　頻繁だった交流と物流

石材、アスファルトやベンガラなどの必需な資材、ヒスイやコハク、南海産貝製腕輪や玉などの希少・貴重品が、それらが採れる所から遠隔地に運ばれて遺跡から出土することは、ずいぶん昔から注目されてきた。また塩・塩蔵品・海産物干物などの食生活必需品も、流通していたと言われるようにもなった。そして例えば、黒曜石やヒスイなど理化学的分析の裏付けも得て、産出地が特定される物もある。それらは産地別や時期別の分布が捉えられ、どのように各集落に持ち込まれて利用されたかが、具体的に明らかになり始めた。

また、驚くべきことに原産地で原料が採掘・採取され、土器製塩やアスファルト・ベンガラ・朱など手工業的に精製されていたことも、断片的ながら明らかになっている。かつては「生産」という言葉は縄文時代にはなじまないと言われ、否定的であった。しかし、今では一連の生産工程も、生産場所（生産遺跡）や工房、搬出手段やルート、引いては各時代の生産技術の到達点、専業化と分業、流通、経済についてまで言及できる状況が生まれてきた。

これまで生産遺跡といえば、弥生時代以降の製塩・製鉄遺跡、陶磁器の窯跡群、田畑など農業関連遺跡を呼んでいた。しかし、縄文時代にも手工業生産が始まり、今日に継承される生産基盤が確立し、生産遺跡が残されていたこともご理解いただきたい。

ただし、研究の現状は、まだまだ生産遺跡の分布が把握されていればいい方で、採掘・生産の実態が明らかになっていないもの、流通の実態、例えばどのような加工品が、どんなルートで中継地を経てどのようにして運ばれ、消費地で仕上げ・加工されて利用されたかについては、具体的に明らかになっていないものが多い。次に拠点集落に持ち込まれた具体的な例を見てみよう。

## 1　青森市三内丸山遺跡の場合

縄文時代前期半ばから中期末まで続いた三内丸山遺跡からは、北海道北部の白滝・置戸《おけと》・十勝、渡島半島北部の赤井川産や、一方で南の信州霧ケ峰・和田峠産、そして地元や東北の数か所産の黒曜石で作った石鏃《せきぞく》や石器素材が、出土している。黒曜石は第一級のブランド石材である。多方面からの石材が三内丸山集落には集まっていて、より良いものだけが選ばれて運び込まれてはいない。また信州から来たものは、信州で作られた石鏃の形をしている。多方面からいろいろな経緯を経て持ち込まれたのであろう。同じくブランド石材である頁岩《けつがん》は、近くの津軽産である。

また北海道日高の額平川《ぬかびらがわ》川床産のアオトラ石斧《せきふ》やその母材も、三内丸山遺跡では主要な道具であった石斧の九割近くを占めていた。さらに破損した土偶や土器を補修し、石鏃などを柄に着柄《ちゃくへい》・固定した天然アスファルトや、津軽の赤根沢産出の赤色顔料・ベンガラも運び込まれていた。遠く離れた新潟県糸魚川《いといがわ》の海岸付近産のヒスイも、装身具・威信財として持ち込まれていた。

また三陸海岸北部の久慈《くじ》産と考えられるコハクは、玉と確認できる出土品はいたって少ない。捨て場から細片で発見されることが多く、装身具以外の利用法もあったかもしれない。いずれにせよ石斧以外は、搬入された量は少なく、石鏃は圧倒的に在地の頁岩を素材としてこの遺跡で作られている。

なお、南の海でしか捕れないイモガイの形をした土製品が出ており、希少品である遠隔地産の南海産貝製品にあこがれ、入手できないながらもイミテーションを模造する要望があったことを示している。

## 2 亀ヶ岡文化圏南部、松島湾宮戸島の約三千年前の里浜貝塚西畑地点の例

海に囲まれた宮戸島《みやとじま》では、そこで採れる動植物、鉱物など以外に、島外から運び込まれた品も出土している。原産地が限定できる石器の原料としては、最も近い宮城県西部の湯の倉産である黒曜石や、東北日本海側産の頁岩が運び込まれて石鏃などが作られている。また磨製の石斧も島外産である。一方、島内産の凝灰質粘板岩では石刀《せきとう》や礫器、珪質凝灰岩では剝片《はくへん》石器が作られている。

さらに、実用的な必需品ではない、憧れの南島の珍しい貝で作られたオオツタノハ製の貝輪とかイモガイ製の玉がある。また道南から新潟を含む東北日本海側で産出するアスファルトが、台囲《だいがこい》地区から土器底部に入って出土した。石鏃、石匙、釣針、ヤスやモリの着柄などに用いられていた。赤色顔料のベンガラが塗られた土器や祭祀具・装身具なども出土しているので、ベンガラも持ち込まれたのであろう。

これらの搬入品に対して島外に等価交換的に何が搬出されたかが議論されることが多い。塩水を何度も掛けて干した塩辛い貝や魚、海苔や塩蔵ワカメなどが想定される。また、後期には作り掛けのアカガイ製貝輪、晩期半ばからは製塩土器が多量に出土するので、塩や貝輪が搬出されたと推定できる。しかし、世界の自然経済下における交換の例から見ても、経済的な交換ではなく、友好のための互恵的なプレゼント交換が主体だったのだろう(保坂　二〇一六)。

## 二　各種の物流品を生産した遺跡

### 1　石材・原料が取れる原産地付近に立地した生産遺跡

切ったり削ったりする石製の道具(石器)には、黒曜石、次いで頁岩、サヌカイトがよく用いられる。良質の頁岩は東北日本海側や道南に産地が分布し、サヌカイトは近畿と中四国に産地がある。黒曜石は火山国日本の特産品で、九州から北海道に約八十か所以上の産地が散在している。そして、九州の腰岳《こしだけ》や姫島、長野県の中部高地、伊豆の神津島《こうづしま》、箱根、北海道南部日本海側の赤井川や道東北部の十勝・置戸・白滝が主要な産地である。黒曜石の理化学的な産地推定によると、各産地のものが複合的に各地に供給されている。

分布の実態や産地推定が進んでいる信州霧ケ峰産黒曜石の中期の例で、採掘から移出、利用までを説明しよう。鷹山《たかやま》や諏訪湖周辺などで多数の黒曜石採掘穴が見つかり、黒曜石の脈まで掘り込んで採掘していた様子が明らかになった（長和町立黒曜石体験ミュージアム編　二〇〇四）。

原産地で試し割りをして、良質の部分を持ち運びやすく加工しやすい形（母材・ブランクなどと呼ぶ）に半加工した。従って原産地には夥しい量の石屑が散乱している。それら母材は、八ヶ岳南西麓・諏訪湖周辺の周囲約二〇キロ範囲に所在する三十以上の集落に、穴を掘ってストックされていた。そして、そこから東へ向かい、中津川・荒川・利根川伝いに東京・埼玉、さらに石無し県の千葉方面で消費された（図5－1）。

一方、宮川・釜無川《かまなしがわ》、そして甲府盆地周辺を経て相模川流域に供給された。なお秋田県北でも頁岩の採掘と半加工した原産地遺跡が発見されている。それ以後の貯蔵、流通は黒曜石など他のブランド石材と同じだったらしい。

なお、限られた範囲であるが、珪化木《けいかぼく》の原産地における石鏃などの小規模な製作と流通が注目される。岩手県一戸町御所野《ごしょの》遺跡では、すぐ南に隣接して珪化木が産出する根反川《ねそりがわ》が流れる（第二章図2－4）。その河床にある強くメノウ化した珪化木を採取して試し割りし、芯の良質部分で作ったブランクを御所野集落に持ち込んでいた。その在地石材である珪化木と秋田県から搬入されたと想定される良質石材・珪質頁岩とで、発掘して確認できただけでも三千点を超える多量な石鏃を作っていた。そして、ほぼ同量の多量な石鏃未成品や、石鏃製作工程を示す多くの石屑も廃棄していた（岡村　二〇一七）。一集落の消費量をはるかに凌駕する量である。

しかし、周辺北隣の二戸市や南隣の岩手町、縄文遺跡が密集する馬淵川《まべちがわ》流域・八戸地方でも、こ

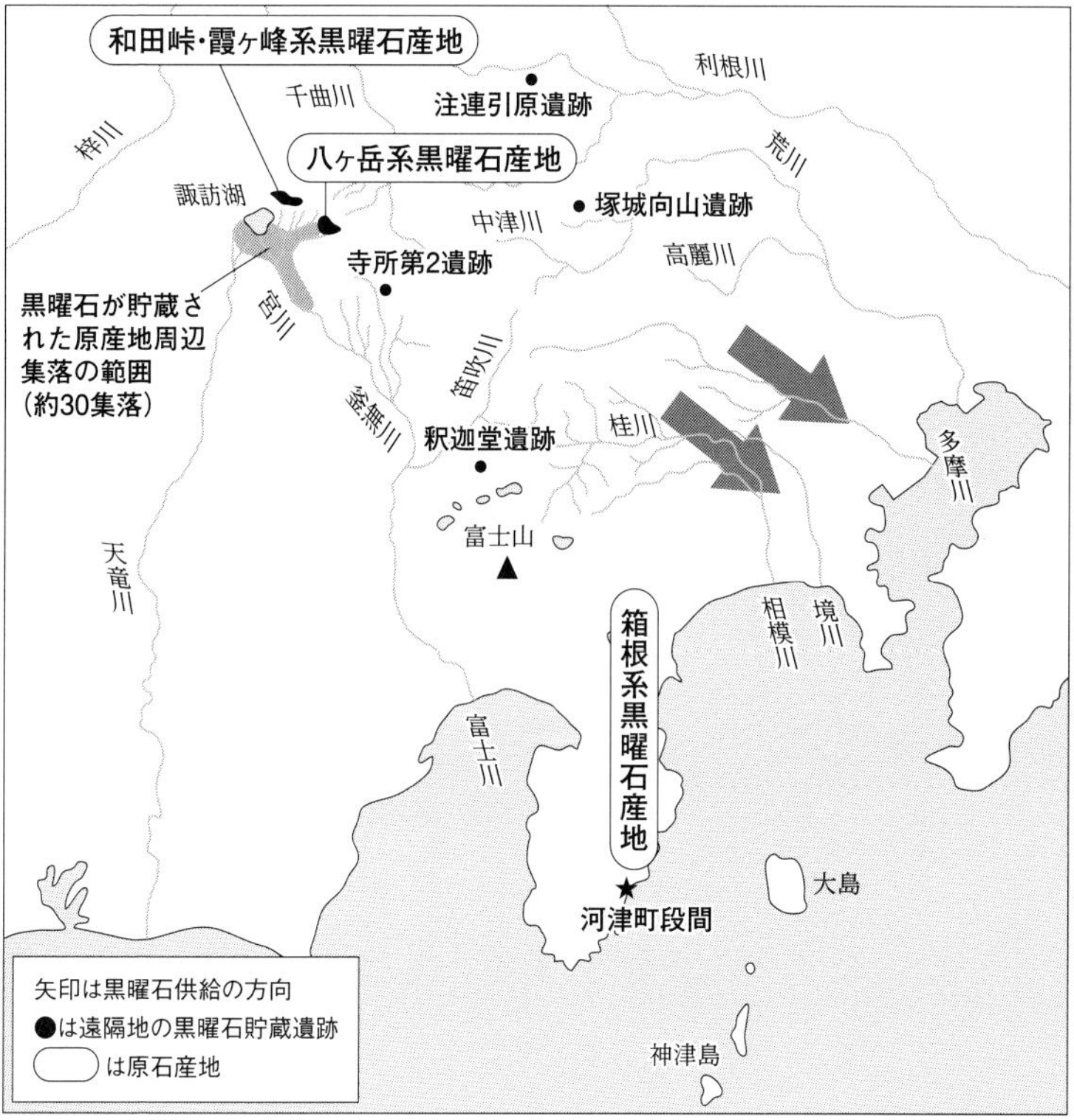


図5–1　信州産黒曜石の搬出ルート

この珪化木製の石器は少ししか出土しない。まるで御所野遺跡では、作ることだけを主目的としていたようだ。周辺の男たちが原産地に集まり、石器作り講習会を開催していたのだろうか。土器作りも女たちの講習会によって、技術が普及・拡散、共有されたと夢想したくなる。

また、ベンガラの原料となった赤鉄鉱《せきてっこう》や赤色土壌や水銀朱の原料も、採掘・採取されて赤色顔料が生産されたし、北海道では石墨《せきぼく》から黒色顔料が作られて原産地遺跡が残されている。

## 2　アオトラ石斧など道具の製作と流通（図5－2）

アオトラ石は、北海道日高地方の沙流川《さるがわ》の支流額平川《ぬかびらがわ》の平取町《びらとりちょう》内の河床に産出する。緑と白黄色の縞（トラ縞）をもつので、アオトラ石と通称される緑色岩のブランド名である。原産地周辺の平取町の荷負《におい》2遺跡など（平取町教育委員会　一九九五）では、石斧の未製品が発見されている。ただし、製作過程片などは少ないようで、原産地での生産の詳細は今後の調査待ちである。また石斧だけでなく極めて少量ではあるが、玦状耳飾《けつじょうみみかざり》、石刀、石剣なども作られていた。

北海道での分布は、石狩低地や道南部では六〜七割を占める（合地　二〇〇九）。特に旧南茅部町《みなみかやべちょう》の中期から後期のハマナス野遺跡や臼尻《うすじり》C・臼尻小学校遺跡では、石斧の九〇パーセントを占める。扁平や長方形の母材を擦切《すりき》り・カットした擦切り溝が残る未製品、扁平な石材の縁辺に強い擦痕《さっこん》が残る擦切り具、擦切った時にアオトラ石材から出る多量な粉が発見されている。これらは竪穴建物の床面からまとまって発見されることが多く、竪穴建物は工房だったと考えられる。

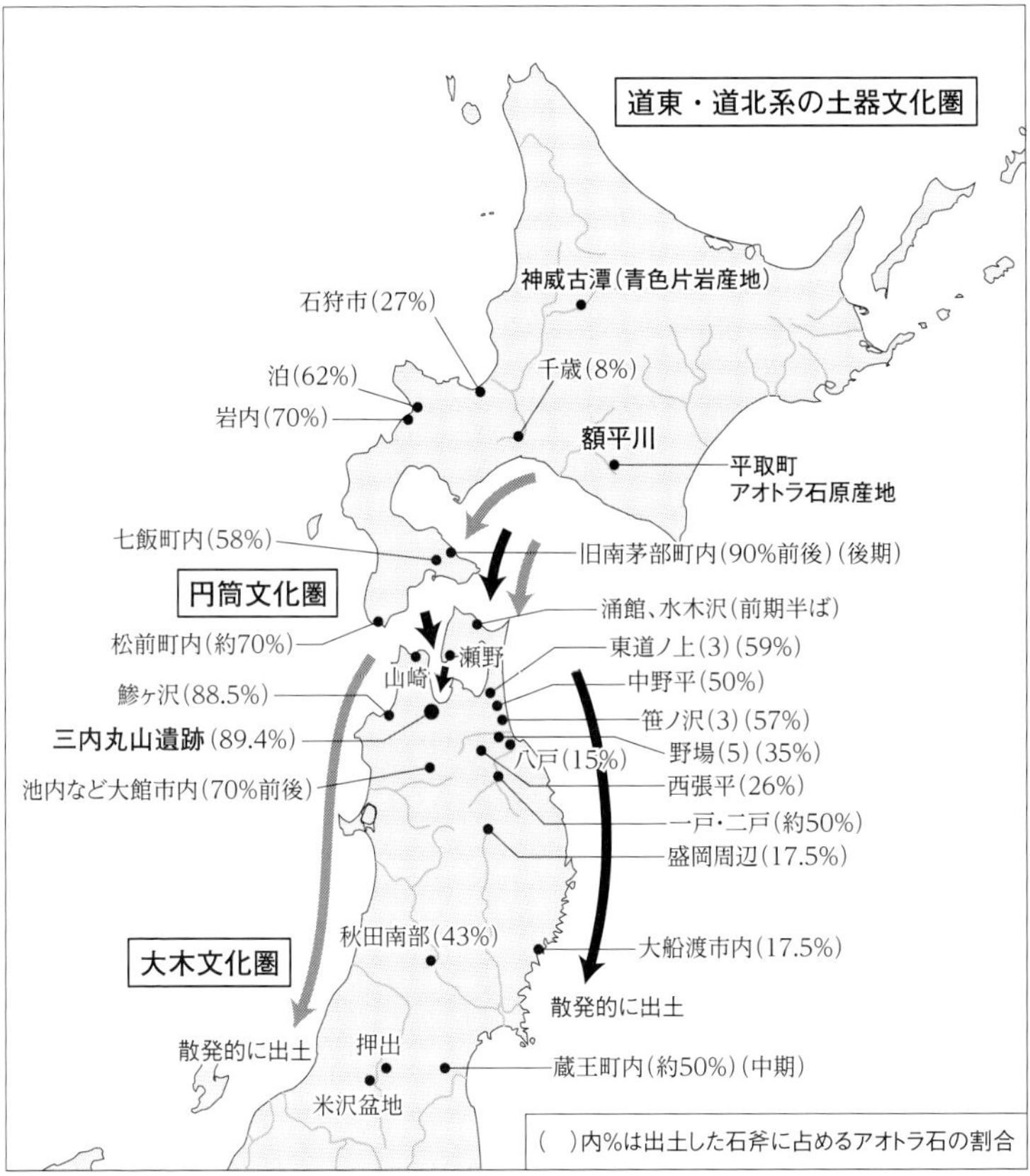

図5–2　アオトラ石製石斧の生産と流通

また同町内の遺跡群は、竪穴建物の床や土坑の中にアスファルトの塊も多く残している。しかし、石鏃などの着柄にアスファルトは、あまり使われていない。また漆製品の製作に係る工房も発見されている。原料や母材を運び込み、この地域は、各種の半製品や製品を作って移出・搬出する拠点だった可能性がある。

そして津軽海峡を越えた円筒文化圏では、下北半島、三内丸山遺跡を含む陸奥湾沿岸で、磨製石斧の九割近い高率で残されていた（合地　二〇〇九前掲、杉野森　二〇一四）。さらに下北のむつ市の涌《わく》館《だて》遺跡や水木沢遺跡では、擦切り痕を残すアオトラ母材や擦切り具、研磨滓《かす》と考えられる石の粉が出土し、製作遺跡であったことが分かる（斎藤　二〇一四）。

また日本海側の津軽でも山崎遺跡で同様な出土品があり、鯵ヶ沢町鯵ヶ沢遺跡でも石斧の九〇パーセント近くがアオトラ石斧であった。このような高い使用率は、三内丸山遺跡や、秋田県北の大館地域まで見られる。つまり円筒文化圏で多用されていた。なお、物流センターでもあった三内丸山遺跡では、擦切り具は出ているが、ここでの製作を示す加工途中の母材や擦切り痕のある母材などはほとんど出土していない。

また三内丸山遺跡の川向うの青森市石江遺跡や新町野遺跡、秋田県大館市の池内遺跡、北海道紋別町エサンヌップ2遺跡では、墓にアオトラ石斧が副葬されていた。また、青森県から岩手・山形県には、長大なアオトラ石斧が散見され、これらが男のシンボル・威信を示す祭祀具だったようだ。

さらに下北から太平洋側を南下して八戸及び新井田川・馬淵川を遡った二戸・一戸地方には、アオトラ石斧が擦切り具も伴って、石斧の半数近くを占めている（一戸町教育委員会　二〇一六）。さらに南下して宮古湾や山田・大船渡・広田湾周辺の遺跡群など岩手県三陸や、内陸部の盛岡周辺や秋田県では、磨製石斧の二割程度の使用が認められる。

さらに南での分布は、宮城県北や仙台平野での状況は不明だが、阿武隈川を遡った蔵王山西南麓、そして福島県の浜通りから会津まで前期前葉を中心に分布が確認できる（芳賀　二〇一六）一方、日本海側は、山形県でも高畠町押出《おんだし》遺跡で僅かに存在が確認され、新潟では県北の遺跡から知られている（渡邊朋和教示）。

時期別の変遷や分布の詳細については、今後の課題だが、早期半ばから前期に北東北・道南の円筒文化圏に広がり、同文化圏を踏襲した中期後半の榎林・最花《さいばな》文化圏でも頻繁に搬入・利用され、一部に南東北の大木文化圏まで流通が広がった。

しかし、それまで原産地から南に広がりがちであった分布圏が、後晩期には北に広がり北海道一円で使われたらしい（合地　前掲）。そして続縄文文化圏に継承され、この時期には再び東北南部・新潟県北まで分布した。長期間にわたり、最も広域に多量に流通したブランド品であり、現在、縄文文化の生産や流通を考える上で最も典型的で重要な研究テーマといえよう。

## 3　アスファルトの精製・加工と流通

### ① 多数の原産地利用と生産・精製遺跡

天然のアスファルトは、新潟県上越から東北日本海側、津軽、さらには道南・渡島半島から石狩低地、宗谷丘陵の天塩油田までの石油産出地域で、原油などと共に産出する。各産出地では、通常、数地点の露頭からしみ出している。地点ごとに成分や産状は異なる。基盤岩の割れ目や砂礫層の隙間からしみ出していたり、植物遺体や砂礫の多い泥炭層中に堆積している。それらを縄文人は、原油と共に採掘・採取したのだろう。

水分が多い場合は加熱、乾燥させ、油分を揮発させ、植物や砂礫などの夾雑物を取り除く。乾燥して固化したものは、敲石《たたきいし》や磨石《すりいし》で砕いたと思われる。そうした前処理した原料を、必要に応じて、大型の土器に入れてじっくり加熱し、良質部分を浮遊させて精製、選別した。

秋田県能代市二ツ井《ふたつい》の駒形原産地には現代の採掘場があり、砂礫層の露頭から油分の多いアスファルトがしみ出している。ここから東北方向に谷筋を約二キロほど上がった台地上にある中期後葉の烏野上岱《からすのうわだい》集落から、アスファルト精製工房が発見された（図5－3）。

生活域と考えられる竪穴住居群から離れた、台地の先端にあった竪穴建物である（秋田県教育委員会　二〇〇六）。特殊な作業のため、特に匂いを嫌って工房を離したようだ。工房はやや小ぶりだが、普通と変わりない竪穴建物で、精製用に炉に据えられたままの土器一個体と、床面などに放置された三個体の土器が発見された。

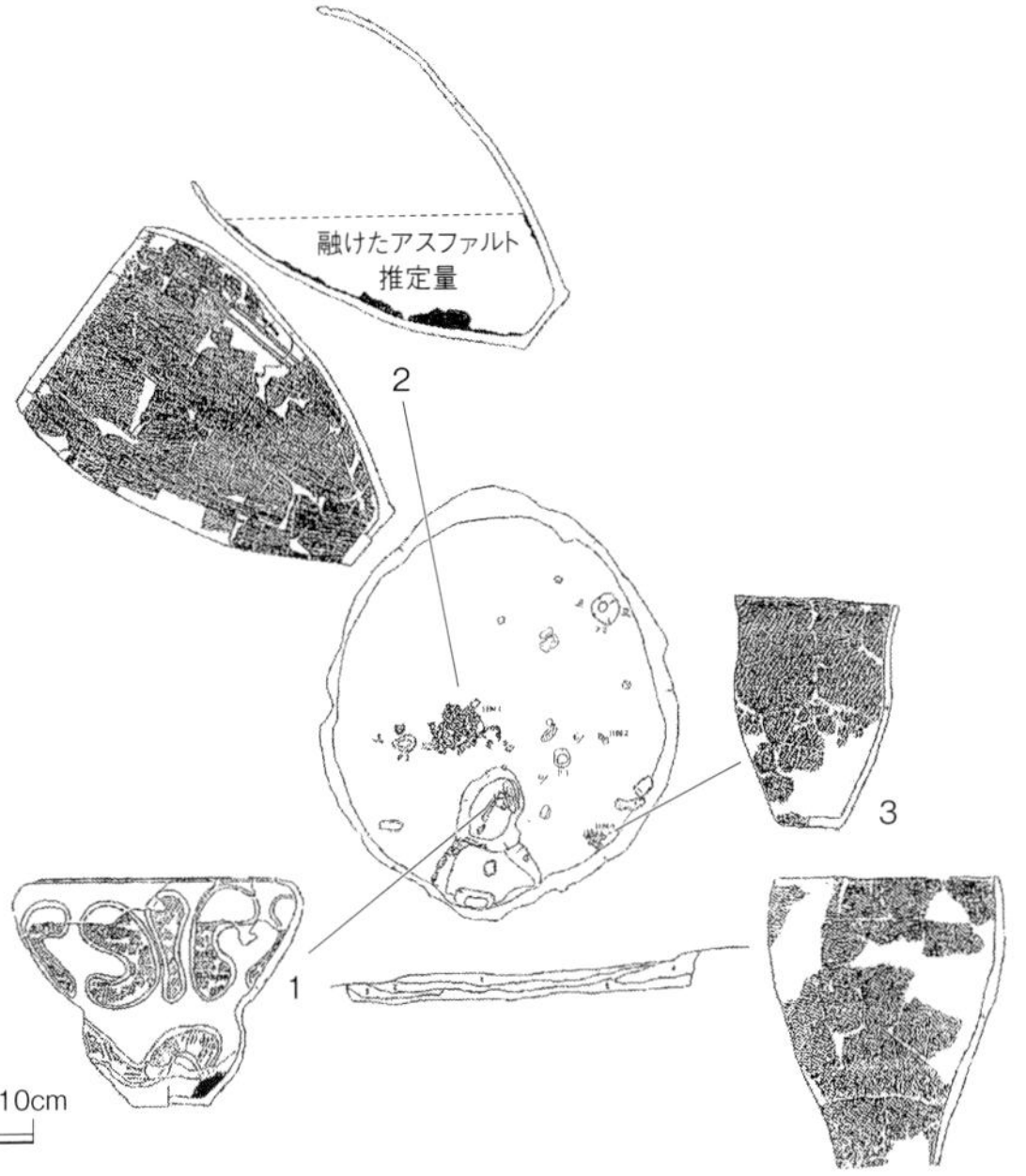


① 鳥野上岱遺跡のアスファルト精製工房（岡村 2014）

（秋田県教育委員会 2006 を基に作成）

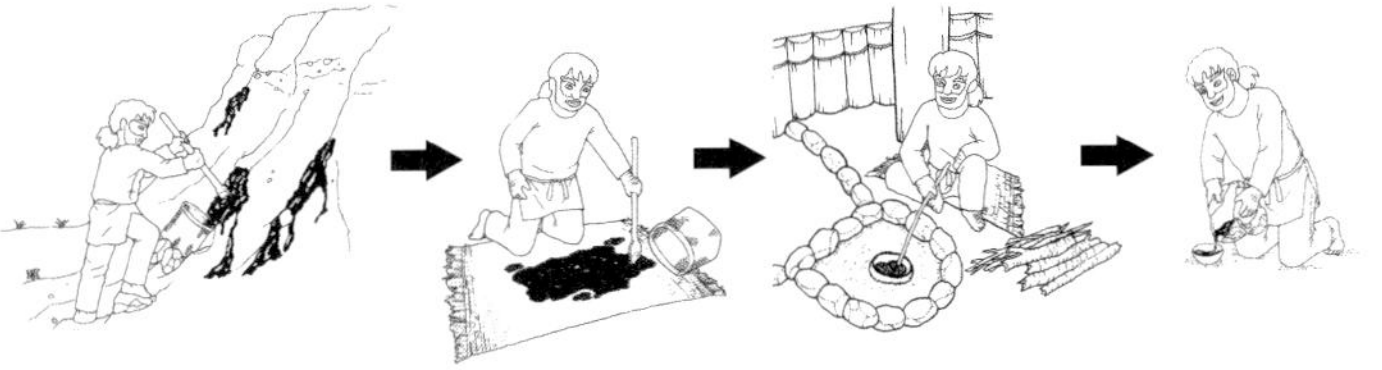
1. 崖から滲み出したアスファルトを
かき取る
2. かき取った原料を干す
3. 炉に据えた土器を加熱
して原料を溶かす
4. 溶けたアスファルトを
土器に分ける

② 鳥野上岱遺跡のアスファルト精製工程の復元図

（御所野縄文博物館 2017『えっ！縄文時代にアスファルト？』）

図 5–3　鳥野上岱遺跡のアスファルト精製工房と精製工程の復元

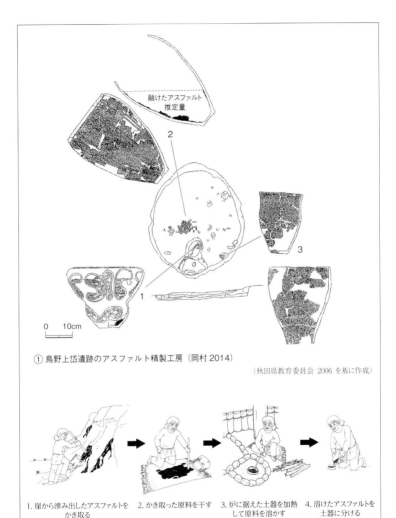

これらの土器は内面に砂粒を多く含むアスファルトが充満、あるいは厚さ一センチほどに内面に付着し、外面には縁から垂れたアスファルトが数条残っていた。また焼かれたため、赤褐色や灰色に変色して器面がただれていた。炉に土器を据えて加熱してアスファルトを精製していた跡と、精製し終わった土器を床に放置した跡と考えられる。なお、その後、この工房は役割を終え、すぐに地山の粘土層で埋め戻されていた。

新潟市新津《にいつ》の鎌倉油田でも、原産地近くから精製場跡が見つかった。晩期の大沢谷内《おおさわやち》遺跡である（新潟市文化財センター　二〇一二）。この遺跡からは、べったりアスファルトが内面と表面に液垂れしている精製に用いた大型深鉢などや、アスファルトが点々と付着した磨石や敲石が、土坑に廃棄されたまま見つかった。そして植物質の夾雑物を交え、油脂質の黒い光沢が失せた、楕円形などの薄い餅状の塊も多数見つかった。これらは、その特徴から精製滓と見られる。

また同油田近くの阿賀野市石船戸《いしふなと》遺跡でも、晩期の精製滓や精製した塊が見つかっている。大沢谷内では、前山精明によれば、顔付き（形や文様、胎土など）の違う三種に分類できる土器が出ており、近くの三集団が自らの土器を持ち込み、アスファルトを精製していた生産遺跡だという。原産地の共同利用と、精製場所の独立を示すのであろう。

なお、駒形・新津油田とも原産地から径五〇～一〇〇キロほどの範囲に、アスファルト塊や付着遺物が集中して分布する。アスファルトを頻繁に利用した地域であった。また、北海道八雲町《やくもちょう》山越《やまこし》は、江戸末期の紀行文に書かれるほど昔から知られていた原産地である。同町の野田生《のだおい》（1）遺跡の竪穴建物跡からは、精製滓と思われるものが発見され、山越の原産地と精製遺跡との関係がうかがわれる。

さらに旧南茅部町でも後期の数遺跡で土器やアワビ貝殻に入れられた塊や、竪穴建物跡の床から精製滓や厚くアスファルトが、付着した土器も見つかっている。これらの遺跡では、この地に原料を持ち込み、工房などで精製して搬出していたと考えられる。一方でここでの暮らしに用いた石鏃などの道具に、アスファルトは少ししか用いられていない。前述したようにアオトラ石斧やベンガラ、漆製品と同様、これらを精製、製作し、他に送り出すための中継集落だったのだろう。

### ②アスファルトの流通とルート（図5-4）

精製遺跡では精製したアスファルトは小分けされ、皮袋（岩手県二戸市寺久保や九戸町田代遺跡など）、編布（新潟県胎内《たいない》市《し》江添《えぞえ》遺跡）、笹・葉（岩手県相ノ沢遺跡など）に入れられて包まれ、運搬されることが多かった。

原産地あるいは精製地から運ばれたアスファルトの塊は、川筋とそこから分岐する拠点と思われる集落に保管されて見つかる。これを川筋や峠、盆地などの地形を追って行くと、運搬ルートが読み取れそうだ。

北海道の噴火湾沿いにある八雲町山越のアスファルトは、野田生（1）遺跡や浜松（2）遺跡で精製された。また旧南茅部町のハマナス野遺跡や臼尻C・臼尻小学校遺跡などの拠点集落にも、原材料が持ち込まれ、竪穴建物の工房などで精製した塊が作られた。アオトラ石斧も原材料が持ち込

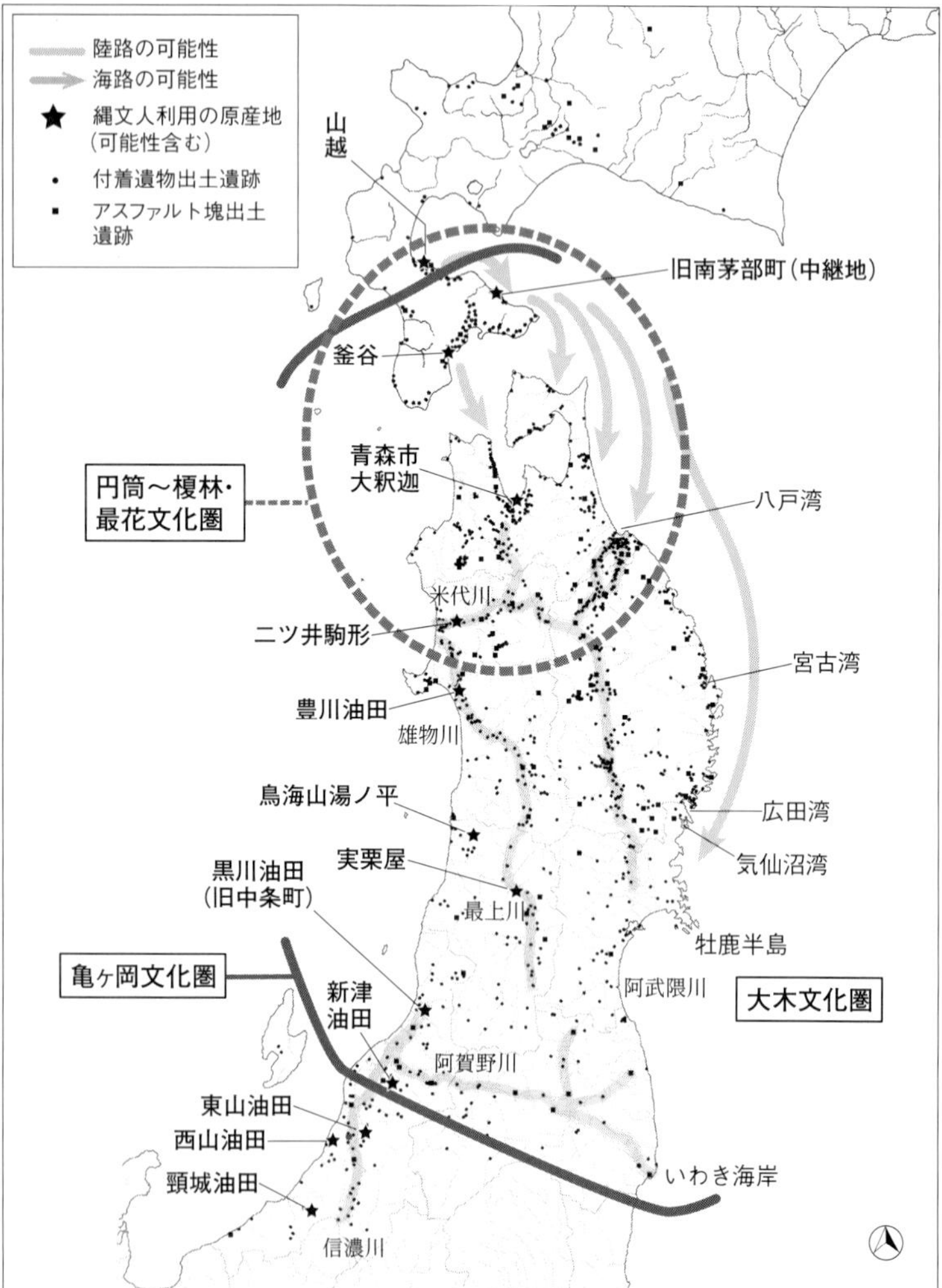


図5–4　アスファルトの原産地・精製遺跡と流通ルート

まれ、半製品に仕上げられて搬出された。海上を運ばれ下北と津軽で陸揚げされてさらに仕上げられ、太平洋岸と日本海側を南下した。アスファルトも同じルートを通って下北・津軽、さらには三陸を南下した可能性もある。

米代川下流域には旧二ツ井町に駒形原産地があり、米代川を遡って鹿角《かづの》盆地、さらに雨越峠を越えて安代、一戸・二戸の馬淵川流域に出て、新井田川を下ってアスファルト関係品が多く出土する八戸地方に至る。この流通過程で津軽・岩木川流域、青森平野に下っていくルートも想定できるが、今後の検討が待たれる。

またアスファルト関係品、塊が多く知られている新潟北半から福島県では、新津油田の鎌倉などの原産地から、阿賀野川を遡り、猪苗代湖岸を通って、方や磐梯山の北麓から福島盆地、阿武隈川そして浜通りに出るルートと、南下して郡山、いわき海岸に至るルートが想定できる。

なお、豊川油田産は雄物川流域を南下して秋田県南に分布し、山形の実栗屋《みくりや》原産地は、最上川流域を南下して米沢盆地にも広がったことが読み取れるが、詳細は今後に譲る。

いずれも地形的な制約や利便性から予測される道、あるいは古代・中世の歴史の道、現代の道や鉄道・高速道まで道の歴史を継承している。道のルーツはすでに縄文にあったことが分かる。また他に、同じルートで日本海側産の三種町原産地などの頁岩が、二戸・一戸、八戸にもたらされ、逆に八戸からコハクは米代川に向かう。またその他の多種の物流が想定される。

そして貯え保管して利用していた消費遺跡では、小型土器（岩手県上水沢遺跡、福島市宮畑遺跡など）

または土器底部に貯えた。他にも旧南茅部町豊崎B遺跡ではアワビに、八戸市や三沢市周辺では地元で採れたと思われるアサリ、ウバガイやオキシジミに入れられていた。そして実際に利用する場合は、大型土器片の内側凹面に載せて下から加熱し、融かし、溶けて熱くなったアスファルトをヘラや土器・石器片などですくって対象物に塗ったり、充塡していたようだ。このような大型土器片をアスファルト用パレットと呼んでいる。

### ③アスファルトを何に塗ったか

多くは接着剤として石鏃を柄に装着するために用いられた。ほかに石匙《いしさじ》（柄付きナイフ）を腰にぶら下げるために、柄に細紐を巻いて緊縛したり、石槍の穂先を着柄、削り具（サイドスクレイパー）を柄に装着するためにも使われた。中央を緊縛・固定して振り回した両頭石斧（独鈷石《どっこいし》）や、環状石斧・環石も中央に棒を刺してアスファルトで固定した棍棒だったようだ。

有孔球状土製品と呼んできた紡錘形の土製品は、中央に棒を通して固定した弾み車だったことが判明した。また骨角製漁具である骨鏃・ヤス・モリには、高い比率で用いられ、防水と固定の役割を果たした。同様に内水面で投網の錘として使われた切目石錘《きりめせきすい》や打ち欠き石錘には、紐かけに塗って緊縛・防水を図っていた。また弓の末端に装着して弦を固定する弓筈《ゆみはず》には、アスファルトを充塡して固めた。

また土偶や土器の破損を接合し、もげた注口土器（土瓶）の口を接合した。後晩期になるとアスファルトによる土偶の接合率は三割を超える集落跡もあり、土器の接合・修復率に比べてはるかに高い。この事実は、土偶の破壊説を支持していない。また石棒・石刀や、大きくて重い石皿も接合して補修するなど、有効な接着剤だったらしい。

さらに北秋田市漆下遺跡からアスファルトと漆が、混ぜて入れられた小型土器が多数発見された。これまでも土器などに塗布された黒色漆から、アスファルトが検出された例がいくつかあった。また土偶の目にアスファルトを混える黒色漆が塗られ、三角形や円形の扁平な石製円盤や土器片版の一面にアスファルトの黒い点が付けられていることもしばしばである。ダルマに目を入れるように、土偶や三角・円形の護符に魂を入れるようなことをしたのだろうか。

なお、墓に石斧、鏃・槍などの実用品と一緒に副葬品として副えられる場合がある。円筒文化の前期末や、石狩低地の後期末の墓に、塊が入れられた例が認められる。あの世でもアスファルトは、必需品と考えられていたらしい。

いずれにせよ、アスファルトは、接着、着色、充塡などに利用され、特に後晩期には多用された。しかし、西日本では確実な付着例はなく、東北・北海道でも弥生・続縄文時代になると少ししか利用されなくなる。これら地域や時期では、接着などにマツヤニやニカワが用いられていたのだろうか。

### ④遠隔地を動いた貴石（ヒスイやコハク）、南海産貝など

縄文人が利用した硬玉ヒスイ（翡翠）は、姫川の支流小滝川と青海川の河床にあり、日本海に流れ出て富山県境から糸魚川の海岸に打ち上げられている。中期には富山県朝日町の境A遺跡や糸魚川

市の長者が原遺跡・六反田南《ろくたんだみなみ》遺跡で大珠《たいしゅ》などの玉に加工され、または原材として主に関東甲信越や福島、北東北・道南の円筒文化圏に分布した（図5－5①）。

そして前者の地域では、地域の拠点となった環状集落内の墓地の一角の土坑墓に、副葬されて発見される例も多い。同じく同地域では千葉県銚子産のコハクも貴石扱いされ、同様に副葬品として墓に入れられた。なお、銚子市の粟島台遺跡は原石や未成品、破片なども多く出土する生産遺跡であり、関東甲信越のコハクの多くはここから供出されたと考えられる（図5－5②）。

中期のヒスイの分布は、産地周辺の富山・石川から新潟県に一つの分布集中が見られ、信濃川中流域の文化圏に沿った分布が認められる。また八ヶ岳西南麓・諏訪湖への集中域を経、さらに二手に分かれて東へ向かって広く関東に分布する。北の経路は、荒川や利根川の上流からそれぞれ埼玉・千葉へ、南のルートは甲府盆地を経て、多摩川や相模川・境川の上流から東京・神奈川にもたらされたと読み取れる。

このルートは長野県の八ヶ岳や和田峠・霧ケ峰の黒曜石が、関東に運ばれたルートと一致する（図5－1前出）。なお、ヒスイが長野に運ばれるルートは後の「塩の道」と同じく糸魚川から大町市に至る道が想定される。

一方コハクは、岩手県久慈市の海岸にも産地があり、生産遺跡は確認されていないが、北東北から道南の円筒文化圏に分布する。ここでは盛土遺構などの捨て場から多くのコハク片が発見される。貴石としてではなく、後世のように焚いて香料とか虫取りにしたような利用があったのかもしれな

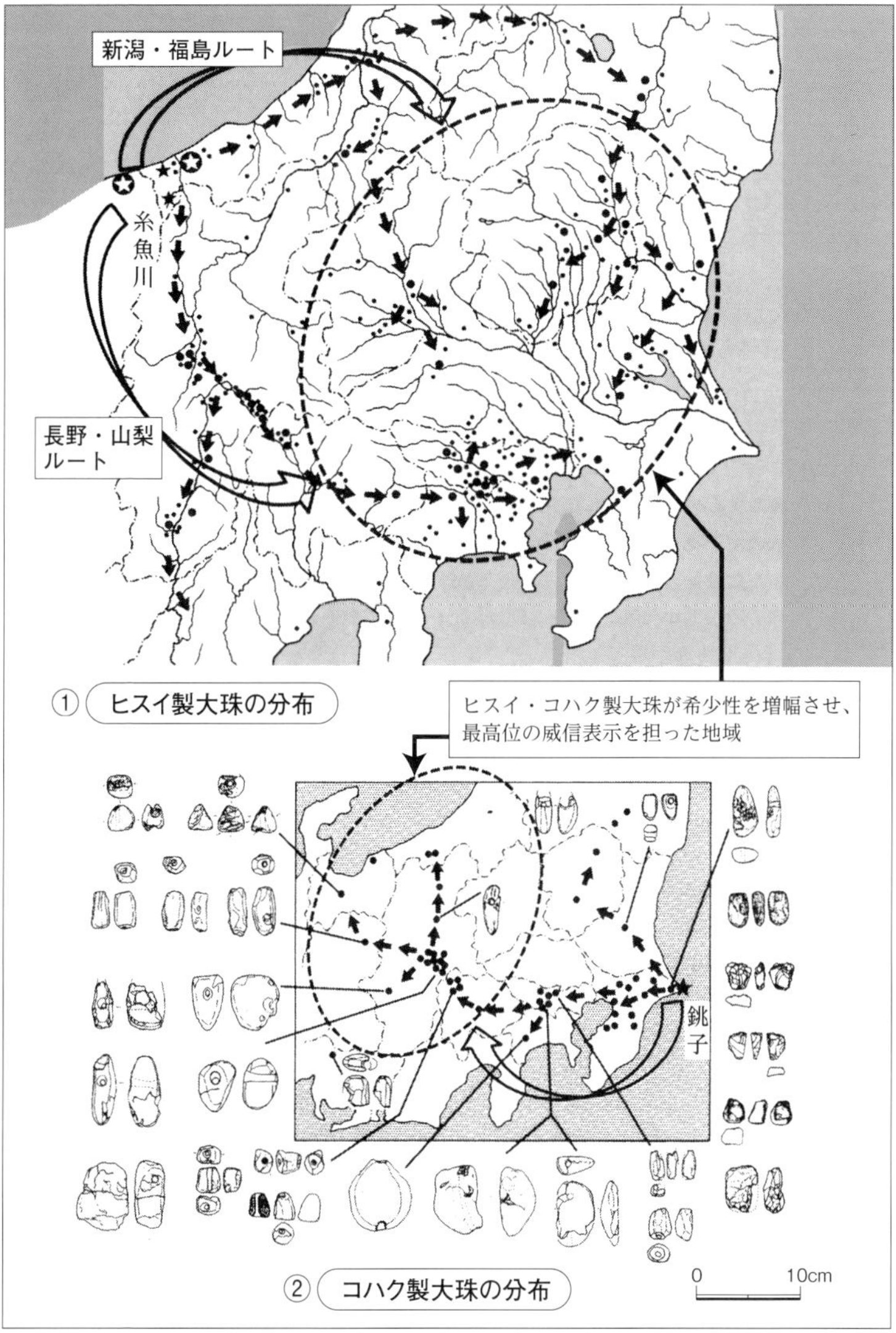


図5-5　ヒスイとコハクの大珠の分布（栗島 2014）

い。久慈産と推定されるコハクは、周辺の沿岸部と馬淵川河口・八戸地方と、その東の馬淵川上流、さらには峠を越えて鹿角盆地から米代川を下る道筋に点在している。先に述べた米代川下流域の駒形で採れるアスファルトや三種町などの頁岩が、米代川をさかのぼって岩手県北部から八戸地方に運ばれるルートを逆に行き交っていた賑わいを感じる。

なお、北海道では晩期からと続縄文時代に、赤みの強い余市《よいち》周辺もしくはロシア沿海州産のコハク連珠が、装着品として墓から発見される。この文化圏には、ヒスイは主に日本海を丸木舟で運ばれたらしい。原石が運び込まれたことも多かったらしく、現地仕様に作られ、貴石として利用されたが、盛土遺構などで送られた。

ヒスイは後期以降になると北海道や九州・沖縄（本島の後晩期六遺跡から発見されている）にも広く分布する。北海道礼文島船泊《ふなどまり》遺跡にも大珠が発見され、舟によって文化圏を大きく超えて広まっていた。南西諸島や伊豆諸島で採れるオオツタノハ製貝輪（ブレスレット）やイモガイ製玉やタカラガイなどの南海産貝製品も、南に対するあこがれ、希少価値と美しさから北海道南部まで運ばれ、山手の集落では土製の模造品が作られた。

# 三　生産遺跡の生産性、専業化の程度と中継集落

## 1　生産性・専業化の程度

これまで述べてきたように、原材の種類と産状により、必要な場合、原材は採掘された。さらに石器の場合は、原産地で原材料（母材）として選別、半加工された。ベンガラ・アスファルト・水銀朱は、原材が原産地から搬出され、そして近くの精製場や集落の工房に持ち込んで、粉砕され、土器に入れて加熱・水簸《すいひ》して精製、生産された（図5-3、5-6）。

塩は縄文時代の終りになると、浜辺で海水を天日加熱して濃縮した。炉に立て並べた専用の土器に注ぎ足しながら、塩の塊を作った。浜辺に炉を設けた塩生産場があり、そこは干し貝作りの場と重なることも多かった。

それ以前の塩分は、現在の民族例に見られるように、塩水を掛け足しながら長時間貝を煮て作った。貝を煮るというよりは、むしろ貝を芯にした塩辛い干し貝を作ったのだろう。さらに内陸への塩分供給として、現在も見られるように三陸では塩蔵ワカメ、北海道では塩昆布を作って、内陸に運んでいたと思われる。なお、近年内陸の一日徒歩圏内の遺跡、さらにはより内陸の遺跡からも、海魚類の骨が発見される例が増えている。想定以上の物流があったようだ。

またウルシは、植林して数年育てて管理し、早くとも五～六年後に夏を中心にして樹液（漆）を掻

き取った。それを天日で加熱攪拌してなやし・くろめて粘りと艶を出し、小型土器に保存した。そして床に十字の溝を切った小型の竪穴建物で、溝の水分による湿気の中で赤い顔料を混ぜた漆を数回重ね塗りして固める作業をした工房も、岩手県北や道南の旧南茅部町などで発見されている（図5-6）。

ベンガラや水銀朱の工房もわずかながら見つかっている（児玉 二〇〇五、図5-6）。先に述べたアスファルトなどと同様に、工房を作ってそこにこもって砕いたり、加熱したりの作業をしたようだ。これら生産は夏の製塩、春から夏などには貝や魚、海藻を干した。晩秋から初冬の干しサケや燻製サケ作りなど、季節的に就業する集団や高い技術をもった専門的な人がいたと思われる。

### 2 遠隔地との中継遺跡（原料・半製品の貯蔵、完成品の一括出土遺跡）

原料・半製品・製品が多量に出土し、それらが埋納・貯蔵の状態でも出土し、アオトラ石斧、漆、アスファルトのように集落内で工房が発見される遺跡は、生産を伴う中継集落と考えられる。

ほかにも千葉県市川市の古作《こさく》貝塚ではオオツタノハやベンケイガイなどで作った貝輪を入れた土器、秋田県旧田沢湖町潟前《かたまえ》遺跡の竪穴建物床から多量のアスファルトが貯蔵された埋設土器（晩期）が発見されている（岡村 前掲）。また荒川の上流域の埼玉県吉田町・小鹿野《おがの》町塚越向山《つかごしむこうやま》遺跡では、炉内埋設土器（中期末）に、黒曜石などの石材と蛇紋岩製などの完形石斧一〇点が入って発見された。ほかにも新潟・群馬・山梨・神奈川県でも大中小がセットになった蛇紋岩製などの石斧が土器に入

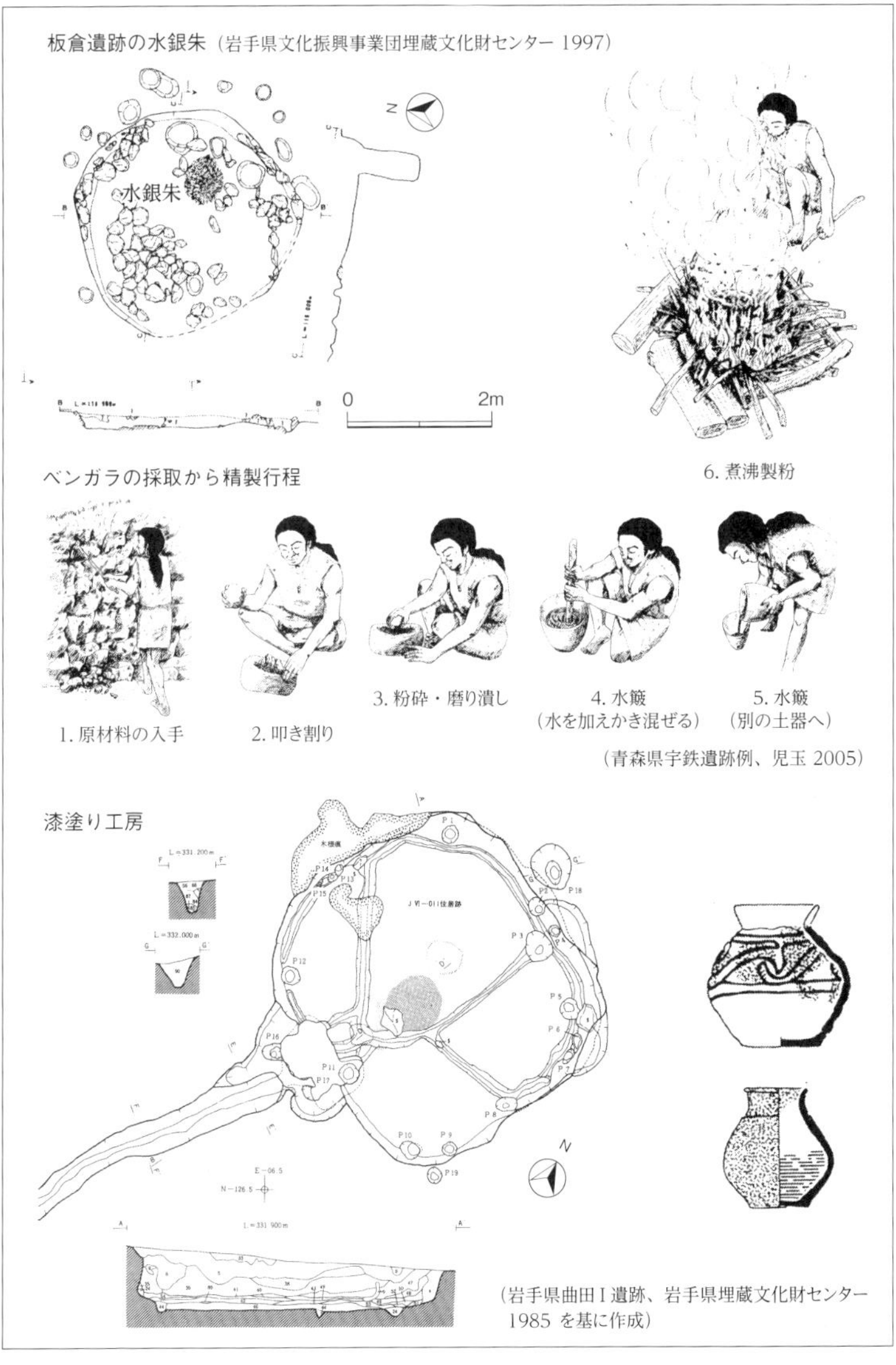


図5-6　水銀朱と漆の生産工房とベンガラの精製工程の復元

れられて出土している（松戸市博物館　二〇一六）。

さらに利根川上流域の安中市注連引原《しめひきはら》遺跡など、いずれも関東平野に流れ込む川の上流域に石材・母材などを中継したと考えられる集落が点在する（岡村　二〇〇〇。図5－1）。

黒曜石、ヒスイ・コハク、磨製石斧などが、同じルートで関東と甲信越を流通していたようだ。

## 四　列島各地の地域社会・定住を支えた物流

### 1　流通の品と範囲、物流の意義

旧石器時代の原産地には、人が動いて行って石器素材を製作入手した。縄文時代には人と物も動き、動いた先でも素材が加工・生産され、さらに遠方に動く（中継）ことも多かった。また良質石材とその製品、アオトラ石製の石斧は、地域文化圏を超えて流通した。

縄文時代になって定住が安定すると、血縁や地縁で結ばれた可変的・フレキシブルな集団が、拠点集落を核とした遺跡群（東北日本では径約五キロ圏）を形成した。それらは相互に交流・連携して北東北では三〇～四〇キロ圏の地域社会を形成していた。この同族意識を持った地域社会は、一定の葬祭（葬送を含む通過儀礼、祭り、送り儀礼など）を行い、同類の祭祀具と祭り用の装身具を用いた。考古学が認識できる最も小さな単位の土器の細分型式・タイプや祭祀具に見られる同一の型式が、この地域集団を現していると考えられる。

さらにこの地域集団は、ほぼ北緯四〇度以北の東北北部から北海道南部に、同一土器型式文化圏をしばしば顕在化させる。日本本土中央部の南東北・関東・東海・北陸にも、それぞれ細分土器型式を持つ地域圏が分立しているが、大きな目で見れば東北・道南とは別（対峙する）の「中日本文化圏」を形成している。この土器型式圏は、価値観が統一されて社会規範が強くなって顕在化する地域と時期がある。一方で考古学的に型式的な特徴やまとまりが認識しやすい時期と地域があるとも考えられる。

さらにこの文化圏と同族意識を持つ地域圏は、文化の影響や集団の移動などによって亀ヶ岡文化圏のように東北日本の一円に広がったり、方や火炎土器・馬高式土器文化圏のように狭い地域に顕在化する場合もある。後者の現象は、東北・北陸・関東系の人々が、信濃川中流域を中心とする地域に集住したことによって生まれたと推定できる。

物品はこれら地域集団・地域社会の範囲を、集落間の契約によって流通した。また、ヒスイ原石・製品、南海産貝製品などのぜいたく品は、陸路または海路で他の文化圏・部族（円筒文化圏や十腰内《とこしない》文化圏など）にも流通し、耳飾り（群馬県茅野遺跡や千網谷戸《ちあみがいと》遺跡などの製作遺跡）などの装身具や祭祀具は、文化圏内に流通した。集団の互恵、紐帯、連携を深め、相互扶助につながる「やったり取ったり」とその連携を生んだ、社会現象であった（保坂　前掲）。

生産は技術的発達の結果であり、より秀でた技術によって、より質の良い物を効率的に作れるようになった。技術の発展は、良い物を作って生産性を高めるためであって、経済効果を上げるためではなかったと考えられる。

さらには小さい産地の黒曜石や珪化木のような地域石材、東北日本海沿いと道南にいくつも産地があるアスファルト、赤鉄鉱などや水銀朱から生産した赤色顔料などは、その生産量と需要の強弱（より喜ばれるかの度合い）によって、地域集団間への広がりの範囲・程度が必然的に決まったのだろう。また塩水を何度も掛けて煮干した塩辛い貝や魚、海苔や塩蔵ワカメ、後期にたくさん残された作り掛けのアカガイ製貝輪の存在から推定される多量に生産された貝輪、晩期半ばからの塩生産は、細分地域・土器型式圏内くらいの流通だったと想定できる。

一方、漆を塗って飾り立てたり、精巧に作った土器、祭り用の漆製品、装身具などは、より広域に流通した。ヒスイやオオツタノハ・イモガイなど南海産の貝製装身具は、さらに広く日本列島規模で移動していた。

なお、権力が生まれ、物納・献上、あるいは商業・経済行為としての物流が生まれるが、縄文時代にはその要素は、薄かったと考えられる。価値の高いブランド石材が頻繁に多量に動くのではなく、複数産地の優劣あると思われる黒曜石が、他の種類の品と共に集落に持ち込まれているらしいので、集落に搬入されるものと等価の物が搬出される等価交換の現象は、考古学的には読み取れない。

## 2　採掘・採取、製造・製作された生産品の流通

これまで地域の豊かな自然の恵みや名産品を得て、そのまま他者の求めに応じて、あるいはプレゼントとして搬出していたと思っていた。しかし、良質石材、ブランド石材は、ブランク（母材）に加工して搬出していた。また塩・アスファルト・ベンガラ・朱、赤漆塗など精巧に作った土器や櫛などの漆製品、石斧・石棒・石刀などの石器、骨角器などの製品やアカガイ・サルボウ・ベンケイガイ製の貝輪、また干した魚貝なども、加工して手作り製品として運ばれたらしい。生産に当たっては、専用の道具や施設・工房を設け、季節的に集中して得意な人が生産に当たっていた。つまり各種の手工業生産技術を発達させ、物流品にしたてて搬出していたのである。

## 3　地域や、時期による物流の盛衰

早期半ばから前期には九州から北海道に至る各地で定住の成立が見られ、送りを含む祭祀も起こり、南海産の装身具が中部高地など中日本に認められる。その内の前期には北海道から北東北日本海側、北陸まで安定した集落に、来世のための石鏃や槍、石斧、アスファルト塊、石皿・磨石が副葬された墓が目立つ。葬送の発達、若干の階層化も窺える。石斧は、男のシンボル的な意味も帯びて墓に入れられたり、大型の物が作られるなど祭祀性をもった。このころから北海道日高産のアオトラ石斧は、大量に本州にもたらされ、新潟県北半から福島県まで流通した。

そして東日本各地での定住が安定してピークを迎える中期後半になると、集落数の増加と北東北

では拠点集落の大規模化、集落・社会の構造化・階層化も起こり、集団の移動も伴う地域間交流や物流が盛んになった。ヒスイ・コハク、黒曜石など良質石材や石斧などが、それぞれの文化圏を中心に頻繁に動いた。また、この期にみられる祭祀具の発達と移動は、人の移動も暗示し、互恵的な心のこもった物流や祭祀の発達が読み取れる。

ひとたび中期社会は衰微するが、後期前葉の北東北から道南では環状列石に象徴される祭祀センターとしての拠点集落や祭祀具が再興する。そして後期後半から晩期にかけてトチノミのアク抜き、さらし技術、籃胎漆器や結歯式櫛《けっししきくし》など漆工芸の発達、土器製作技術、漁具なども技術革新し、東海から青森まで土器製塩も始まる。アスファルトなど生産量も格段に増えて普及し、分布域も拡大する。ベンガラや朱の移動も、定住集落の安定や集落間の強い連携・結びつきを示し、搬入された物資は豊かで安定した定住を支えた。

## 4 物や情報を携えて海や山を行き交う人々——運搬のルートと運搬手段

アスファルトやヒスイ・コハク・黒曜石などの例で、その分布状況と高率の利用範囲と谷・川などの地形的ルート、歴史的古道などから、中日本文化圏と東北・道南の亀ヶ岡文化圏や、北東北・道南の円筒や十腰内文化圏での物流とそのルートも復元してみた。その結果は、川の流域や谷、盆地、峠などの交流しやすい地形、古代中世からの歴史の道、そして近代・現代の鉄道や道路、高速道までの道の歴史を踏襲していることが明らかになった。また三内丸山遺跡の集落を通り抜ける幅広の造成道、埼玉県飯能市の加能里遺跡や山形県遊佐町の小山崎遺跡などの石敷き道、水場の木道、整備された立派な道も次々に発見されるようになった。

そして、宮本常一が『山に生きる人びと』や『海上に生きる人びと』に書き残したように、川筋の山道や谷を越え、峠を越えて歩く人々や、海上の道を丸木舟で移動する人々の姿が、浮かび上がってきた。現在、沖縄から北海道まで全国で約百遺跡から一七五艘ほどの丸木舟が出土している。川辺に係留されたり、琵琶湖の東岸などに打ち寄せられて発見され、北関東や千葉では川筋や沼辺に点々と発見されている。丸木舟が活躍して人と物が頻繁に動いていたのだろう。

## 参考文献

秋田県教育委員会　二〇〇六『烏野上岱遺跡』秋田県文化財調査報告書第四〇六集
アスファルト研究会編　二〇一七『縄文時代のアスファルト利用Ⅰ』
一戸町教育委員会　二〇一六『御所野遺跡Ⅳ総括報告書』一戸町教育委員会
岩手県埋蔵文化財センター　一九八五『曲田Ⅰ遺跡発掘調査報告書』
岩手県埋蔵文化財センター　一九九七『板倉遺跡発掘調査報告書』
岡村道雄　二〇〇〇『日本列島の石器時代』青木書店
岡村道雄　二〇一四「縄文時代以来のアスファルト採取、精製、流通と利用」『新潟考古25』新潟県考古学会
岡村道雄　二〇一七「石器」『御所野遺跡Ⅵ　総括報告書』一戸町教育委員会
栗島義明　二〇一四「貴石利用からみた縄文社会―ヒスイ・コハク製大珠が製作された意味―」『季刊考古学

別冊21　縄文の資源利用と社会』雄山閣
合地信生　二〇〇九「石斧製作石材（原石・擦り石・石刀）の円筒土器文化圏における流通」『特別史跡三内丸山遺跡年報12』青森県教育委員会
御所野縄文博物館　二〇一七『えっ！　縄文時代にアスファルト？』
児玉大成　二〇〇五「亀ヶ岡文化を中心としたベンガラ生産の復元」『日本考古学20』日本考古学協会
齋藤岳　二〇〇四「三内丸山遺跡の磨製石斧について」『特別史跡三内丸山遺跡年報7』青森県教育委員会
杉野森淳子　二〇一四「青森県埋蔵文化財センターにおける石材標本作成」『研究紀要　第19号』青森県埋蔵文化研究センター
長和町立黒曜石体験ミュージアム編　二〇〇四『黒曜石の原産地を探る・鷹山遺跡群』新泉社
新潟市埋蔵文化財センター　二〇一二『大沢谷内遺跡Ⅱ　第7・9・12・14次調査』新潟市教育委員会
芳賀英一　二〇一六「北の国から―まほろん収蔵アオトラ石製磨製石斧―」『二〇一五年度研究紀要』まほろん（福島県文化財センター白河館）
平取町教育委員会　一九九五『荷負2遺跡』平取町文化財調査報告書Ⅱ
保坂康夫　二〇一六「考古資料の贈与論的理解」『山梨県考古博物館・山梨県埋蔵文化財センター研究紀要三二』
松戸市博物館　二〇一六『石斧と人―三万年のあゆみ―』

# 第六章　定住を支えた精神文化

——葬送と祭祀

## 一　死に係る考古学

考古学者を揶揄して「墓あばき」と呼ぶことがある。私も初代仙台藩主の伊達政宗墓を掘らせてもらった時に、古墳など墓をあばく（発掘する）と祟るぞと脅かされた。祟られた考古学者の伝説なども聞いたことがある。

また医者のグループから死に行く人にどんな哲学、心構えで死に臨むかを考古学の立場から教えて欲しいと頼まれたこともある。確かに地下に埋葬する葬法を取ってきた日本では、地下に埋められるので、そのままよく残っている。人々がどう葬られたかを知るには発掘に頼るしかない。また、権力者の大きく目立つ古墳や霊廟などの墓であっても、具体的な埋葬方法や死者を送った思いなどについても発掘でしか解明できない。つまり、墓・墓地は、考古学の本領が発揮できる最も得意分野でもある。

私も長年、墓に係る考古学に関心を持ち、特に縄文時代の死者の装着品・死装束や、死者に添えられた副葬品・供献品などについて研究し、日本の人々の死の歴史を考えてきた。その死に関する文化と歴史について、現在までに明らかになったことをまとめ、それに学んで自分の死も終活も全うしたい。

考えるに当たっては、墓や副葬品などの遺構・遺物は、それ自身で歴史を語るものではなく、また腐って無くなってしまった部分もあることに留意しなければならない。そこで考古資料を現代まで系統的に捉え、現代の民俗に繋げて解釈する必要がある。そのためには各地の民俗誌が欠かせない。また文化を共有する地域集団・文化圏ごとに、死に関する民俗・観念・習慣も違うと想定されるので、文化圏の単位での分析に心掛けたい。

## 二　私たち祖先の葬送と祭祀

### 1　埋葬・葬送・祭祀とは

私たちの祖先につながる新人（ホモサピエンス）段階の人々が、約五〜四万年前から世界に広がり、各地に居住し始めた。新人は集団生活を営み、信仰・祭祀・芸術などの精神世界も発達していた。新人が残した後期旧石器文化では、遊動生活の行程で残した墓も散見されている。そして新石器時代になって定住が始まると、居住地の近くに集団墓地を営むようになった。

世界的には鳥葬や水葬、風葬の文化圏もあるが、東アジアでは新石器時代から土葬の墓地が主流だった。縄文文化圏では、遺体をそのままなり、棺などに入れて土坑に直葬した。また一度葬られた遺体を腐朽《ふきゅう》させて洗骨したり、少例ではあるが火葬して埋葬した場合もみられる。一方南西諸島は洞穴などへの風葬、東北アジアは、木・石の台上や樹上での風葬が前世紀後半くらいまで長らく主流だった（大林　一九七七）。

そして縄文文化圏を構成する北海道北半文化圏、道南から北東北、東北南部、関東甲信越（まとめて中日本と呼ぶ）とその中での細分地域圏（東関東、甲信、越）、東海中部、近畿、中四国、北部九州、南九州の地域文化圏ごとに、葬送と祭祀の共通性と固有性があった。したがって先ず、文化圏ごとの特徴的な精神文化を把握しなければならない。決して日本という枠組みで一括して語れるような縄文時代の死の文化と歴史ではなかった。

万葉集などに見られる人の死を悼む歌には、魂が山に入ったこと（「山中浄土」「山上他界」）を示す歌が多い。そして勢力のある者は、山に死体を埋めて古墳などの塚を築き、塚を築けない者は山中に運んだ（置き葬とも言う）と言う。人は死して山に帰るので、地域を見下ろす山（近くの高所）に墓を作ることが、昔から行われてきたようだ（宮本　二〇一一）。

縄文文化圏の人々も万物に神宿ると考え、人を含めた神々を送って再生を願ったようだ。つまり、ありとあらゆるものを送った「送り儀礼」、呪術・祭りも、縄文の祭祀的な精神を基盤に行われた。ここではトータルに祭祀をひとまとまりの精神文化とし、文化圏ごとに分析する。そして、葬送文化圏とその特徴、歴史的変遷と系統について、時空的に捉えて説明し、その文化が持つ特徴から縄文時代以来の私たち祖先の祭祀や信仰、送りの習俗の特徴を明らかにしたい。

## 2　埋葬・墓の文化要素

縄文時代の地域文化圏ごとの葬送・墓制のバリエーションや地域的特性については、以下の要素から分析してみよう。墓地と墓穴については、遺体の取り扱い、埋葬姿勢、墓穴の構造、そして墓地の特徴などによって分析する。そしてこれらの埋葬方法によって、往時の人々の敬虔な思いと葬送や祭祀の心情を読み取りたい。

### ○とても難しい墓の認定

墓穴（土坑墓）は、人を埋葬するための穴だから体を伸展させて埋める場合（伸展葬）であっても、長さ二メートル前後、幅は一メートル未満の長楕円形や隅丸長方形である。また手足を屈折して埋める（屈葬）場合が、縄文時代では一般的であった。特に中期以前は強く屈する傾向が強く、墓穴は円形に近い。ただし、後期の中日本から南東北には伸展葬の土坑墓が多く、晩期には屈葬が弱くなって墓穴は小判形が多い。また遺体を安置するため、底は平らに掘っている。土坑を補強して崩れを防ぐためなのか、側面に石を組み上げた石組墓、板を組んだ木組墓がある。木組墓は、側壁板の下端が炭化して残っていたり、墓穴の側壁下に細い溝があることによって確認できる。

遺体を安置する際に供献品や副葬品を副える場合がある。また遺体に振り撒いたベンガラ（赤色顔料）や頭に被せた土器、供献品を入れた土器などが残っていることもある。遺体は腐っても漆製品や耳飾り・首輪・腕輪など、遺体の装着品がその位置に残っている場合がある。

そして遺体を埋め置いた後に、掘り上げた土を埋め戻す。掘り上げた土を一気に埋めるので、土の小塊が堆積して単一層を形成している。そして木や石の柱や土器を立てて墓標を、掘り上げ土や砂利・土砂を盛って土饅頭（マウンド・封土）を作った。土饅頭に扁平な石を並べ、敷き詰めた配石墓や土饅頭に土器や副葬品を供献する場合もある。土饅頭や供献品は、通常、後世の耕作などによって削平されて残っていない場合がほとんどである。なお、墓穴は群在して墓地を形成する場合が多いので、配置や群在性（埋葬小群の形成）が墓を認定する目安ともなる。

以上のような状況や痕跡を検出して、墓穴であることを確認する。しかし、人骨、副葬・供献品、ベンガラは有効な墓認定の決め手となるが、人骨は貝塚や石灰岩洞穴、まれに低湿地でないと残らない。ベンガラや副葬品などが入れられている場合も低率である。つまり墓穴の形や大きさ、埋まり方などしか認定基準がない場合も多く、削られて残りが悪くて検出できなかったり、判断が困難な場合も少なくない。従って墓が検出できず、墓地がないことになってしまう時期や地域、遺跡があることも承知していていただきたい。

## 3　埋葬・葬送の方法

### ○遺体の取り扱い

縄文時代の墓は、ほとんどの場合、土坑墓あるいは大人を再葬した土器棺と乳幼児土器棺である。これまでに遺体を包んだものが発見されたケースは極めてまれである。わずかに石狩低地の美々《びび》4遺跡の樹皮、千葉市の内野第1遺跡の赤漆文様が残る編布、滋賀県東近江市の正楽寺《しょうらくじ》遺跡の川辺から孤に載せられて見つかった例くらいである。

また漆製品の帯や肩パットなどが残っている例から、着衣があったことが窺える例がある。一方、風葬や洗骨した後の再葬・集骨葬、あるいは火葬の場合は、直葬が多かったのだろう。また埋葬場所は、貝層上の墓穴程度の大きさの窪地（貝塚上での明瞭な墓穴は寡聞にして知らない）や、盛土遺構中の墓穴・窪地があり、石狩低地の後晩期の盛土墓などと呼ばれる遺体に盛土しただけの墓もある。

### ○土坑墓の種類

多くは前述したような工程で築かれた素掘りの土坑に、上面に石を配した配石墓、坑内側面に石（組石墓）や木材（木組墓）などを組んだ墓がある。前者には墓穴の上に封土を被せてその上に直径約四・二メートル（縄文尺＝約三五センチの倍数）にぐるりと石を置いて囲んだ環状列石墓が、今のところ鹿角市の天戸《てんと》森《もり》遺跡などの少数例を除けば、三内丸山遺跡に多数ある。また丸く大きな竪穴を掘り、周囲に土手を巡らし、その内外に土坑墓を設営した周堤墓がある。

### ○埋葬姿勢（屈葬、伸展葬、座葬など）

おそらく縄などで縛った、遺体の手と足をそれぞれの屈曲の強さは、墓地内でのばらつきや地域差と時代差があった（後出図6－2）。また頭が向けられた方向（頭位）や顔の向きによって横臥（左ないし右に横向き）屈葬とか仰臥《ぎょうが》（仰向き）屈葬などと説明する場合もある。頭位は北から西に向く傾向がみられ、日没の方向を向かせたとする意見もある。しかし、この傾向とは異なる場合も多く、頭位が示す意味は確定していない。なお、中近世になると座棺に埋葬される座葬が多くなる。

### ○土坑墓上の小屋組みや犬弾きなどの施設

楕円から円形の土坑墓や大型土坑墓の周囲に柱穴が巡る場合、あるいは大型の土坑墓の底面中央に柱穴があり、小屋掛けがあったと推定できる場合がある。遺体を小屋の中にそのままにし、埋め戻さずに置き、祭祀を続けた可能性も考えられている。

また近年まで民俗的に見られた墓を荒らされない工夫とされる「犬弾《はじ》き」や「日よけ」と呼ばれた覆いもあった可能性がある。

**○集落と墓場の位置関係、墓地・共同墓地の構造**

定住化が進んだ早期半ばから、集落内そして集落から離れた位置に墓地が設営されてきた。一方、中期の中日本や南東北は、環状集落の中央広場に墓地を設営している。墓地の構造とそこでの埋葬位置は、被葬者と被葬者同士の関係を表している可能性がある。墓地での墓の分布は、いくつかの墓のグループ（墓小群）に分かれることが多い。これを埋葬区、埋葬小群と呼ぶこともあるが、ここでは墓小群と呼ぶ。墓小群は埋葬された人の血縁関係、埋葬頭位のまとまり、あるいは民族例を参考にして、家族や血縁をつなぐ人々のまとまりと考えられる。

他に廃絶した後の竪穴住居跡の内に、多くは複数遺体を埋葬した廃屋墓、子供と大人の組合せも含めて二〜三体を同時に埋葬した多数埋葬もある。廃屋墓と多数埋葬は、東関東を中心とした貝塚地帯で発見されることが多い。貝による保存効果によって人骨が残り、確認しやすいのかもしれない。なお、この地域の竪穴住居の床面、あるいはそれが埋まる過程で時には対になった完全な形の耳飾りや、深鉢や浅鉢形などの完全な形の土器が発見されることも良くある。これらは遺体が朽ち果ててしまった状態の葬送の跡かもしれない。

# 三　各地域文化圏での埋葬・墓制、祭祀、送りとその変遷

## 1　定住以前の墓――埋葬の始まり

われわれの祖先だけあって、新人は、脳容積も同等で芸術・信仰などの精神生活も基本的には同じであったらしい。シベリアのマリタ遺跡では、装身具を着け、マンモス牙製の像や石製道具（石器）も副葬された子供が発掘されている。日本列島の私たちの祖先も、後期旧石器時代の遊動生活の行程で埋葬した墓が、約二万年前の北海道湯の里4遺跡や大阪府はさみ山遺跡で発見されている。しかし、集団墓地は無かったようだ。

やがて縄文時代草創期になると定住化が始まり、南九州の鹿児島市掃除山遺跡では、竪穴住居や三基の墓、煙道付炉穴、貯蔵穴などをもつ集落が営まれるようになる。そして全国各地に早期半ばになると定住集落が安定し、人々の死によって必然的に家族集団体ほどの集団墓地が設営された。

以下に各文化圏を支えた人々（民族）がどのような死の様式（文化）をもち、墓地を営んだかについて、『縄文時代の考古学9　死と弔い』（同成社　二〇〇七）、『シリーズ縄文集落の多様性Ⅱ　葬墓制』（雄山閣　二〇一〇）、『季刊考古学130 特集　縄文時代墓制研究の新動向』（雄山閣　二〇一五）に学んで、かいつまんで以下に説明しよう。

## 2　東日本の定住成立期（早期後葉から前期）の葬送と祭祀

### ○北海道の早期半ばからの定住による墓地、祭祀

完新世を迎えて温暖化した地球であったが、北海道は寒冷な旧石器時代的環境が続き、土器や石鏃の使用などを特徴とする縄文文化へ直ちには、移行しなかった。やがてさらなる温暖化とともに早期になると縄文文化圏に組み込まれた。

早期後半（約九千年前）には東日本と同様な貝殻沈線文土器文化圏となり、定住集落の成立と共に集団墓地が営まれるようになった。この期の北海道の墓には、石鏃・石匙・石斧などの実用的な石器や剥片が副葬される。時に墓地は、集落から離れて設営され、この地域は早期後半になっても似た状況が続く。

一方、道南・道央には副葬品が多い大型の隅丸方形土坑墓に、足形・手形付の土版も副葬されるという特色ある地域性を示す。また函館市垣ノ島《かきのしま》B遺跡や白老町虎杖浜《しらおいちょうこじょうはま》2遺跡のように、最古の漆塗り繊維製品が墓に入るのも特色である。これら漆製品を身に着けたシャーマン・リーダー（司祭者）の登場が窺える。副葬品や墓地の独立、送り儀礼、そして東北北部での土偶（根井沼型）祭祀の始まりが確認できる。これらの状況から見て、来世観と循環・再生などの葬祭文化の確立が認められよう。

一方、より北、縄文文化の北の先端である道東部では、早期後半のテンネル・暁文化圏でも北海道南半と同様に、多量な石鏃・石匙・石篦《いしべら》、石斧、石錘、土器などの実用道具類の副葬が認められ、

ベンガラの散布も高率で認められる。これ以後もベンガラの高率散布は、道東地域の特色となっている。

また北海道では、珪藻土（食用となった土）が、副葬される特色がみられる。珪藻土は、アイヌも食べ、擦文期の墓の頭部脇にも副葬された。藤原秀樹の教示によれば、分析によってまだ裏付けられていないが、縄文時代だけでも釧路地方では晩期まで数遺跡の墓に白色粘土（珪藻土）が見られ、道南でも後期を中心に数遺跡に見られると言う。

実用道具の多種・複数の副葬やベンガラ散布、送り儀礼の発達などは、北方文化との強い関係を示す。石刃鏃文化、アムール網目文、開窩銛頭・釣針など北方系漁具などの流入と共に、北からの文化、人々の南下・流入を示し、この地域が北方系要素の玄関口となっていたと言える。

なお、石狩低地の後期後葉には周堤墓が作られ、土偶祭祀も持ち込まれた。後者については、そもそも土偶祭祀が変化して受け入れられて墓に副葬された石狩低地の文化と同様に、根室市の初田《はった》牛《うし》20遺跡の土坑墓にも見られた。土器型式も一貫して独特な地域化圏が続いた地域であり、北方文化の影響の強い縄文文化の周辺文化としての独自性を維持し続けていた。

### ○早期半ば以降の西日本から中部高地の石の祭祀

早期半ばに九州北部から近畿東海・中部高地まで広がっていた押型文文化圏には、本格的に石を用いた配石遺構が見られた。前期から中期後半にも中部高地には阿久遺跡などで、環状配石群が継承された。

## 3　定住盛期の北・東日本の葬送と祭祀

北海道南部（道南）から津軽海峡を挟んだ地域の前期半ばには、円筒文化圏が成立した。竪穴住居、貯蔵穴、そして土坑墓が中央を通る道に沿って縦列配置（列状墓）し、外回りには捨て場が形成された。東北の遠野の町などによくみられる「ふんどし町」状の円筒モデル村・集落である。

この円筒文化圏の前期後半の列状墓には、多数の石鏃、石槍、石匙、石斧・石斧素材と砥石、完形土器、アスファルト塊などの実用品が副葬されている。ここにも数器種の実用的な道具がセットで、土坑墓に高い比率で副葬される特色がある。北海道から東北北部に共通するこの時期までの特色であり、遺体と共に彼岸に送られた品々だったと思われる。この特色は、円筒文化後半までほぼ同地域に継承された。

その後、中期後葉の榎林《えのきばやし》・最花《さいばな》文化期まで、三〇〜四〇キロ圏内ごとに三内丸山のような大規模拠点集落が継続し、その周辺に拠点集落が点在すると言う構造の地域社会が形成された。

発掘によって集落構造の概要が把握された三内丸山遺跡では、円筒土器文化の後半になると、集落造営は活発になった。集落内を大きく曲がって通り抜ける幅の広い道と掘削盛土による造成も始まり、道の両側には列になって並ぶ土坑墓、西側の斜面に大きな環状墓が点在し、配石墓・土坑墓・配石遺構がまとまった墓域も見られる。また「盛土遺構」とも一部重なって居住域に近く、乳幼児土器棺群もある（図6-1。青森県教育委員会　二〇一七）。

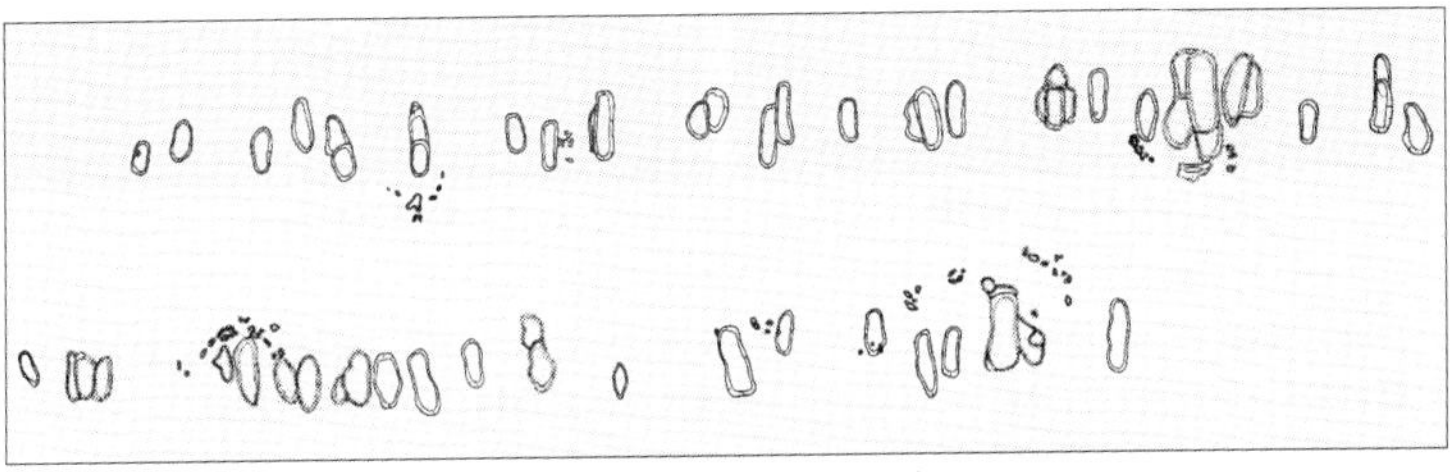

道を挟んだ土坑墓の列（列状墓）

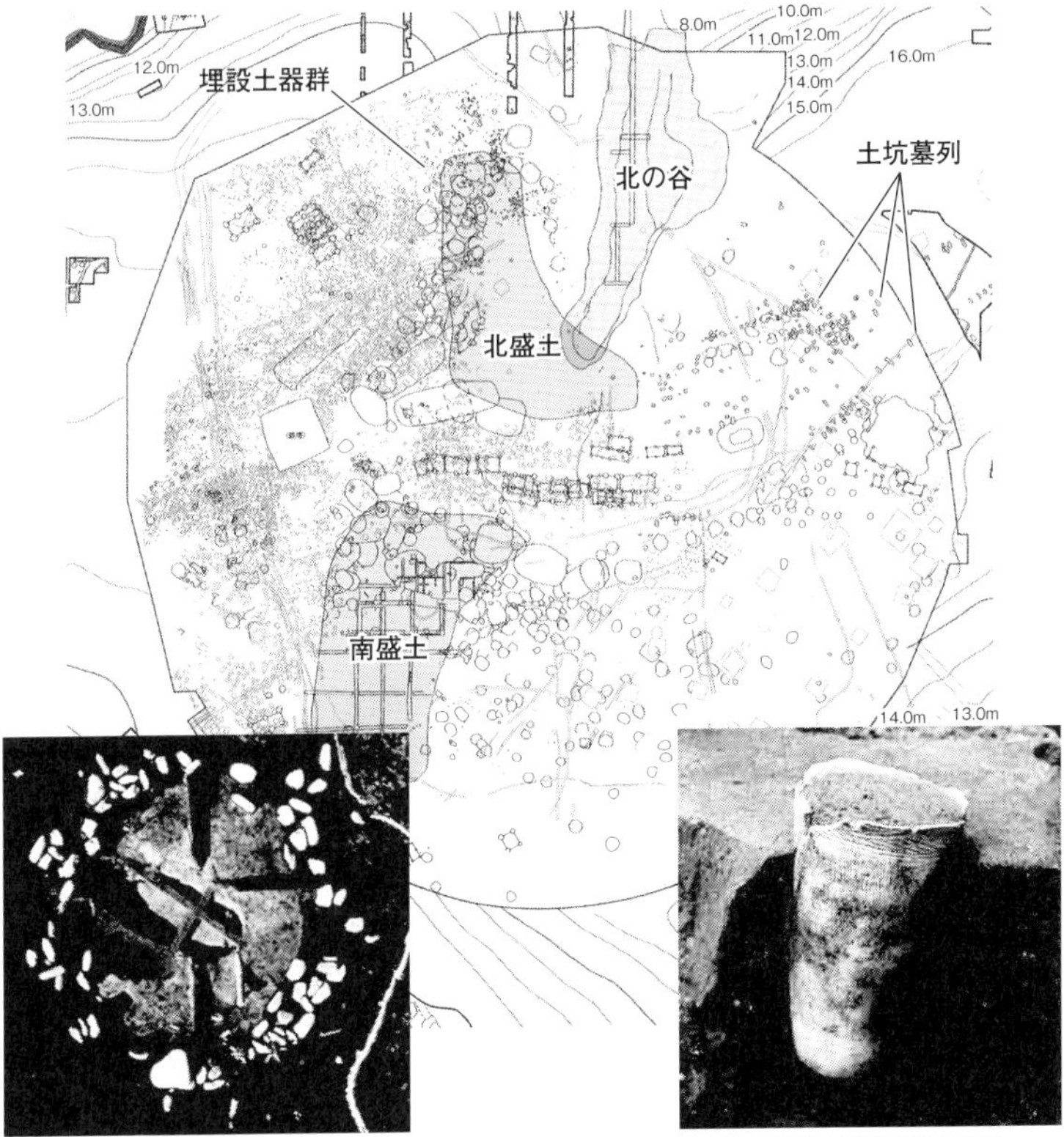


西側斜面に並ぶ環状配石墓

乳幼児用土器棺（埋設土器）

図6-1　三内丸山遺跡の各種墓域（青森県史編さん考古部会 2002 などを基に作成）

墓の並びや群在性（グループ）、規模や構造から見て、集落内の年齢、役割、性別などによる階層化が伺える。環状配石墓はこの村の司祭者、列状や配石墓は大人の墓、土器棺（埋設土器）は乳幼児用と考えられる。また円筒文化圏の盛土遺構・貝塚からも埋葬遺体が確認できることがあり、異なった扱いがされた人々がいたと考えられる。またこの文化圏で発達した「盛土遺構」では、盛んに送りと葬送儀礼が行われたと推定できる。定住が安定した発展社会が盛期を迎え、精神生活（縄文スピリット）が維持されていたことを示している。

### ○前期後半の諸磯文化圏内、富山市小竹貝塚の墓地

小竹貝塚では、約五百年にわたって営まれた前期後葉の大規模な墓地が発掘された（富山県文化振興財団埋蔵文化財調査事務所　二〇一四。図6-2）。貝塚の高所に沿って並ぶ、長軸一〇メートル、幅七メートルほどに広がる二か所の墓地から、合計九一体の人骨が発見された。それまで全国で散発的に見つかっていた前期の人骨数を、この貝塚だけで凌駕するほどであった。人骨には多くの副葬品が伴って発見された。関東の前期の環状集落の墓地形態や副葬品の様相とは異なり、円筒文化圏の前期の様相に似た墓制と見られる。

強い屈葬の単独葬三六体があり、それらは男性の抱石葬が主体であった。他に伸展葬一体、土器棺四基が認められ、その他は散乱骨であった。磨製石斧四、石鏃一、骨角製刺突具一をまとめて右腕脇に副葬された老年の男、磨製石斧七点と歯牙と骨角製ペンダント各一点や貝製品を装着した石皿を抱いた男、石匙・石鏃と磨製石斧が副葬された、いずれも男性人骨が目立つ。

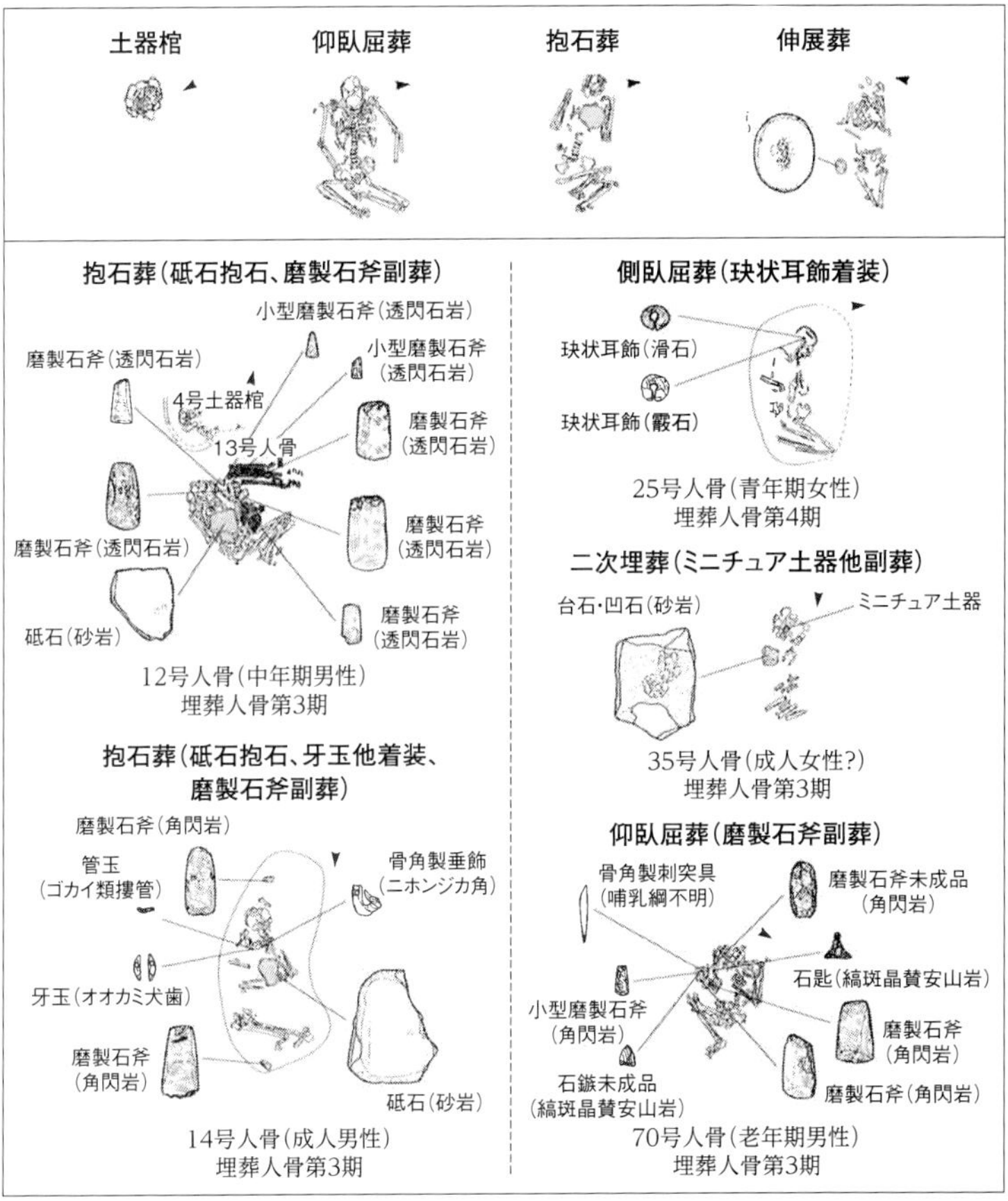


小竹貝塚における主な人骨の埋葬形態と装身具・副葬品（縮尺不同）

墓地全体図

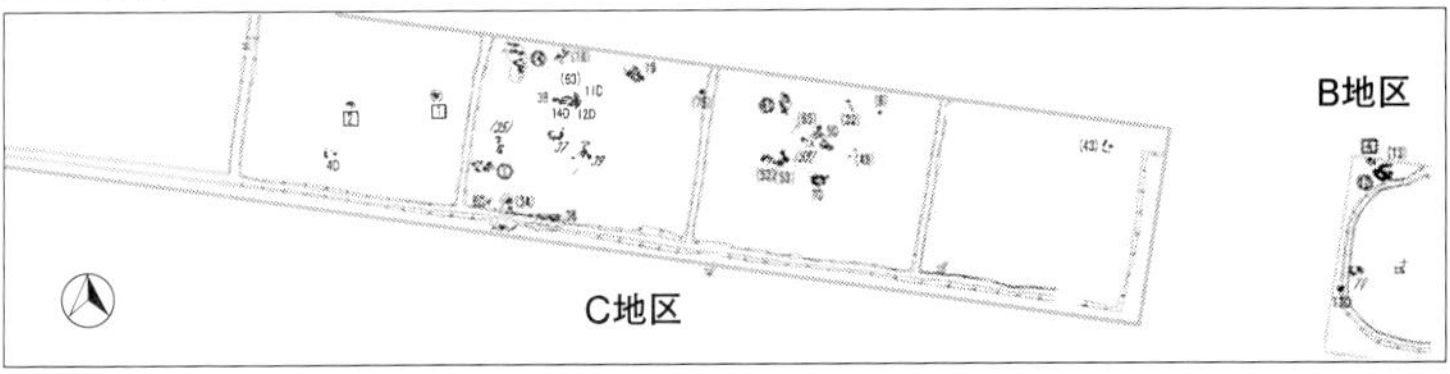


図6–2　富山市小竹貝塚の墓地と各種埋葬方法（富山県 2014 を基に作成）

抱き石をもつ男や深鉢形土器が被《かぶ》されていた人が見られるのは、中日本の前期から中期の特徴であろう。また石斧が副葬された男性と同様に男も女も、鹿角製ペンダントや牙玉などの動物質の装身具を装着する例が多い。いずれにせよ東日本の前期に共通した実用道具を副葬し、装身具も高率で着けた特定の人物が手厚く埋葬された時期であり、この地域文化圏の特徴であった。

## ○関東の前期環状集落から中期の東海・中日本・南東北の墓制（図6-3）

前期中葉の宇都宮市根古谷台《ねごやだい》遺跡は、環状集落の中央広場に強い屈葬が想定される円形基調の土坑墓の小群が、二十数か所点在する。その南西角の一群（八基）の土坑墓から管玉・丸玉・玦状《けつじょう》耳飾り・石鏃と石匙も見つかった（宇都宮市教育委員会　一九八八）。リーダー・シャーマン（司祭者）の家系の墓だったのだろう。また諸磯期の関東では、浅鉢が副葬されているのも特徴である。

続いて東海・中日本（関東甲信越）・南東北では、前期の関東と同様に中期も拠点集落であった環状集落中央の墓地には、数か所の墓小群が認められる。その一角からヒスイ・コハクの大珠《たいしゅ》が出土する場合が目立つ。

つまり、環状の拠点集落の中央に墓地があり、その一角にヒスイやコハクの大珠が出る墓があるという墓地構造は、前・中期の関東一円に広がっていた。墓への玉類などの副葬率は数パーセントで、埋葬頭位は北西が多く、抱き石や深鉢を被るのも特徴的である（大工原　一九九八）。

ただし、中期の東関東（千葉から茨城にかけて）の環状集落の墓地は中央だけではなく、広場を囲む居住域にも重なっていたらしく、廃絶された竪穴住居の窪地に埋葬された例も少なくない。そこに

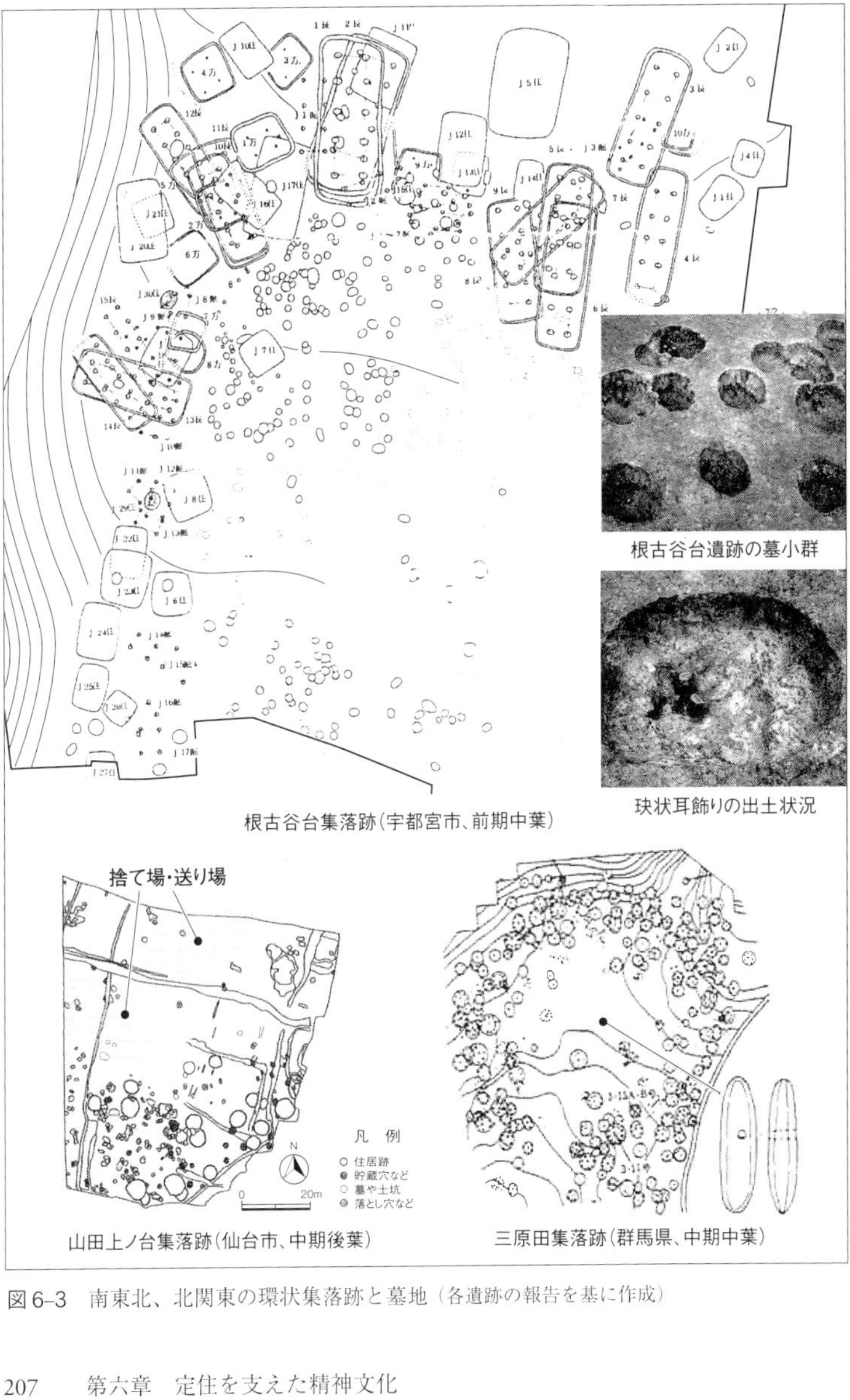


根古谷台遺跡の墓小群

玦状耳飾りの出土状況

根古谷台集落跡(宇都宮市、前期中葉)

山田上ノ台集落跡(仙台市、中期後葉)

三原田集落跡(群馬県、中期中葉)

図6-3　南東北、北関東の環状集落跡と墓地(各遺跡の報告を基に作成)

貝殻なども廃棄されたことによって人骨は保存され、廃屋墓葬と注目されてきた。貝殻などと共に人やシカ・イノシシなどの頭骨なども送られた跡と見られる。

なお、廃屋墓の中でも数体の人骨が、折り重なるように発掘された千葉県市川市の姥山《うばやま》貝塚例が、フグ毒死した家族の埋葬結果だと解釈されたこともあった。しかし、人骨が層位的に時間差をもって出土することなどから、現在、この解釈は否定されている（堀越　二〇〇五）。

## 4　最も発達した後期の葬送と祭祀——石の霊力を信じた東日本の後期文化

関東では中期の後半から石を敷いた竪穴建物（敷石住居）、配石墓・組石墓、石製墓標など、石を用いた墓、「配石遺構」などの石の祭祀的構造物が流行する。関東の加曽利E文化圏に中期末から始まった敷石住居は、後期になって大型化して典型化した。分布も南東北の福島まで広がった。また中部高地でも中期に環状配石や配石墓群が始まり、より北の大木文化圏にも中期半ばには北上し、岩手県の北上市樺山遺跡など、そして中期末には大木文化圏の北部に位置する岩手県北の御所野遺跡などまで北上した。

そして後期には、石を用いた敷石住居や配石墓の流行だけでなく、北東北から道南の十腰内《とこしない》文化圏では、環状列石などの葬送を中心とした典型化・様式化した祭祀場が整備され、そこには日時計などと呼ばれる配石モニュメントが設置された。さらに、この文化圏内でも津軽を中心とした板石を用いた箱式棺（組石墓）、下北半島・道南を中心とした土器棺墓による埋葬という細分の地域文化圏を持った。

一方、より南の新潟・長野・群馬・山梨・神奈川などの堀之内式文化圏から仙台平野、北緯四〇度前後の岩手県までには、配石墓・組石墓・土坑墓を並べ、石や溝で囲った墓地が分布した。特に甲信と北・西関東には、張り出し部を持った敷石住居形や環状・方形の配石を持つマウンドの裾に列石や立石を並べた祭祀場の設営が認められる。

次いで加曽利Ｂ・こぶ付き土器文化の時期になると、甲信越から北・西関東、仙台周辺、北東北に配石墓・組石墓が特徴的に広がった。

なお、中日本や仙台周辺の組石墓や配石墓には、耳飾りや櫛が副葬（装着）され、あるいは鉢・浅鉢・壺が副葬されることがある。再葬、火葬、土葬とも関係して土坑墓、石組墓、土器棺墓が、複雑なセット関係と地域性をもって墓制が成り立っていた。なお石無し県の千葉では、この時期でも石を用いた構造物は皆無である。石材の供給・入手環境（石材環境）は、石の利用に関して大きな限定要素となることに注意しておきたい。

また後期の東日本は、一般的に墓への装着品・副葬品の率は低い。しかし、組石墓や土器棺に一時埋葬した後に、洗った骨を丁寧に再葬したという手厚い葬り方は、死者・遺骨に対する祈りの強さを表わすという意見もある（児玉　二〇〇七）。また、狩猟文土器に見られる物語り性のある場面や人体文土器などに表現されたシャーマンなども、この文化圏での祭祀性の高まりが感じられる。

ところで岩手県盛岡盆地の南部に位置する大木文化圏にあって、典型的に様式化した環状集落として良く例示される西田遺跡では、中央に数基の土坑墓が相対して二列に並んでいた。十腰内文化圏の環状列石でも中心に大きな配石墓や土坑墓が置かれることがある。北海道の石狩低地の周堤墓にも中心に置かれる墓がある。これら中央の埋葬は、祖霊を中心に据えた祭祀の形なのであろう。

### ○後期後葉の北海道石狩低地を中心とした周堤墓など——縄文時代では最も厚葬の文化圏

後期後半の石狩低地は、関東の加曽利B式期から、こぶ付き土器期までの広域文化圏の北部に位置した。そして、地方型である手稲・堂林・御殿山式文化が変遷した地域であった。この間に群集墳墓、そして手稲期を中心に北東北の環状列石に比肩される周堤墓が営まれた。周堤墓は、墓標をもつ墓、前の時期からの特徴であった顕著な装着・副葬品をもつことで注目される。男には、弓と石鏃、斧、石棒・石刀、石錐など、女には櫛、連珠、腕輪、土器が副葬される率が高かった。

引き続き堂林式期には、恵庭市のカリンバ遺跡や西島松5遺跡などに見られるような、さらなる厚葬が見られた。特に帯や被り物、耳飾り・腕輪・櫛などの漆製品や首飾りである連珠（ネックレス）などの豪華な装着品を持つ。覆い屋があったと見られる深い大型円形の土坑墓に、数体の女性シャーマンが追葬・合葬されていたと推定できる（図6-4）。厚葬と共にシャーマンによる祭祀の高まりが感じられる。

このように広く東日本の後期には、一次埋葬後の洗骨や火葬をした後に再葬した大型配石墓や土器棺墓、配石墓など、複雑な工程による手厚い埋葬が見られる。また大型土坑墓に多数を埋葬し、漆塗りの装着品・装身具を着け、石斧や棍棒など多くの副葬品、威信財をもつ、リーダーやシャー

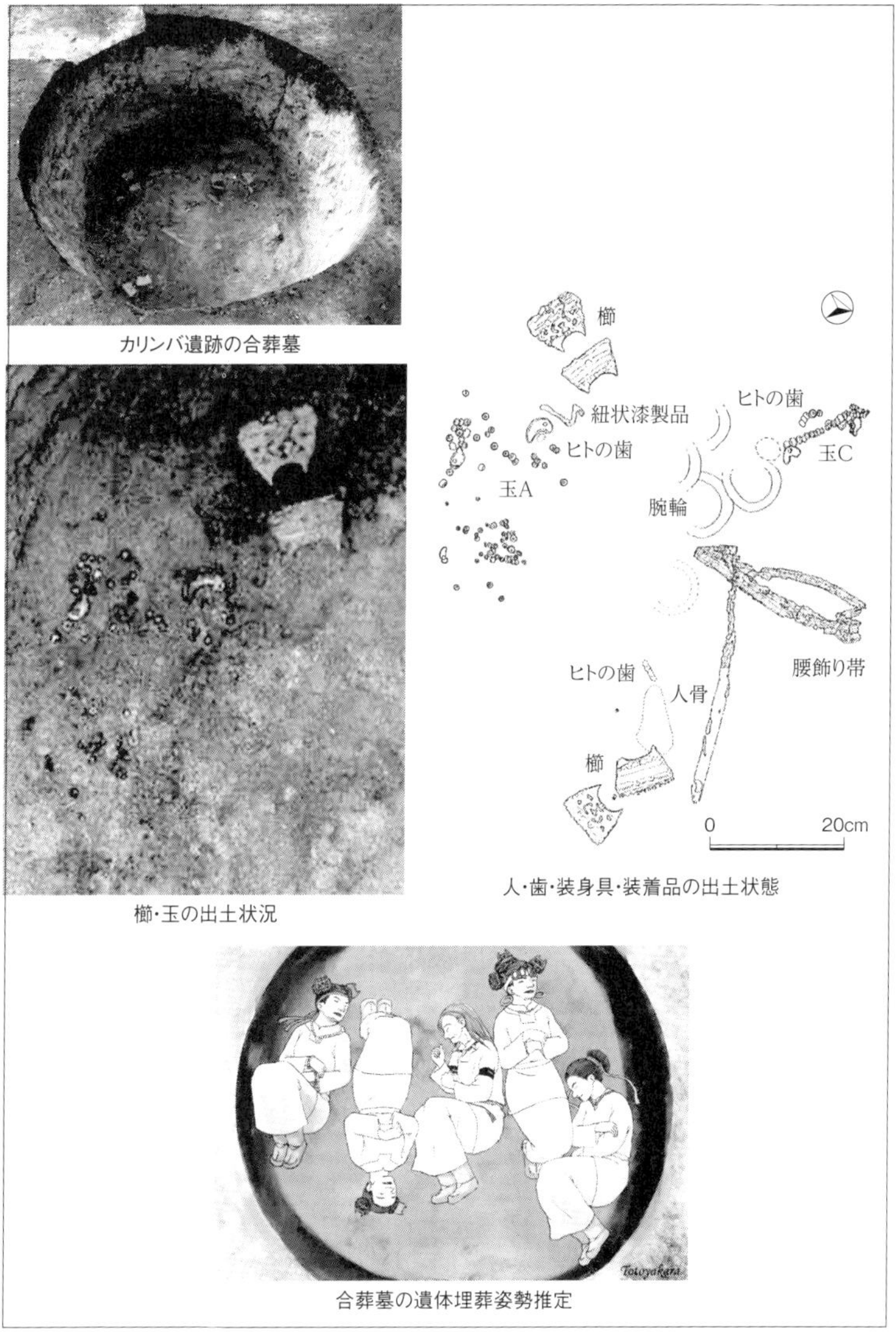


カリンバ遺跡の合葬墓

櫛・玉の出土状況

人・歯・装身具・装着品の出土状態

合葬墓の遺体埋葬姿勢推定

図6-4　カリンバ遺跡の大型墓と埋葬（上屋・木村 2016）

マンの顕在化も、社会の複雑化とそれを支えた葬祭の隆盛を示していよう。

## 5　晩期の東海北陸文化圏と亀ヶ岡文化圏の葬送と祭祀

後期には東日本から、環状集落モデルや配石墓群、黒色磨研土器、土偶・石棒、切り目石錘、抜歯などの習俗も、西日本へ伝播したと言われてきた（佐原　一九八七）。

甲信越の後期から発達した石を用いた祭祀場や墓作りは、三重県天白《てんぱく》遺跡など東海にも波及した。やがて晩期の近畿・東海の土器文化圏には、洗骨した人骨を再葬した盤状集骨葬や土器棺墓が主流となり、土器棺墓は弥生時代まで続いた。そして東海には後期から晩期には、土器型式以外に今朝《けさ》平《だいら》型から分銅形の土偶、叉状犬歯、晩期の御物石器が多用される地域文化圏が形成された。この文化圏には、かねてより岐阜県下呂市で産出する良質石材・下呂石の流通範囲でもあった。

一方で渥美半島の吉胡《よしご》・伊川津《いかわづ》貝塚などに見られる、二〜三百にも及ぶ多数の貝塚への埋葬が特徴的である。また晩期の近畿では東大阪市の日下《くさか》貝塚や阪南市の向出《むかいで》遺跡に見られる環状に墓穴を配置した墓地が特徴的である。

### ○亀ヶ岡文化圏の墓制と送り祭祀

小判型やや長い楕円形の土坑墓が、墓小群を形成し、その小群が地形に沿って環状に並んだり、斜面・尾根筋に延びるように並んで、墓地全体を構成している。

このような墓小群は家族や血統を継ぐ人たちの墓域と考えられ、櫛・連珠・腕輪などの装着具、敲石・磨石・石皿などの副葬品をもつ女の墓、石鏃・石斧などが副葬された男の墓、ベンガラが散布された墓などが含まれる。ただし、服装・装着品を持つ者は少ない。このような墓地や墓の特徴からは、各家族の分立と家長の存在が想定できよう。

亀ヶ岡文化の葬祭場は、村を離れた台地や孤立丘、山の斜面上に作られた(遠く離れていて本村が不明の場合も多い)。墓地は、多数の墓小群で構成され、合計二〜三百基にもなる大規模な墓地が、特に北東北(秋田・岩手・青森)に作られた。一方、近年、新潟県北から東北地方一円に、掘立柱建物が環状に配置された拠点集落が相次いで発見されている。このような拠点集落を構成する人々の共同墓地だったのだろう。

また近年、津軽の五所川原市五月女《そとめ》萢《やち》遺跡から、二列の柵木に囲まれて整備された晩期の葬送と送りの場が、良好な保存状態で発見された(図6-5)。孤立丘陵の縁に弧状に巡らされた柵列の内側には、やや高所を囲んで合計一七〇基ほどの埋葬人骨が残る墓小群が、環状に分布していた。他所から持ち込まれた黄褐色の土が、土坑墓上に盛られて土饅頭となっていた。石の墓標が建てられた墓もあった。所々に埋葬イヌ骨も見られた。この墓地全体を覆って六か所ほどに、夥しい量の土器・石器などの遺物集中範囲(物送り場跡)が認められた。さらに奥まった一か所には、魚介類の食べカス、作り掛けの石刀や多数のメノウで作った石錐、メノウ玉の原石、ベンガラの素材となる赤鉄鉱などが、廃棄・送られた貝塚もあった。いずれも人やイヌと同様に、神に送られた物たちだったのだろう。

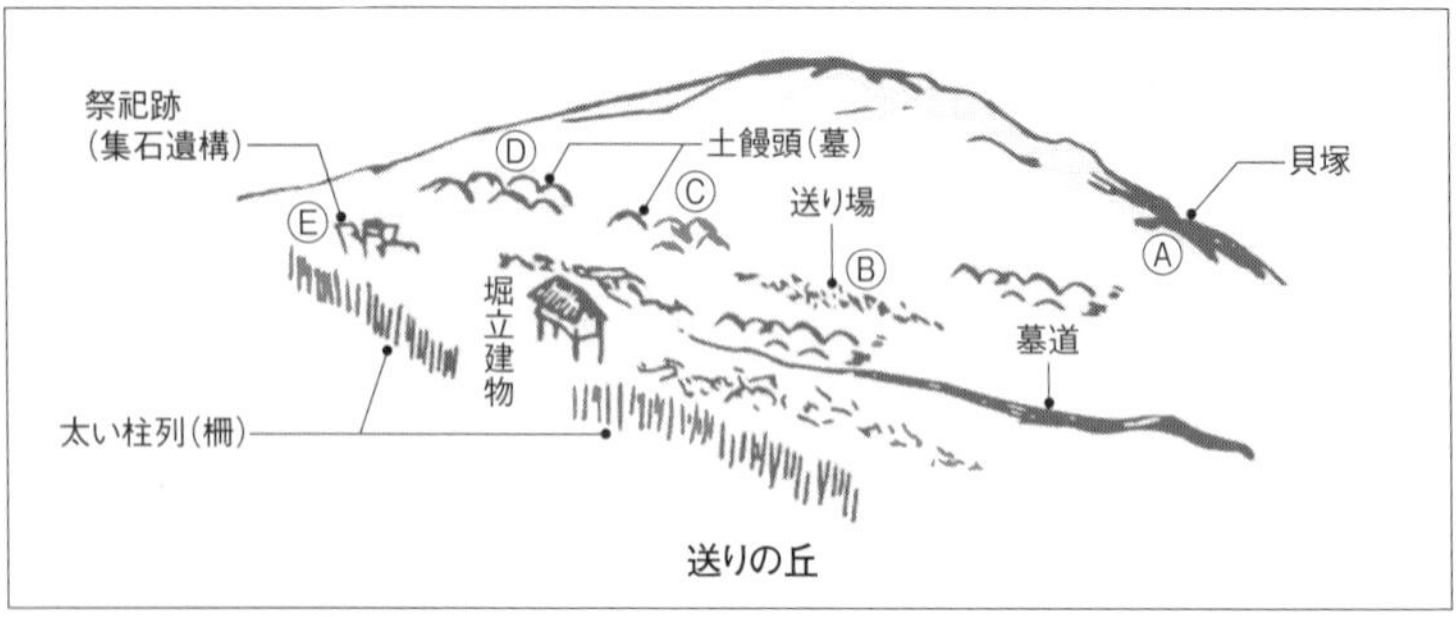


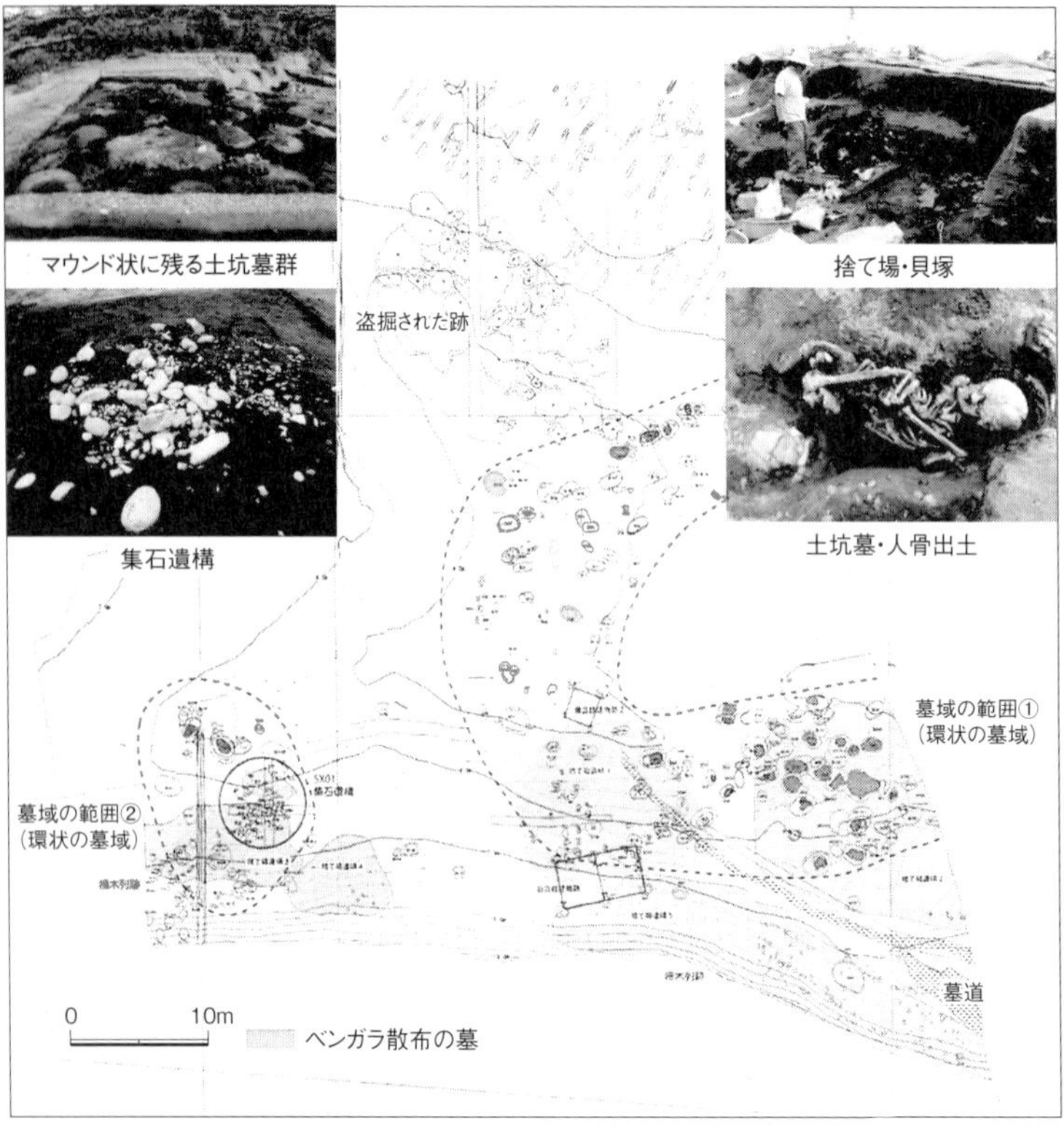


図6-5　亀ヶ岡文化の葬送・送り場（五所川原市 2017 を基に作成）

この墓地・送り場の中央には、浅く窪んだ道（墓道）が入り込み、中央のやや下寄りにはくびれ石、凸石、土偶や注口土器の注口部などの破片、石皿や窪み石などの礫器が、直径五・五メートルほどの範囲に集められていた。祭祀的な石・祭祀遺物の破片なども集められた「集石遺構」と呼ばれている。その前は固く踏み固められた地面となっていた。このような「集石遺構」は、同じ亀ヶ岡文化圏の青森県内津軽や下北にも見られ、宮城県北の北小松遺跡（宮城県教員委員会　二〇一六）、その南の亀ヶ岡文化の影響がみられる関東の安行文化圏でも、群馬・埼玉県などで散見できる。

また柵の内側には、墓地の管理や葬送用具・食膳具など置かれ、祭祀が執り行われたと想像される、太い柱で建てられた二棟の掘立柱建物が発見されている（五所川原市教育委員会　二〇一七）。

なお、亀ヶ岡文化圏の終末期には、大形浅鉢を頭部に伏せた土坑墓が、宮城県北半の里浜貝塚寺下囲、摺萩遺跡、北小松遺跡、根岸遺跡、岩手県南の本内2遺跡に分布していた。この範囲は、亀ヶ岡文圏内の細分地域文化圏を示していると思われる、

以上、縄文時代の地域文化圏ごとに、墓制や祭祀などの精神生活について総合的にその特徴を説明してきた。ただし、発掘資料が希薄な地域や時代があり、筆者の力量不足によって特徴が把握できなかった地域文化圏も多い。将来の課題としたい。

## 6　縄文時代以後の埋葬の歴史（土生田編　二〇一三など）

弥生時代になって身分や権力者が生まれると、それらを埋葬する立派な墓が築かれるようになる。

この間の庶民の墓はほとんど知られていない。縄文からの伝統は途切れてしまったのだろうか。奈良の都や京都の平安京そして地方の政治・商業的都市の庶民は、平安末から鎌倉時代初期に書かれた餓鬼草紙や柿本人麻呂の歌などが引用されて、語られてきた。つまり、少なくとも下層民や流浪民は、川原や山などに捨てられ、流れに流されたり、腐敗して消えていったと考えられている。

鎌倉時代の武士階級は石塔や板碑などを立て、そこに火葬されて埋葬されることが一般的だった。一方、当時の首都・鎌倉や地方都市の遺跡では、濠や溝などから、牛馬やイヌなどと同様に人骨が散乱して発見される場合も多い。鎌倉では、西河原遺跡（材木座）や由井ヶ浜南遺跡などで、千体を超える人骨が大量に大きな穴に集められて埋められていた。都市における大量な死者の処理方法だったのだろう。

一方で、中世の村落における墓地の様相が、発掘例を取り上げて歴史として語られることは少ない（高田　二〇一二）。中世からは武士階級が石塔・土壇・火葬骨壺や土坑墓として埋葬され、そこが聖地となってその周辺で庶民の遺体・火葬骨が、葬送された。中世には庶民にも土葬だけでなく、火葬が流行ったらしい。筆者の知る範囲では、岩手県一戸町の野田Ｉ遺跡で、十六世紀の一戸南部氏に関係する宝篋印塔を中心に、焼土と焼けた人骨片（散骨）や七体の「置き葬」、ウマの骨がまとまって多量に、三重の溝に囲まれた二百平方メートルほどの範囲から出土している（一戸町教育委員会二〇〇七）。また、さいたま市で大古里《おぶさと》遺跡などから土坑墓や火葬墓群と焼き場跡が発見されているし、仙台市でも同様な遺跡が数か所報告されている。上越市の浜辺の善光寺遺跡では、珠洲《すず》焼の火

図6–6　新潟県北三面ダム水没前の配石墓地

葬骨壺がまとまって発掘されたという。農山村では、蓮台野や鳥辺野などと呼ばれた山の中に運ばれる「置き葬」も多かったようだ。また中世末期になると墓標もはやり始めるという。

東北では自然石を用いることが多く、都市部では十八世紀に頭部が蒲鉾型、十九世紀には各中型が一般化していった。

江戸時代には、火葬から多くが土葬に移行して座棺が増える。また都市部・町場周辺では檀家制度・寺請制度によって寺の火葬場で焼かれ、墓地に埋葬される場合が多くなった。墓標も副葬も一般の人々にも普及した。六文銭や数珠、櫛・笄・入れ歯・陶磁器や漆器椀・メガネなど個人の持ち物、たばことキセル、徳利など嗜好品も入れるようになった。

後には家族墓として先祖代々の墓となり、区画的な墓地が整備され、ほぼ最近（昭和四十年代）までこのような墓制が継承された。一方、山漁村・僻地では、縄文時代に似た配石墓、土饅頭が集落の人々によってつい最近まで続いていた（図6-6）。亡骸と魂に別れを告げ（告別式）、日ごろ仲良くしていた関係者で送る、墓地までの葬列、野辺の送りが行われた。

現在は江戸からの仏教などと寺院の庇護のもとで続いてきた歴史性と地域性の延長で継承されてきた墓制と祭祀が、地域から都市部への移住、共同体の弱体化、宗教心の希薄化などによって、大きく変化しようとしている。高齢化した団塊世代などにとって、どう葬られ、どう送られるかは、当面、最大の課題である。

## 四　葬送と祭祀のまとめ

○東北アジアの葬制と祭祀

アニミズム文化圏では、遅くとも新石器時代から祖先たちは来世観を持ち、再生を信じていた。この文化圏での貝塚では、家畜であったイヌや食べカス・壊れた道具、土や焼け土・灰などまで送られ、共に人も貝塚で葬送された。またこの地域の一般的な土葺き竪穴住居も、焼いて（解体）送られることが多かった。

関東では船橋市取掛西貝塚の竪穴建物跡の凹地で、早期半ば（約一万年前）の動物送り儀礼が認め

廃絶した竪穴住居に投棄された貝層の下に配置されていた猪肉

貝層の下にあった猪の頭骨等

図 6–7　最古の動物送り儀礼跡（船橋市取掛西遺跡、約 1 万年前）（船橋市教育委員会 2013）

られる（図6-7）。北海道では釧路市の東釧路貝塚で早期後葉のイルカ頭骨を並べた送りが確認できる。送り儀礼は、中期後葉には一段顕著になり、後晩期には盛んになるとともに、縄文文化圏全域に普及した。

### ○地域文化圏の祖先が支えた固有な精神文化

定住が始まって経済的な基盤も安定すると、集団の絆・和・結束を保つため、祖霊を中心にした祭祀が盛んになった。また安定した定住の始まりと共に送り儀礼が顕著になった。

各地・各時代の地域文化圏では、葬送祭祀などの精神文化は、各々固有性と縄文文化としての一般性をもっていた。土葬の基本、送り儀礼、波状口縁や縄文など各種文様・装飾をもつ縄文土器、土偶・石棒などに見られる祭祀具・装身具の共通性がある。

一方、土器型式の広がりで示される文化圏をベースにして前述した精神文化要素ごとに見て行くと、土偶・石棒など祭祀具・装身具の型式も、土器文化圏にほぼ一致することが多い。例えば円筒土器文化圏では、円筒モデル村に列状墓・配石墓・土坑墓・幼児用土器棺など数種の墓・墓域が営まれていた。この文化圏には板状土偶と端部彫刻石棒（阿部 二〇一二）や三角形土版・ミニチュアの土器や土製スプーン、石棒形のミニチュア土製品、人形土製ペンダント（岩田 二〇一七）、土製耳飾りなどが使い続けられ、特に中期後半は祭祀が発達していた様子が読み取れる。その後、この文化圏は榎林・最花・陸奥大木式土器文化圏に引き継がれる。また送り祭祀の場として盛土遺構が営まれ続けた。しかし、三内丸山遺跡の消滅と共に中期社会は衰退した。そして、数百年後には同じ文化圏に、再び十腰内《とこしない》文化が復活した。通して見ると、実に二千年以上続いた文化圏であった。

これに対して円筒文化圏と同期の中日本の文化圏では、環状集落、中央広場の土坑墓小群で構成される墓地、文化圏に対応する土器型式や土偶型式、石棒の屋内祭祀や広場での共同祭祀などが認められる、北東北とは異なった文化様式をもち、祭祀の強化・複雑化も見られない。

後期になると中日本では組石墓、土坑墓、配石など石の祭祀場が顕著になり、ほぼ同時に仙台平野、北東北でも組石墓や土器棺墓が流行る。同じ葬送・祭祀場を支えた集団の長期にわたる北への移動も想定される。この石を使った祭祀、墓は西日本にも波及し、本州のこの時期の特徴となる。ただし、北海道の石狩低地には、周堤墓を造営した前後に各種の多様な副葬品が目立つ厚葬の地域文化圏が続いた。このように各地の地域的特徴をもつが、北の文化圏ほど祭祀性が強い。

晩期には東北一円の亀ヶ岡文化の墓制が見られ、東海西部から近畿東部や時には北陸に及ぶ文化圏には、土器棺墓・盤状集骨墓、土器・土偶型式、御物石器などの祭祀具、そして下呂石の流通圏などが重なり、各々の文化圏を支えた民族が見えてくる。

### ○拠点集落は葬祭と物流センター

拠点集落では、葬祭を行う墓地が営まれ、送り場・盛土遺構などで送り祭祀が行われた。祭祀が済んだ後にまとめて祭祀関係品が送られていた。それは土偶や石棒、注口土器などの破片、石などが集中して出土した集積遺構・配石遺構などと呼ばれている。周辺に分散・分村していた人々が、本願地である拠点集落に集まり、「どんと祭」のように種々持ち寄って火を焚いて送ったように思える。

人も時には、動物骨や堅果類などと共に送られた。なお、拠点集落は葬祭だけでなく、物流センターでもあった。

## ○一人ひとりが丁寧に埋葬された

北海道洞爺湖町の入江貝塚、岩手県陸前高田市の中沢浜貝塚、栃木県大谷寺《おおやじ》洞穴では、ポリオに掛かった子が皆に支えられて大きくなり、人生を全うして埋葬されていた。

縄文人は、一人ひとりの生きる尊厳が大切にされ、みんな丁寧に送られていた。貝塚や洞穴遺跡以外では、北海道の盛土遺構・盛土墓でわずかに痕跡程度の遺体が残り、長野県の低湿地・北村遺跡などで遺体が確認できるまれな例があるだけだ。多くの土坑墓は、発掘で確認できない場合や、土坑が確認できても墓と認定が難しい場合も多い。つまり墓だと認定できるケースは、本来の数の半分もないのかもしれない。動物の骨が残っている低湿地を掘ると頭蓋骨や四肢骨の断片が散在していることがよくある。貝塚でも同様な状態が確認できる場合がある。これらを捨てられた遺体と見る意見もあるが、墓が壊れたり、イヌなどに荒らされたり、何かの災害や事故で埋葬骨が散乱してしまったのかもしれない。これに対して、墓の数は竪穴住居の数に比べて通常は大変少なく、とても見合う数ではない。埋められなかった人々がいたのであろうと言う、意見もある。

宮城県の東松島市の沿岸部に作られた古代の矢本横穴墓では、牡蠣を遺体に敷き被せて保存した埋葬が、二基で確認されていた。また一度土坑に埋めて軟組織を腐らせ、それを掘り起こして洗った骨を土器棺に入れたり、井桁に組んで埋葬した東海の晩期に見られる盤状集骨墓などの再葬は、遺骨尊重の観念だった（児玉　前掲）とか、何度も葬儀の手続きを取って祖先の仲間入りをさせたり、北の影響を受けた来世観、通過儀礼の強化だった言われる（設楽　一九九九）。つまり縄文時代は、一人一人の死や死の尊厳が大切にされ、丁寧に送られていたと考えられる。

なお、一方で墓の規模や構造、独立性、墓地の中での突出した位置、ミイラや遺体の保存措置などでの特別扱い、際立った副葬品、あるいはこれらの組み合わせでも突出した例はない。つまり、絶対的永久的権力をもった者の古墳のような墓はなかった。

## ○来世観と循環・再生、死者と共に暮らす

縄文人は、来世を信じて墓の遺体に道具とそれらを作る材料と加工具を持たせた。またあの世で住むための家も焼いて送った。胎児の形に埋葬（屈葬）して再生も願った。後期の環状列石や張出しを持つ大型の家形環状配石遺構は、あの世で霊の住む家をイメージしたものともいわれる。最近まで土饅頭上に置かれた家形もその名残かもしれない。大昔から先祖は、魂や霊の存在、「生まれ代わり」などを信じてきたのだろう。

## ○石の霊力・呪術性

石は、汚れや悪霊を塞ぎ鎮めるものとしてあの世とこの世の境に積まれた。「賽の河原地蔵の和讃」に唱えられた「一重積んでは父のため、二重積んでは母のため」というように。また霊・神の依り代となって霊力を持ち呪術性があると人々に信じられ、生石や産土、「おひちゃ」や「おくいそめ」に添えられた丸石、お棺の中に入れられ、棺くぎを打つなど各地の通過儀礼に登場する石もあ

る（新谷　一九八六）。石碑・石仏・道祖神・石塔などにも用いられてきた。縄文時代の死者が抱く石、さらに石棒・石刀・石冠・石剣・御物石器などの祭祀具が、石製であることも同根であろう。

### ○副葬品の霊力・呪術性（岡村　一九九三）

副葬品には、あの世での生活・くらし・作業のための道具や材料・食糧と思われるものもある。例えば石鏃や石槍、石斧、石匙と呼ぶ携帯ナイフなどの加工具と道具とその素材、接着剤だったアスファルト、そして珪藻土（食土）や動物骨などの食料を思わせるものが副葬された。あの世・他界観を持っていたと思われる。副葬品の多さ、副葬率の高さは、特に北・東日本の縄文人があの世観、他界観が強かったことを示す。

東北地方の葬儀に弓が登場すると言う。破魔矢・弓、櫛も辟邪《へきじゃ》のアイテムであった話もよく聞く。北海道の石狩低地の続縄文時代の墓に漆塗りの弓が、一部腐らずに残っていることがある。また縄文文化圏の墓に石鏃が副葬される例が多く、また北海道の晩期には土饅頭の上や墓穴の埋め戻しの過程で石鏃を添える例もしばしば認められる。辟邪のために石鏃を置き、あるいは墓穴内から数点ばらついて出土する玉も、副えられる櫛も辟邪の意味があったのかもしれない。

威信財、トロフィー・勲章の意味をもった副葬品も考えられる。関東中期の叉状角器やヒスイ・コハク大珠、北海道や東北の後晩期の墓に副えられた石刀や石棒などの例がある。また恵庭市の後期や札幌市の晩期の墓からサメの歯が、棒状の物の両側に並べられたような状態で発見されている。近年、晩期の宮城県北小松遺跡からも、側面にスリットを入れて漆を接着剤にしてサメ歯を埋め込んだ木棒の断片が発見された。北方アジアに見られる民族例の棍棒によく似ている。クマなど動物の牙玉やサメ歯や椎骨製の玉、サルの橈骨製の耳飾り、宮城県田柄貝塚の男性埋葬人骨にタイ類の前頭骨やウミガメ胸骨製のペンダントなどの装身具が発見されている。いずれも性別が判明したものは、男性人骨が多い。森や海の獰猛なあるいは王者の威力を借りるとともに、獣や魚などの骨を誇らしげに身に着けて威信を示していたのであろう。

なお岐阜や長野県藤内《とうない》遺跡などで土器片を打ち欠いて作った石鏃や石匙形の土製品が発見されている。墓に入った例はないが、祭祀用の物だったのだろう。

○装着・装身から見たシャーマンやリーダーの出現、階層分化、権力、世襲など

岩手県御所野遺跡などの中・後期の羽飾りを付けた人体文土器や三内丸山遺跡の北方民族のシャーマンに似た線刻画、土面や面の部品と考えられる耳・鼻・口形の土製品、そし前述したような漆製品の死装束をまとった人の存在は、シャーマンやリーダーがいたことを物語っている。

土器に張り付けられた人体文には、土偶のモチーフと酷似する例も多い。土偶が櫛・耳飾りやネックレス・ペンダントを着けている場合も多く、入れ墨もしている。シャーマン・女神像を象って祈りの対象にしていたと考えられる。大昔から古代まで女性神・司祭者が活躍していたのであった。

＊

葬送の歴史を踏まえて「どう葬送されるか？」

遊動生活を続けた旧石器時代から縄文時代草創期くらいまでは、単独の土坑墓が散発的に発見さ

れるだけである。約二万年前の北海道湯の里4遺跡から赤色顔料が撒かれ、玉類やペンダント、道具作りの素材である石核が副葬された土坑墓が発見されている。北海道の旧石器時代は北方系の細石刃文化が色濃く、シベリアに見られる装身具をまとい道具類も副葬され、赤色や黒色顔料も用いた文化の流れにあった。

次いで鹿児島から青森県の草創期にも土坑墓が散見されるが、集落が営まれて集団墓地が形成されるのは早期になってからであった。

北海道・北東北では、集落の内外や、やや離れたところに家族墓と考えられる墓小群が営まれ、その中には装身具を佩《お》びて実用品を副えられた墓も少なからずある。道具やその素材の副葬は、列島の歴史が始まった旧石器時代以来、来世観・送りの観念があったことを示す。

また集落の内外に形成された縄文文化の捨て場は、遺体も含めた万物の送り場ともなった。その内、魚貝類が多く捨てられた貝塚や川辺の低湿地からは、樹皮や編み物などに包まれた遺体が置かれて送られた(置き葬)。同様に遺体が、盛土遺構や竪穴建物跡の窪地で送られた場合は、腐朽してしまうことがほとんどである。ただし、魚貝と共に竪穴建物の窪地で送られた場合は、廃屋墓と認定され、盛土遺構から対になった耳飾りや土器、玉類が発見される場合も、置き葬だったのかもしれない。

遺体の処理については、遅くとも縄文時代中期から少ないながら火葬がみられ、一次葬の後に洗骨して再葬する土器棺や配石墓もみられる。これらの葬法や墓・墓地の型式、副葬品の種類や組み合わせは、地域と時代よって固有の文化圏とその変遷を示している。文化圏は、土器や土偶・石棒などの型式にも表れる信仰・葬送・祭祀などの精神文化を共有する人々（民族に相当しようか）によって形成されたと考えられる。

以上のような葬制・祭祀・送り儀礼は、それぞれの文化圏を持ちながら縄文時代を通して九州から全国、そしてそれらは、北方ほど顕著に認められ、東北アジアの影響が強かったと考えられる。

このような人々の歴史は、弥生・古墳時代になると、都市を中心とした権力者たちの墓制と信仰が、際立った。弥生時代には方形周溝墓や台状墓、そして古墳、中世の石塔・板碑などを中心とした墓地の形成へと変遷した。一方、都市周辺の庶民は川原や山地への置き葬、中世は聖地となった武士階級の墓地の周辺に時として牛馬と共に葬送された。

しかし、農村部・僻地では野辺の送りと土葬が、縄文時代以来一般的だったと考えられるが、全国的にまとめて見る必要がある。そして中世末には都市周辺には寺を中心に火葬場（焼き場・灰塚）、墓石を持つ墓地が営まれ始め、近世には土葬が一般化し、檀家制度・寺請制度とその浸透と共に墓地の形成が進んだ。江戸後期には、墓地と先祖代々の家族墓・墓石が整い、立派に葬儀も行われるようになった。このような葬送は、最近まで続いた。

このような遺体処理、埋葬方法、祭祀の歴史を振り返ると、どのように送られるか、送るかの基本はすでに縄文時代に出来上がっていたようだ。弥生時代以降は都市と権力構造間での葬送文化が形成され、その変遷が歴史として記述されてきた。一方で多くの人々は、その影響や後に宗教にも組み込まれつつも、地域共同体の中で伝統的な地域文化を踏まえて様々に葬送・祭祀されてきたと考えられる。
現在は、共同体や親族関係、高齢化など社会が大きく変化し、倫理や死生観・宗教観、習慣や生活様式の変化などによっても、葬送は多様になると共に質的にも低調になっている。原点に立ち返り、歴史に学んで、「どう送られるか、送るか」の形を真剣に考えなければならない（長澤　二〇一六）。


参考文献

青森県教育委員会　二〇一七『三内丸山遺跡44』青森県埋蔵文化財調査報告書第五八八集
青森県史編さん考古部会編　二〇〇二『青森県史 別編 三内丸山遺跡』青森県
阿部昭典　二〇一二「東北北部の大形石棒にみる地域間交流」谷口康浩編『縄文人の石神』六一書房
一戸町教育委員会　二〇〇七「野田Ｉ遺跡・野田宝筐印塔と中世墳墓」
伊東信雄編　一九九七『瑞鳳殿伊達政宗の墓とその遺品』瑞鳳殿再建期成会
岩田安之　二〇一七「土製品」『三内丸山遺跡報告書44』青森県埋蔵文化財調査報告書第五八八集
宇都宮市教育委員会　一九八八『聖山公園遺跡』
上屋眞一・木村英明　二〇一六『国指定史跡カリンバ遺跡と柏木Ｂ遺跡』同成社
大林太良　一九七七『葬制の起源』角川選書
岡村道雄一九九三「埋葬にかかわる遺物の出土状態からみた縄文時代の墓葬礼」『論苑　考古学』天山舎

長田友也　二〇一五「東海地方における縄文墓制―縄文時代晩期を中心に―」『季刊考古学１３０　特集 縄文時代墓制研究の新動向』有斐閣
鹿児島市教育委員会　一九九二『掃除山遺跡』
群馬県企業局開発課編　一九九二『三原田遺跡』
五所川原市教育委員会　二〇一七『五月女萢遺跡』五所川原市埋蔵文化財発掘調査報告書 第３４集
小杉康・谷口康浩・西田康民・水ノ江和同・矢野健一編　二〇〇七『縄文時代の考古学９ 死と弔い―葬制』同成社
児玉大成　二〇〇七「東北地方北部の再葬」小杉康ほか編『縄文時代の考古学９ 死と弔い―葬制』同成社
佐原真　一九八七『大系日本の歴史　日本人の誕生１』小学館
設楽博己　一九九九「墓地と埋葬の意味」泉拓良・西田泰民編『縄文世界の一万年』集英社
新谷尚紀　一九八六『生と死の民俗史』木耳舎
仙台市教育委員会　一九八七『山田上ノ台遺跡』仙台市文化財調査報告書一〇〇
大工原豊　一九九八「関東地方の墓と祭祀」『縄文人の死と再生』高崎市観音塚考古資料館
高田陽介　二〇一二「中世の葬送と墓制」高埜利彦・安田次郎編『新体系日本史15　宗教社会史』山川出版社
富山県文化振興財団埋蔵文化財調査事務所　二〇一四『小竹貝塚発掘調査報告書』
土生田純之編　二〇一三『事典　墓の考古学』吉川弘文館
長澤宏昌　二〇一六『今、先祖観を問う』石文社
船橋市教育委員会　二〇一三『千葉県船橋市取掛西貝塚(5)Ⅰ』
堀越正行　二〇〇五『縄文の社会構造をのぞく―姥山貝塚―』新泉社

宮城県教育委員会　二〇一六『北小松遺跡発掘調査報告書』
宮本常一　二〇一一『山に生きる人びと』河出文庫
山田康弘　二〇〇八『人骨出土例にみる縄文の墓制と社会』同成社
山田康弘編　二〇一五『季刊考古学130　特集　縄文時代墓制研究の新動向』雄山閣
雄山閣編集部　二〇一〇『シリーズ縄文集落の多様性Ⅱ　葬墓制』雄山閣

# あとがき

現代の基盤を作った私たちの祖先は、どこからきて列島に住み着き、やがて定住して各地に文化と歴史を積み重ねて、地域文化圏を築いてきたのだろう。約四万年前に第一波が、朝鮮半島経由で列島に渡来し、先ず本州から北海道まで広がった。その後第二波が、約二万五千年前に北から北海道に流入した。この時代、後期旧石器時代の遺跡は、北海道から九州に約一万か所以上も残されている。北海道、東北、関東甲信越・東海、近畿中四国、九州に、それぞれ固有な地域文化を醸成した。彼らが、固有な言語と精神文化を持った各地の我々の祖先である。

その後も列島には、朝鮮半島とロシア沿海地方やサハリンなど北方アジアから、人や文化が絶えず流入した。また列島内では、地域文化圏を超えた集団移動や日常的な人の移動もあった。つまり旧石器・縄文時代の約三万年間に、列島各地に築き上げられた各地の基層文化・文化圏とそれを担った各地の民族的まとまりをもった祖先たちが、定着と移動を繰り返して混血し、在地の生活文化を育み持続発展させてきた。

弥生時代になると各地域に政治的権力が生まれ、権力の連合としての国が形成され始めた。この連合と国の形成過程で、権力者らの政治・経済的な移動が起こり、それ以前の人々の自然な移動と複合して複雑に現代に至っている。これまで弥生時代の変化を、過大に評価し、多くの渡来人の流入があったと解釈してきたが、他の時期にもこれに匹敵する人々の移動や文化の流入もあったと見られ、それぞれを今後は歴史的に評価しなければならない。

各地の地域文化圏の形成と変遷は、同族意識の表れである言語・精神文化に認められるが、もちろん言語は遺跡には残らない。そこで考古学的には、精神文化の痕跡を祭祀場や墓地、あるいは祭祀遺物（縄文土器の祭祀的な文様や形、土偶などの型式など）や、装身具、集落形態などの特徴から把握できる。近年、歴史の主人公の人類学的特徴やDNA分析が進み、データが蓄積されるにつれて血統が明らかになりつつある。分析結果が増えるにしたがって多様性が明らかになっている。この多様性を解き明かすには、各地の人々の歴史的系統とすり合わせて解釈する必要がある。

ここで各地の地域文化と歴史を捉えるためには、列島全体を一括にするのではなく、各地に持続・継承された長い歴史と文化を、文化圏単位とその紆余曲折の変遷を時空的にとらえる作業が必要である。つまり日本史の始まりとしての縄文時代や縄文人を、ひとくくりにして語ることはできない。縄文時代に重層していた地域文化圏の集合体としての枠組みでとらえ、それぞれが共有する固有な文化要素で括られる範囲が縄文文化圏であった。

私は平成になったころから、全国を巡って遺跡に立ち、地形や風土を肌で感じ、その発掘調査を見せていただき、調査担当などの諸氏から多くのことを教えていただいた。その地域に入ると、その自然環境や風土を舞台（自然との調和）に歴史が重ねられてきたことに気が付く。人々は地形地理的環境を考慮して集落を設営した。土地を造成して、インフラや水場遺構を配置し、里山・里海を育てた。里山には定住を補完する栽培も行われていたことが次第に明らかになってきた。クリや豆類などの在来植物、ヒョウタン・エゴマ・アサなどの渡来栽培植物を育てた。貯蔵・保存加工によって食を安定させ、自然と良い関係を築いて循環・持続型の生活文化を工夫してきた。なお、近年東北日本の内陸を中心としたサケ漁の重要性も改めて認識して紹介した。

このような日本列島で長い間に工夫された、豊かで時には厳しい自然に適応してきた祖先の努力の賜物が、日本文化である。その地域的な具体例を、私が長年お世話になり、島や島の人々とも親しくしていただいてきた松島湾の宮戸島を例に、人々の暮らし、動植物の生態、地形・地理や自然環境を踏まえて、縄文時代前期初め、約七千年前からの島人の歴史物語・風土記を地質・民俗・動植物・人類・年代学など関連科学の助けを借りて描いた。

さらにアスファルトや新たに日高地方で生産され、広域に流通していたアオトラ石斧を取り上げて、地域社会の構築、相互扶助・互恵による集落のネットワーク、物流・道の整備の発達を説明し、葬送と送り儀礼や祭りの祭祀が結束を維持して定住の安定を担保していたことも説明した。高度な自然物利用によって世界で最も持続的で安定した文化を築き、日本の基層文化を形成した。

執筆するにあたっては、全国各地で毎年七千件ほど実施されている発掘調査の成果（毎年約千五百冊の発掘報告書が刊行）、研究論文、そして各地の文化財担当者や関連科学研究者、地元の人々などからいただいた資料や教えていただいた約三十年間の記憶やメモを活かさなければと思った。また各分野の集大成である『日本民俗大辞典』（吉川弘文館　二〇〇〇）、『アイヌ民族誌』（第一法規　一九七〇）、『木の大百科』（朝倉書店　一九九六）、『世界有用植物事典』（平凡社　一九八九）、『日本考古学事典』（三省堂　二〇〇二）と最新の論集『縄文時代の考古学1〜12』（同成社　二〇〇七〜二〇一〇）などを大いに活用させていただいた。

しかし、発掘調査資料が示すように情報量は膨大で、とても一人では活かしきれない。無力観と申し訳なさを思う。地域文化圏の設定には、『総覧　縄文土器』（アム・プロモーション　二〇〇八）、『日本の人類遺跡』（東京大学出版会　一九九二）などを大いに参照した。しかし、力不足と時間のなさで引用間違いや書けなかった事柄も多いと思う。前述したように各地の専門職員や研究者の努力によって明らかになった歴史・証拠が、そちこちに埋もれている。これら各地の実態、歴史的証拠を面的にとらえるには、行政の枠を超えて地域を俯瞰し、関連学問や地域の風土・生態系、民俗など総合的に把握する必要がある。それによって隣接する文化圏とその相互関係、列島全体や世界史の中での位置が問題になってくる。そのためには、みんなで情報交換し、共同研究して議論して考えて欲しい。そこでここでは、今後の研究のたたき台になることを願って、あえて勉強不足、不十分さをさらけ出した。本書を上梓するにあたり、お世話になった多くの方たち（左記御芳名）にこの本を贈りたい。

二〇一八年四月二十三日

岡村道雄

記　北から、今出版でお世話になった方、機関など（敬称略）

藤原秀樹、鈴木三男、福井淳一
岩田安之、岡田康博、小笠原雅行、児玉大成、斎藤慶吏
佐藤真弓、杉野森淳子、永嶋豊、福田友之
三内丸山縄文時遊館、八戸市埋蔵文化財センター 是川縄文館
高田和徳、菅野紀子、八木光則、御所野縄文博物館
小林克、渋谷咲智
奥松島縄文村歴史資料館、菅原弘樹、佐久間光平、山田晃弘、東松島市宮戸市民センター
秦昭繁、斎藤義弘、新井達哉、清藤一順、早坂仁敬、船橋市教育委員会
小倉均、佐々木由香、富樫雅彦、長崎潤一、山田昌久、阿部友寿、夢枕獏、長澤宏昌
澤田敦、寺崎裕助、渡邊朋和
町田賢一、大野淳也、坂井秀弥、辻誠一郎、早川和子、平岩欣也、水ノ江和同

## 岡村道雄（おかむら・みちお）

一九四八年、新潟県生まれ。考古学者。三内丸山遺跡の発掘調査などに関わり、縄文研究者として知られる。東北大学大学院史学専攻修了。宮城県東北歴史資料館、文化庁、奈良文化財研究所などで勤務。奥松島縄文村歴史資料館名誉館長、奈良文化財研究所名誉研究員。主な著書に『縄文の生活誌』（講談社学術文庫）、『縄文の漆』（同成社）、『旧石器遺跡「捏造事件」』（山川出版社）、『縄文人からの伝言』（集英社新書）など。


# 縄文《じょうもん》の列島文化《れっとうぶんか》

二〇一八年七月　五日　第一版第一刷印刷
二〇一八年七月十五日　第一版第一刷発行

著　者　岡村道雄
発行者　野澤伸平
発行所　株式会社　山川出版社
東京都千代田区内神田一－一三－一三
〒一〇一－〇〇四七
振替〇〇一二〇－九－四三九九三
電　話　〇三（三二九三）八一三一（営業）
〇三（三二九三）一八〇二（編集）
企画・編集　山川図書出版株式会社
印刷所　半七写真印刷工業株式会社
製本所　株式会社ブロケード

造本には十分注意しておりますが、万一、乱丁・落丁本などがございましたら、小社営業部宛にお送りください。送料小社負担にてお取替えいたします。
定価はカバーに表示してあります。





ISBN 978-4-634-15133-8